AF155184

Peter Neumann
Feuerland

PETER NEUMANN

FEUER LAND

*Eine Reise ins lange
Jahrhundert der Utopien
1883–2020*

Siedler

Der Autor bedankt sich für die Förderung des Projekts
bei der Deutschen Akademie Rom Casa Baldi.

Sollte diese Publikation Links auf Webseiten Dritter enthalten,
so übernehmen wir für deren Inhalte keine Haftung,
da wir uns diese nicht zu eigen machen, sondern lediglich
auf deren Stand zum Zeitpunkt der Erstveröffentlichung verweisen.

Penguin Random House Verlagsgruppe FSC® N001967

1. Auflage
Copyright © Peter Neumann 2022
Dieses Werk wurde vermittelt durch die
Literarische Agentur Michael Gaeb.
Copyright © 2022 by Siedler Verlag, München,
in der Penguin Random House Verlagsgruppe GmbH,
Neumarkter Straße 28, 81673 München
Redaktion: Dr. Ludger Ikas
Umschlaggestaltung: FAVORITBUERO, München
Umschlagabbildung: © SSPL/UIG/Bridgeman Images
Vor- und Nachsatz: mauritius images/Classic Image/Alamy Stock Photos
Satz: KCFG–Medienagentur, Neuss
Druck und Bindung: GGP Media GmbH, Pößneck
Reproduktion: Lorenz+Zeller GmbH, Inning a. Ammersee
Printed in Germany
ISBN 978-3-8275-0150-9
www.siedler-verlag.de

Inhalt

Krakatau 1883:
Ein Vulkan hält die Menschheit in Atem 9

**Erster Teil
Fieber**

Rapallo 1883: Die Vision vom Übermenschen
*Friedrich Nietzsche und Richard Wagner
reißen die Welt aus dem Schlummer* 15

Berlin 1898: Der Traum von Gerechtigkeit
*Käthe Kollwitz und Gerhart Hauptmann stoßen
die Denkmäler von den Sockeln* 29

Intermezzo 1900:
Eine Illustrierte reist in die Zukunft 51

München 1903: Der Hunger nach Leben
*Franziska zu Reventlow und Thomas Mann
tauchen ein in die Boheme* 57

Prag 1913: Das Verlangen der Liebe
*Else Lasker-Schüler und Franz Kafka greifen
nach den Sternen* 73

Krakau 1914: Die Revolution der Worte
Ludwig Wittgenstein und Georg Trakl
verschlägt es die Sprache **87**

Zweiter Teil
Knall

Locarno 1917: Der Drang nach Freiheit
Ernst Bloch und Max Weber
rufen die Republik aus **103**

Paris 1922: Das Abenteuer der Avantgarde
James Joyce und Marcel Proust
besteigen das Taxi in die Zukunft **123**

Dresden 1937: Die Lust am Absurden
Samuel Beckett und Caspar David Friedrich
glotzen den Mond an **135**

London 1938: Die Eroberung des Unbewussten
Salvador Dalí und Sigmund Freud
durchleiden schlaflose Nächte **143**

Basel 1949: Der Mut zur Öffentlichkeit
Hannah Arendt und Karl Jaspers
stellen die Frage nach der Schuld **157**

West-Berlin 1955: Die Macht der Medien
Gottfried Benn und Theodor W. Adorno
gehen auf Sendung **173**

Dritter Teil
Walze

Olympia 1962: Die Sehnsucht nach der Antike
Martin Heidegger und Friedrich Hölderlin
retten den Planeten **193**

Weimar 1970: Wettlauf zum Mars
Johann Wolfgang von Goethe muss repariert werden **207**

Intermezzo 1986:
Eine Wolke zieht nach Westen **217**

Ost-Berlin 1991: Der Traum vom Jahre null
Christa Wolf und Jürgen Habermas ringen
mit dem Ende der Geschichte **221**

Frankfurt am Main 2003: Das Versprechen von Europa
Susan Sontag kämpft für den Frieden **233**

Graz 2011: Der Stachel des Glücks
Stéphane Hessel und Walter Benjamin nutzen
die Gunst der Stunde **245**

Wuhan 2020:
Ein Sturm bricht los über der Erde **259**

Anmerkungen:
Fragmente, Quellen, Fingerzeige **261**

Bildnachweis **297**

Personenregister **299**

Das erste globale Medienereignis: Am 26. August 1883 bricht auf einem winzigen Eiland in Indonesien der Krakatau aus. Auf der ganzen Welt berichten die Zeitungen.

Krakatau 1883:

Ein Vulkan hält die Menschheit in Atem

Overbeck ist sich nicht sicher, ob auch die anderen in den Kirchenbänken sehen, was er sieht. Als er über sich in das hohe Deckengewölbe blickt, kann er deutlich erkennen, dass der schwere Kronleuchter ins Schwanken geraten ist. Unmerklich erst. Dann immer stärker. Erst zur einen, dann – sein Kopf fängt an, sich in den leeren Rhythmus der Pendelbewegung einzuwiegen – zur anderen Seite. Kein Zittern und kein Beben. Es ist, als ob dieses Schwanken aus dem Nichts gekommen wäre. Jedes Mal scheinen die Kerzenarme nach etwas greifen zu wollen, das sie aber nicht erreichen können.

Erst als Pastor Köster seine Predigt um halb elf unterbricht und seine Augen ebenfalls auf den schwankenden Lüster richtet, der an einer langen Kette herabhängt und nun bereits einen halben Meter über dem Mittelgang ausschwenkt, gerät auch der Rest der Gemeinde, die in der Hauptkirche St. Trinitatis zu Altona versammelt ist, in Unruhe. Jeder blickt nach oben, wendet sich dann zu seinem Nachbarn, blickt wieder hinauf. Ungläubiges Staunen. Es ist unheimlich.

Ein Raunen geht durch die Reihen, und man ist sofort der Meinung, dass irgendwo ein schweres Erdbeben dieses Schwanken hervorgerufen haben muss. Man kennt schließlich die

Geschichten aus Lissabon. Von jenem Tag, als plötzlich der größte Teil der Stadt mit einem Gekrache, als ob das Firmament einstürzte, versunken war und alles, was Leben atmete, unter seinen Trümmern begraben hatte. Auch dort, so erzählt man sich, sollen nach dem ersten fernen Grollen die Kronleuchter in den Kathedralen hin- und hergeschwankt sein und die Kirchenglocken wie von Geisterhand geläutet haben. Und man weiß, dass sich das Erdbeben von Lissabon auch noch hier, im äußersten Norden Deutschlands, durch schwache Stöße bemerkbar gemacht hatte. Über einhundert Jahre ist das inzwischen her.

So schnell wie die seismischen Wellen hatten sich damals auch die Deutungsversuche verbreitet: Die Gottesfürchtigen ließen es nicht an Betrachtungen fehlen, die Philosophen nicht an Trostgründen und die Geistlichkeit nicht an Strafpredigten. Gott, der Schöpfer und Erhalter des Himmels und der Erden, hatte sich keineswegs, wie es in der Heiligen Schrift geschrieben stand, als weise, gnädig und väterlich erwiesen. Im Gegenteil. Dass er allmächtig sei, hatte Gott zur Genüge bewiesen, als er die Erde entzweibrechen ließ. Warum ließ er aber das Leiden zu, wenn er die Macht und doch eigentlich auch den guten Willen besaß, dieses Leiden zu verhindern?

Und auch jetzt, an diesem 26. August 1883, reden wieder alle durcheinander. Draußen im Land und hier in der Kirche. Jeder weiß ein bisschen besser Bescheid. Der eine fühlt sich an das Jahr ohne Sommer 1816 erinnert. Der andere an die tödliche Aschewolke aus Island im Jahr 1783, als von überallher aus Europa alarmierende Meldungen von einem »Hahl-Rauch« einliefen, wie er in solchem Ausmaß noch nie beobachtet worden war, ein Mehltau, der sich von oben herab auf die Fluren senkte.

Selbst als die Nachricht vom Ausbruch des Krakatau, eines

der aktivsten Vulkane Indonesiens, wenig später über die Ticker der Nachrichtenagenturen läuft, bleibt die Sache ein Rätsel.

Zwar weiß er, Carl Friedrich Theodor Overbeck, nun endlich, was das Schwanken des zehnarmigen Kronleuchters im Kirchenschiff bewirkt haben mag, aber es ändert nichts daran, dass er sich noch immer kein Bild vom Ausmaß der Katastrophe machen kann. Immer heftiger und greller soll die Eruption geworden sein. Die gekabelten Depeschen, die in den folgenden Tagen ihren Weg aus der Londoner Nachrichtenwelt in die Hamburger Blätter finden, machen das Ereignis in der Ferne nur noch unbegreiflicher.

Er, Overbeck, ist weiß Gott kein Philosoph, nur ein Verwaltungsbeamter, der bei den Hamburger Wasserwerken arbeitet und dem es hin und wieder gefällt, einen Aufsatz über die Flora der Niederelbe zu verfertigen und in einem der hiesigen Journale zu publizieren. Aber so viel begreift sein Verstand doch von der Welt im Großen wie im Kleinen, als er die Meldungen liest: dass es Dinge gibt, die über alle Vorstellungen hinausgehen. Wenn schon das Erdbeben von Lissabon solche schweren Verwüstungen verursacht hat, wie stark muss dann erst ein Vulkanausbruch am anderen Ende der Welt, auf einem winzigen Eiland zwischen Java und Sumatra, gewesen sein, damit er noch im Tausende Kilometer entfernten Altona als Pendelschlag eines Kronleuchters zu spüren ist. Und welche gewaltigen Schäden, welches ungeheure Unglück muss der Vulkan erst in Indonesien, Malaysia und auf dem asiatischen Kontinent angerichtet haben.

Allein die glühende Asche, die in den ersten Minuten des Ausbruchs in die Luft geschleudert worden ist, muss die Erde in weitem Umkreis verbrannt haben, als sie zusammen mit den faustgroßen Bimssteinklötzen vom Himmel wieder herabgeregnet kam. Im Sekundentakt wurden die Salven abgeschossen, als sich der Pfropfen im Krater gelöst hatte, schneller als ein schwerkalibriges Schiffsgeschütz seine Kanonen abfeuern kann. So schnell schießt niemand. Und dann erst die gewaltige Flut, die mit rasender Geschwindigkeit vom Meer heranrollte und Boote und Schiffe gleich welcher Größe auf ihren Wellenkämmen kilometerweit ins Landesinnere mitriss. Jahrhundertelang hat der Vulkan geschlafen, die Menschen glaubten schon, der Berg sei erloschen. Urwald breitete sich auf der Insel aus. Fischer und Kokosnusssammler besuchten die verträumten Buchten. Und nun steigt dort eine mächtige schwarze Rauchsäule auf, die der Wind weiträumig über den Indischen Ozean verteilt. Die Magnetnadeln sämtlicher Kontinente tanzen. Und wo einst die Vulkaninsel Krakatau lag, wird bald nur noch friedliches Meeresplätschern zu hören sein.

Hier versinken alle menschlichen Begriffe in Ohnmacht, und selbst die größte Vollkommenheit schwebt ohne Haltung vor jener Kraft, die imstande ist, sie mit einem Fingerschnippen zu vernichten. Und deshalb will ihm, Overbeck, schon in jenem Moment in der Kirche, als das Orgelspiel wieder einsetzt und der Pastor mit seiner Predigt fortfährt – eine Viertelstunde muss der Kronleuchter so hin- und hergeschwankt sein –, der Gedanke nicht aus dem Kopf, dass nicht nur etwas Verheerendes passiert sei, sondern dass ihnen das Schlimmste erst noch bevorstehe.

12

Erster Teil

Fieber

Rapallo 1883:
Die Vision vom Übermenschen

Friedrich Nietzsche und Richard Wagner
reißen die Welt aus dem Schlummer

Zur Not hätte er diesen Stapel von Papieren höchstpersönlich über die Alpen getragen. Bis ans Ende der Welt. Da es vorläufig aber noch keinen Grund gibt, an der Zuverlässigkeit der Post so zu zweifeln wie an der moralischen Tugendhaftigkeit des Menschen, hat sich Friedrich Nietzsche an diesem 14. Februar 1883 vom italienischen Rapallo aus auf den Weg ins benachbarte Genua gemacht, um sein Manuskript direkt auf die Reise nach Deutschland zu schicken. Per Express! Die Publikation duldet keinen weiteren Aufschub.

Das Buch, eine Abrechnung mit seinem Zeitalter, hat sich Nietzsche in nicht einmal zehn Tagen von der Seele geschrieben. Zehn absolut heitere, frische Januartage, in denen so vieles möglich schien, woran er selbst nicht mehr geglaubt hatte. Es soll ein Buch »für Alle und Keinen« werden, der Untertitel ist mit Bedacht gewählt: »Für Alle«, weil das, wovon das Buch spricht, ausnahmslos alle angeht; »für Keinen«, weil es dafür eine Sprache gefunden hat, die sich der Sprache, in der heutzutage alle Welt plappert, widersetzt.

Es ist die Sprache der Moral, die Nietzsche so verachtet, die

Redeweise jener Spießer, die sich nur an der Afterweisheit der Sonntagsprediger, der Priester und Bildungsphilister weiden, anstatt sich selbst auf den Weg des Denkens zu begeben. Wohin man blickt in diesem neunzehnten Jahrhundert: Noch nie ist eine Epoche so klug gewesen und weiß so wenig. Überall Kopien, Imitationen, Masken, mit denen sich die Menschen behelfen. Ein regelrechtes Karnevalsfieber hat dieses Jahrhundert ergriffen und ihm alles Leben, alle Luft zum Atmen geraubt. Zum Wohle der Moral versteht sich, zum Wohle der Mächtigen.

Damit muss Schluss sein! Wie heiter und frei fühlt es sich an, wenn erst einmal der Glaube an Moral und Sittlichkeit, an alle Werte ins Wanken geraten ist! Kann nicht alles auch ganz anders sein, als es sich die Menschen auf ihrem kleinen Stern vorstellen? Kann das Gute nicht auch schlecht sein, das Schlechte nicht auch gut? Nietzsche ist der Überzeugung: Es kann!

Man muss die Welt aus den Angeln heben, sie wird ihren Platz dann schon von ganz alleine wiederfinden. Aber dazu braucht es einen Propheten, der den Menschen von der Wahrheit kündet. Ihnen sagt, dass ihre Begriffe von »wahr« und »falsch«, »gut« und »schlecht«, »geschmackvoll« und »grässlich« abgegriffen sind wie alte Münzen. Nietzsche nennt diesen Wahrsager den »Übermenschen« und hat ihm den Namen Zarathustra gegeben.

Zarathustra ist ein Einsiedler, der nach Jahren der Einsamkeit und Selbstbesinnung seine Bergwelt verlässt, um den Menschen seine Weisheit mitzuteilen. Die heutigen Menschen, die »letzten Menschen«, wie Zarathustra sie nennt, sind freilich zu satt, um auf seine weisen Worte zu hören. Nichts verstehen sie. Aber auch gar nichts. »Was ist Liebe?«, »Was ist Schöpfung?«, »Was ist Sehnsucht?«, fragen sie – und blinzeln. Wir haben das Glück

Prophet der Moderne: Friedrich Nietzsche will die Moral überwinden. Aber bevor der »Übermensch« sein Werk tun kann, müssen die alten Werte ins Wanken geraten.

gefunden, sagen sie – und blinzeln. Ehemals war alle Welt irre, sagen selbst die Gescheitesten unter ihnen – und blinzeln. Es ist lächerlich!

Schenkt man den Alten Glauben, soll Zarathustra, der große Weise aus dem Morgenland, bereits bei seiner Geburt in ein schallendes Gelächter ausgebrochen sein, das seither nicht mehr verklungen sei. Als Anwalt gegen traditionelle Autoritäten kündet er von einer Welt des Kampfes zwischen den Mächten des Guten und des Bösen. Zarathustra selbst ist es gleichviel: Die Hoffnung auf Erlösung, auf eine andere, bessere Welt hat er längst aufgegeben. Wie können die Menschen bloß glauben, sie könnten etwas ändern?

Die Hoffnung an sich ist im Grunde das größte Übel von allen: Sie zwingt den Menschen, das Leben nicht wegzuwerfen, sondern weiterzumachen und sich immer wieder von Neuem quälen zu lassen. Sinnlos! Die Hoffnung auf Aufklärung, auf Fortschritt, auf Ruhm, Glanz und Herrlichkeit hat das Jahrhundert in einen Dämmerschlaf versetzt. Wenn man es jetzt wecken will, muss man so radikal wie möglich sein und sagen: Nichts davon ist wahr; es gibt aber auch nichts, das größer und besser und an dessen Stelle zu setzen wäre. Denn gerade in diesem Größer und Besser liegt doch bereits das Problem.

Es gibt ein Wort, das Zarathustras Haltung der Gleichgültigkeit auf den Begriff bringt: Zarathustra ist Nihilist. Ein Nihilist ist eine Person, die sich keiner Autorität beugt, die kein einziges Prinzip bedingungslos akzeptiert, egal, wie sehr es geschätzt wird, egal, von wem und woher es kommt. Solange sich der Mensch aber noch mit moralischen Lehrsätzen zufriedengibt, mit Schmerzzäpfchen, hilft alles nicht: Also hinfort mit ihm, der Mensch ist etwas, das überwunden werden muss. Die Devise des Übermenschen lautet: Nicht vom Übel muss die Welt befreit werden, sondern von ihren falschen Erlösern.

Früher, als sie noch befreundet waren, hätte der Komponist Richard Wagner ein solcher Übermensch sein können. Nur hat sich Wagner, dieser »Oberkirchenrat«, inzwischen selbst schon eine Art von Religion zurechtgezimmert. Seine neueste Oper *Parsifal* strotzt nur so vor christlichen Erlösungsfantasien. Für einen wie ihn, Nietzsche, der Gott schon lange für »tot« erklärt hat, ist das ein Ding der Unmöglichkeit. Mit einem Wort: Abscheulich!

An Wagner und das, was zwischen ihnen vorgefallen ist, denkt Nietzsche an diesem Vormittag auf seinem Weg nach Genua aber nicht wirklich. Später am Tag wird er dann jedoch an Heinrich Köselitz, einen seiner treuesten Begleiter und Weggefährten, vermelden, was in der Abendausgabe des *Caffaro* steht. Etwas, womit er nie gerechnet hat, ist geschehen: Richard Wagner, sein von ihm so sehr gehasster Feind und sein einziger Freund, ist,

wie es dort in einer Annonce steht, tags zuvor im Alter von
69 Jahren in Venedig gestorben.

*

Schon als sie am 16. September 1882 aus Bayreuth hier ankamen,
ließ der Regen die Kanäle über die Ufer treten. Eine wahre Sintflut hatte sich über die Stadt ergossen. Und es will auch jetzt
noch immer nicht aufhören zu schütten. Venedig, Königin des
adriatischen Meeres, Besiegerin Konstantinopels, Bollwerk der
Christenheit: seit Wochen eine einzige Riesenpfütze. Und er,
Richard Wagner, muss darin herumwaten.

Quartier haben die Wagners im Palazzo Vendramin-Calergi
am nordöstlichen Ende des Canal Grande bezogen. Das Mezza-
nin, das Cosima und er, die Kinder Isolde, Eva und sein jüngster
Sohn Siegfried bewohnen, besteht aus fünfzehn Zimmern, der
Salotto zum Kanal hinaus ist rot tapeziert, mit Doppelfenstern
und Mobiliar im Stil Louis XVI. Gegenüber erhebt sich der Fon-
daco dei Turchi im altertümlichen Rundbogenstil. Geisterhaft
huschen die Gondeln auf dem Canal Grande vorbei. Nach hinten raus befindet sich ein – für das sonst vegetationslose Venedig – weitläufiges Hofareal, das auch jetzt im Herbst noch in
frischem Sommergrün prangt, anmutig wie die Blumen in Klingsors Zaubergarten. Im Vergleich zu den Bequemlichkeiten in der
Villa Wahnfried in Bayreuth alles in allem aber ein bescheidenes
Heim.

Heute, an diesem 22. Oktober, hat Wagner begonnen, einen
Aufsatz für die *Bayreuther Blätter* zu verfertigen. Es soll eine
Schrift über das »Bühnenweihfestspiel« werden. So hat er seinen
Parsifal getauft, der im Sommer bei den Festspielen Premiere
gefeiert hat.

19

Alles oder nichts: Für Richard Wagner ist die Kunst eine Religion. Allein sie vermag den Menschen noch aus seiner inneren Leere zu befreien.

Die Bild der Weihe fügt sich in Wagners Vorstellung, dass die Oper in den Rang einer Religion zu erheben sei. Sie ist eine zeremonielle Handlung, die der Welt ihre Profanität austreiben soll. Der Gläubige ist, sobald er die Weihe empfangen hat, Teil eines größeren Ganzen, einer heiligen Gemeinschaft. Von ihr erhält er den Segen, und in ihren Dienst hat er sich fortan zu stellen. Ob vor oder hinter, über oder unter der Bühne: Wagner glaubt an die weltverändernde Kraft einer Kunstreligion. Allein sie ist für ihn noch in der Lage, die Gesellschaft vom Luxus und von der Herrschaft der Lieblosigkeit zu befreien.

Gerade die Gestalt des Parsifal, des »reinen Tors«, der durch sein Mitleid zum Erlöser aufsteigt, hat das in seinem jüngsten Stück bewiesen. Der Sohn der Herzeleide und des vor seiner, Parsifals, Geburt im Kampf gefallenen Ritters Gamuret kennt selbst weder seinen Namen, noch weiß er, woher er kommt und wer seine Eltern sind. Ohne jede Ahnung irrt er durch die Welt, holt erst mit Pfeil und Bogen einen unschuldigen Schwan vom

Himmel und bringt schließlich mit seinem Erbarmen Klingsors Zaubergarten zum Einsturz. Allein durch sein Mitleid, seine christliche Moral, gelingt es ihm, jenen Speer zurück in die Gralsburg zu bringen, mit dem Klingsor einst dem König Amfortas die Wunde geschlagen hat, die sich seither nicht mehr schließt. Es ist die heilige Lanze, mit der Christus damals am Kreuz von einem Soldaten traktiert wurde. Parsifal rettet so die Gralsritterschaft vor dem Zerfall, wird selbst König, und am Ende der Oper schwebt eine Taube als Zeichen göttlicher Gnade auf ihn herab. So viel Auferstehungsglaube muss sein!

In den wenigen Stunden, in denen es nicht regnet, zieht es Wagner auf die Piazza San Marco. Am liebsten lässt er sich in seinem Stammlokal, dem Caffè Lavena, einer Konditorei im Wiener Kaffeehausstil, nieder. Hier verbringt er die Nachmittage über seinen Papieren. Vor ihm die Basilika mit ihren goldenen Mosaiken, die jedes Mal zu glühen anfangen, sobald die Sonne ihr Abendlicht darauf wirft. Die einzige Zumutung sind die rauchenden Herren, die ihm mit dem Qualm ihrer Zigarren förmlich die Luft abschnüren.

Dabei ist Wagner gesundheitlich angeschlagen. Schläft schlecht. Hier und da zuckt es in der Brust. Von seinem Arzt hat er eine Diät verordnet bekommen, an die er sich nicht so recht zu halten vermag. Bei einem frisch gezapften Bier, einem Gläschen Champagner oder einer Kugel Eis wird er noch immer regelmäßig schwach, auch wenn ihn Cosima jedes Mal dafür rügt.

In den Nächten, in denen sich Wagner im Bett hin und her wälzt, hält er jetzt immer öfter Ausschau nach einem Kometen, der gerade zu sehen und von einer außergewöhnlichen Helligkeit sein soll. Noch nie soll ein solcher Komet mit einem solchen Schweif am Himmel zu beobachten gewesen sein. Noch nie soll aber auch ein Komet – zumindest nicht von dieser Größe – erschienen sein, der nicht ein Übel angekündigt habe, ein Unglück oder schreckliches Ereignis. In der Stadt rätselt man schon, inwiefern beide Erscheinungen miteinander zusammenhängen: der Komet und die anhaltenden Regenfälle, die viele Provinzen Venedigs bereits komplett überschwemmt haben.

Schon einmal hat Wagner eine solche Himmelserscheinung beobachtet: Im Jahr 1858, vor beinahe einem Vierteljahrhundert, war das, und wie es der Zufall wollte, weilte er auch damals in Venedig, nachdem er sich gerade von Minna, seiner ersten Frau, getrennt hatte und Ruhe, nichts als Ruhe suchte, um am zweiten Akt von *Tristan und Isolde* zu arbeiten.

Der Legende zufolge handelte es sich bei jenem Kometen damals um den Himmelskörper, der auch schon im Jahr 1556 erschienen war, dem Jahr, in dem Ihro Majestät, der Kaiser des Heiligen Römischen Reiches Deutscher Nation, Karl V., von dieser Feuerkugel wie vom Ruf des Schicksals getroffen, die Krone lieber früher als später an seinen Bruder Ferdinand übergab. Denn das Gestirn, das er am Himmel entdeckte, so erzählte es die Geschichte, sollte just derselbe Komet sein, der auch Schuld an der Sintflut trug und selbst beim Tode Cäsars zu beobachten war. Alle dreihundert Jahre kehre der Himmelskörper wieder. Und tatsächlich, fast auf das Jahr genau drei Jahrhunderte später war er wieder da gewesen. Karl V., der nach seiner Abdankung in ein Kloster nach Spanien ging, mochte seine Uhr, wie er selbst wohl meinte, für abgelaufen halten. Wagners Uhr hingegen sollte damals, 1858, gerade erst anfangen zu schlagen.

Viel ist es nicht, was Wagner heute zu Papier gebracht hat. Zu einem großen Wurf würde er gerne ansetzen, frisch, kräftig, ausdrucksstark. Aber der Text, wie er da als unvollendetes Stückwerk vor ihm liegt, ist noch reichlich unausgegoren und obendrein steif. Gleichwohl besteht kein Grund zur Sorge. Was immer er, Wagner, geschaffen hat, hat er mit ureigener Kraft aus sich selbst hervorgebracht. Und auch dieser Aufsatz wird sich schon noch seinem Willen fügen.

Zugegeben, ein Stilist ist er nie gewesen. Im Gegensatz zu seinem alten Freund Nietzsche. Der war der Aufführung des *Parsifal* im Sommer ferngeblieben. Kein Wort, nirgends. Schon Jahre geht das jetzt so. Eine tüchtige Frau, noch besser eine günstige Heirat hätte diesen Kauz vor seinen schlimmsten Irrtümern bewahren können, aber dafür ist es inzwischen wohl zu spät.

Wagner hat von Nietzsches letztem Buch gehört – *Die fröhliche Wissenschaft* ist erst in diesem Jahr erschienen. Alles, was er bisher darüber gelesen hat, ekelt ihn freilich an. Schon der Titel macht ihn rasend: Eine Wissenschaft, wie sollte die heiter sein können? Er könnte manchmal irre werden an der Menschheit. Und an diesem Nietzsche sowieso.

*

Es ist eine Kunst, ihn zu lesen. Wer ihn, Nietzsche, wörtlich nimmt, ist sowieso verloren. Seine Philosophie ist kein System. Es ist aber auch nicht einfach nur eine Ansammlung geistreicher Aperçus oder genialischer Ideen. Seine Philosophie ist ein System in Aphorismen. Wenn das Wort noch erlaubt wäre, würde man es als eine»Dichtung« bezeichnen – man muss schon ziemlich lange darauf herumkauen, bevor man etwas versteht.

Mögen die ausufernden Traktate bedeutender Gelehrter anderen ein Gefühl von Dauer und Ewigkeit verschaffen. Narren! Für Nietzsche sind der Aphorismus und die Sentenz die

Formen, in denen sich die Ewigkeit zu erkennen gibt. Es bedarf nur eines einzigen Augenblicks, nicht mehr. Länger darf eine Ewigkeit auch nicht dauern. Wenn sich das erlösende Wort einstellt, ja, wenn unsere Seele auch nur für einen einzigen Moment vor Glück erzittert, dann ist es, als würde der graue Himmel der Abstraktion von Blitzen durchzuckt, dann scheint es, als wäre die Nacht, in der alles beschlossen liegt, für immer erhellt.

Und nun sollen ausgerechnet ihm, dem Sprachartisten, auf einmal die Worte fehlen? Dabei wäre es gerade seine, Nietzsches, Pflicht, in diesen Stunden ein Wort an Cosima zu richten, ihr sein Beileid zu bekunden. Aber nichts, kein einziges Wort des Trostes will ihm einfallen.

Die Wahrheit ist: Übel geht es ihm jetzt, nach Wagners Tod. So schlecht wie lange nicht mehr. Vor seinem Haus in Rapallo erstrecken sich die Bergrücken des Montallegro, die er noch im Herbst, als er in Italien ankam, auf seinen täglichen Spaziergängen erkundet hat. Montallegro – fröhlicher Berg: Das Schicksal muss einen grausamen Scherz mit ihm treiben.

Sieben Jahren ist es inzwischen her, dass Wagner und er sich das letzte Mal gesehen haben. Und mit jedem Monat, jedem Tag, jeder Stunde ist die Entfernung seitdem größer, der Riss zwischen ihnen tiefer geworden. So tief, dass man nur noch von einem Abgrund sprechen kann.

In Sorrent, einem Küstenstädtchen am Golf von Neapel, sind sie sich seinerzeit begegnet. Die Eröffnung des neu errichteten Bayreuther Festspielhauses, die sie gemeinsam gefeiert hatten, lag erst wenige Monate zurück. Nur fünf Minuten waren ihre Hotels damals voneinander entfernt. Eine Nähe, wie sie seither undenkbar gewesen ist.

Noch immer steht die »tödliche Beleidigung« zwischen ihnen,

die Wagner ihm in jener Zeit zugefügt hat. Geredet hat Nietzsche bislang mit niemandem darüber. Und er wird es auch nicht mehr tun. Nur so viel: Es hätte tödlich zwischen Wagner und ihm ausgehen können, wäre die Feindschaft vollends zum Ausbruch gekommen, in die sich ihre einstige Freundschaft verwandelt hatte. Wagner ist wie eine Krankheit gewesen, die er durchlebt hat, die man durchleben muss: eine verheerende, unentbehrliche Epoche seines Lebens, die nun endgültig vorbei ist.

Nietzsche kann Bayreuth jedenfalls gestohlen bleiben. Hätte Wagner ihn zum *Parsifal* persönlich eingeladen, er wäre vielleicht auf den Hügel gefahren. So aber hatte er entschieden, durch Abwesenheit zu glänzen. Im Übrigen hätte wohl nur ein Tauber von der Aufführung dieses christlichen Erlöserdramas begeistert sein können, nach allem, was er von dem Stück gehört hat. Seine Schwester Elisabeth, das »Lama«, schien inzwischen jedenfalls taub zu sein, denn sie konnte nicht aufhören, von dem Stück zu schwärmen, vom Schluchzen der alten Männer auf den Holzbänken.

Ihm, Nietzsche, können sie gleichwohl nichts vormachen: Wagner, das ist ein Hochstapler und Dilettant. Wie arm, künstlich und schauspielerisch seine Musik klingt! Alle, die glauben, mit dem preußischen Sieg über Frankreich habe auch die deutsche Kultur einen Sieg davongetragen, werden bei Wagner eines Besseren belehrt. Ein vollkommenes Fiasko! Die ganze Passion, die er für diesen Menschen gepflegt hat, ist ein für alle Mal verflogen.

»Schirokko« hat er Wagners Orchesterklang einmal getauft – nach dem heißen Wüstenwind, der jetzt im Frühjahr von der Sahara in Richtung Mittelmeer weht und eine große Menge Sandstaub mit sich führt, der das Atmen mitunter beinahe unmöglich macht. Er hätte Wagner schon viel früher aus seinem Leben verbannen sollen. Und doch ist es ihm nie gelungen.

Abschied nehmen muss man können – so wie auch Zarathustra lehrt, dass zu allem Handeln, zu jeder echten Tat ein Vergessen gehört. Nur wer die Vergangenheit hinter sich lässt, vermag ganz aus sich selbst heraus zu wachsen.

Nietzsche macht es sich schwer mit dem Brief an Cosima, so schwer, wie nur irgendein Mensch es sich schwer machen kann. Stunden wartet er nun schon auf das erlösende Wort.

*

Die Krämpfe in der Brust sind stärker geworden. Wenn doch nur das Wetter sich endlich bessern würde. Wagner kommt es vor, als ob es ein ewiger Winter in Venedig wäre, die kurzen Tage sind eine einzige Pein.

Das neue Jahr 1883 verspricht nicht viel besser zu werden als das alte. Auch heute, an diesem 5. Februar 1883, Rosenmontag, hat er sich, völlig erschöpft und von den wiederkehrenden Anfällen ermattet, auf einer Steinbank zwischen den Säulen der Markuskirche niedergelassen und hinaus aufs Wasser geschaut. Eine ganze Weile hat er so dagesessen und nur beobachtet, wie festliche Gondeln im Karnevalsaufzug an ihm vorbeischaukelten.

Immer öfter bleibt Wagner abends jetzt für sich allein am Klavier und improvisiert Melodien, die ihm gerade haufenweise in den Sinn kommen. Wenn Cosima zu ihm tritt, schickt er sie fort; wenn sie fort ist, vermisst er sie wieder. Es ist zu viel für sein Herz. Wagner will niemanden sehen. Nicht Cosima, nicht die Kinder, und schon gar keine Gäste.

An Aufregung hat es in letzter Zeit wahrlich nicht gemangelt. Franz Liszt, der im Dezember auf Besuch kam, ist Mitte Januar Gott sei Dank wieder abgereist. *La lugubre gondola,* die »finstere Gondel«, hieß das ebenso düstere wie dürftige Klavierstück in einem Satz, mit dem der Schwiegervater ihn offenbar foltern wollte. Auf die Zunge musste er sich beißen, um nicht ausfällig zu werden, als Liszt ihm das Stück zu Gehör brachte. Große Nachsicht hat Wagner mit Menschen noch nie gehabt. Aber sein Geduldsfaden ist inzwischen so dünn geworden, dass er oft genug das Verlangen verspürt, sich großräumig Luft zu verschaffen.

Liszt und er haben an den Abenden im Salotto über die Frage gestritten, ob sich sinfonische Werke auch in einem Satz komponieren ließen. Wenn überhaupt, so will Wagner ab jetzt nur noch Sinfonien dichten – einsätzig. Der tradierte Formenkanon – die Abfolge der vier Sätze –, den Beethoven bis zur absoluten Perfektion beherrscht und damit für alle Zeiten erschöpft hat, muss endlich aufgesprengt werden. Wagner ist jedenfalls nicht Künstler geworden, um ein leeres, lebloses Schema zu bedienen. Er will, Form hin oder her, einen musikalischen Gedanken da erfassen, wo er im Entstehen ist, einen melodischen Faden so lange spinnen, bis er ausgesponnen ist.

Manchmal, wenn Wagner von seinem Balkon aus in das träumende Dunkel der Stadt hinauslauscht, hört er, wie sich aus dem lautlosen Schweigen der Klageruf eines soeben auf seiner Barke erwachten Gondoliere erhebt. In wiederholenden Anläufen setzt dieser an, bis aus der Ferne ein gleicher Ruf antwortet: Es sind die Verse Tassos, eine uralte, schwermütige, melodische Phrase, die sich nachts über die Lagune legt, während sich der Nebel in die nächtlichen Gassen zwängt und ihren Klang verstärkt. Der

Gesang ist so alt wie Venedig und seine Bewohner, so alt wie die öden Marschen, aus denen irgendwann kleine, von Prielen, Rinnsalen und schmalen Kanälen durchzogene Inseln wurden, auf denen später eine der reichsten und prächtigsten Städte Europas entstand.

Irgendetwas von dieser mythischen Kraft, die anschwillt, sich verdichtet und eine ganze Welt aus sich hervorgehen lässt, ist immer noch hörbar in diesem Gesang, der, wenn Wagner sich richtig erinnert, ursprünglich aus einem einfachen Grund angestimmt worden sein soll: Wenn die Fischer vom Lido, einer vorgelagerten Insel Venedigs, abends aufs Meer hinausfuhren, setzten sich ihre Frauen ans Ufer und stimmten aus voller Kehle Lieder an, auf die die Männer ihrerseits von fern antworteten. Es sind die Gesänge von Einsamen, in die Dunkelheit entsandt, damit ein Gleichgestimmter sie höre und antworte.

Berlin 1898:
Der Traum von Gerechtigkeit

Käthe Kollwitz und Gerhart Hauptmann
stoßen die Denkmäler von den Sockeln

Damit hat niemand gerechnet. Sie selbst am allerwenigsten. Käthe Kollwitz soll für ihren Zyklus *Ein Weberaufstand* die Kleine Goldmedaille der Großen Berliner Kunstausstellung erhalten, die noch bis zum 16. Oktober 1898 in den Ausstellungshallen am Lehrter Bahnhof zu sehen sein wird. Die akademische Jahresschau ist das Kunstereignis des Jahres. Wer in der Berliner Kunstszene etwas gelten will, muss hier vertreten sein. Sammler und Museen informieren sich über aktuelle Strömungen und Tendenzen, Käufer und Künstler kommen ins Geschäft, Journalisten und Kritiker wiegen bedächtig ihr Haupt.

Kollwitz' *Weberaufstand* ist ein Drama in sechs Akten. In stummer Verzweiflung schlägt eine Frau die Hände über dem Kopf zusammen. Vor ihr liegt ein Kind im Bett. Leichenblass ist sein Gesicht, tiefe eingefallene Augen. Die Mutter beugt sich zu ihm hinab und kann doch nichts tun, als seinem langsamen Tod, seinem Dahinsiechen zuzusehen.

So beginnt der Zyklus. Kollwitz zeigt den Moment, in dem der Schmerz am größten ist, das Leben noch nicht ganz verloschen. Dann nimmt das Drama vom bewaffneten Aufstand der Weber seinen Lauf. Von der anfänglichen Ohnmacht über den Plan zur Revolte bis hin zum jähen Ende durch die blutige Niederschlagung verdichten Kollwitz' Grafiken das Geschehen. Nichts ist geschönt, Kollwitz sucht die Reibung. Sie will die Realität so darstellen, wie sie sich für die Weber präsentiert – traurig und unerbittlich, aber auch reif für den gewaltsamen Umsturz.

Die Inspiration zu dem aufsehenerregenden Zyklus kommt von dem noch jungen, aber bereits jetzt schon in den Rang eines Klassikers aufgestiegenen Dichter Gerhart Hauptmann. So wie Goethe einst für den *Werther* gefeiert wurde, wird Hauptmann als Dichter der *Weber* verehrt. Es gibt kein Stück, das in den letzten Jahren höhere Wellen geschlagen hat.

Kollwitz kennt Hauptmann persönlich, hat ihn, als er noch nicht so berühmt war, in dem kleinen Vorort Erkner, einer Industriegemeinde im Südosten von Berlin, besucht. Ihre Schwester Lisbeth wohnte zu der Zeit dort im Nachbarhaus, und so wurde aus einer flüchtigen Bekanntschaft bald ein näherer Umgang, zu dem sich bei Berliner Weiße und sommerlichen Festen im Garten andere Künstler und Schriftsteller hinzugesellten, etwa der Maler Hugo Ernst Schmidt oder der Dichter Arno Holz. Hingerissen von Hauptmann war sie schon damals, aber das große Erlebnis kam erst mit der Uraufführung seines Dramas *Die Weber*.

Vor fünf Jahren hatte Kollwitz die Premiere des Stücks im Theater am Schiffbauerdamm gesehen. Und danach nicht mehr vergessen. Daheim im Wohnzimmeratelier packte sie daraufhin die Szenen zu Émile Zolas Bergarbeiterroman *Germinal*, an denen sie gerade saß, zusammen und machte sich an die Arbeit. Sie hatte ein neues Thema gefunden: Von den *Webern* ging eine Wucht aus, gegen die alles andere verblasste.

Kämpferische Künstlerin: Käthe Kollwitz
zeigt in ihren Grafiken das Leben der
Armen und Schwachen. Kunst, die
wirken will, muss aufrütteln,
wahrhaftig und sozial sein.

Kollwitz meidet in ihrem Zyklus jede historische Distanz. Es geht ihr nicht um eine akkurate Bebilderung des Stoffs, schon gar nicht des Dramas. Wenn sie Hauptmanns Gestalten bildlich vor sich sieht, dann sitzen sie nicht nur in den Stuben der schlesischen Weberdörfer. Sie hocken auch in den Hinterhöfen der preußischen Hauptstadt, die seit der Reichsgründung 1871 aus allen Nähten platzt, oder sie versuchen, als Arbeitslose auf den Ämtern die Zeit totzuschlagen. Es sind förmlich mit der Haut verwachsene Lumpen, die auf den mit kräftigen Kontrasten gezeichneten Blättern zum Vorschein kommen. Körper, deren Konturen vom Schatten verschluckt werden, aus dem sie gerade erst heraustreten. Vollkommen gegenwärtig sollen die Weber auf ihren Zeichnungen sein – und doch zugleich zeitlose Sinnbilder eines Kampfes, der sich von jeher zwischen den Menschen zuträgt.

Ursprünglich wollte Kollwitz gar nicht Zeichnerin, sondern Malerin werden. Aber die Grafik ist ihr in den beengten Wohnverhältnissen, in denen sie mit ihrem Mann Karl, einem Arzt, am Wörtherplatz auf dem Prenzlauer Berg lebt, inzwischen zu der ihr vertrauteren Kunstform geworden. Nicht zuletzt kann sie damit gesellschaftlich eine ganze andere Wirkung entfalten. Eine kleine theoretische Schrift von dem Maler, Bildhauer und Grafiker Max Klinger – *Malerei und Zeichnung*, so der Titel – hatte ihr damals geholfen, sich nach ihrer Zeit an der Kunstakademie in München für die Grafik als künstlerisches Medium zu entscheiden: Die Malerei, so schrieb Klinger, habe die Harmonie und die Freude an der Welt zum Gegenstand; Kritikwürdiges und Veränderungsbedürftiges wies er hingegen der Grafik als Arbeitsauftrag zu. Genau das ist ihr, Kollwitz', Metier.

Kollwitz ist damit einverstanden, dass ihre Kunst Zwecke verfolgt. Sie möchte wirken in einer Zeit, in der die Menschen ratlos und ohnmächtig sind. Nichts als die Wahrheit will sie mit ihren Werken, ihren Radierungen und Lithografien, zum Vorschein bringen, ungeschönt, derb, ohne den monumentalen Kitsch, wie ihn etwa die Berliner Bildhauerschule um Reinhold Begas mit ihrem Faible für den Neobarock verbreitet.

Bei den Offiziellen von der Königlichen Akademie der Künste kommt das naturgemäß nicht so gut an. Und offenbar gibt es auch schon Unstimmigkeiten bei der Medaillenvergabe. Der Vorschlag, Kollwitz die Auszeichnung zu verleihen, stammte von dem Maler Max Liebermann, der auch im kaiserlichen Lager hochgeschätzt wird. Aber sogar Liebermann hat seine Kritiker und ist in der Berliner Kunstszene nicht unumstritten.

Die Einmischung des Kaisers in Fragen, von denen er nichts versteht, ist keineswegs neu in Berlin. Auch die Uraufführung von Hauptmanns *Webern* war vom Kaiser seinerzeit untersagt worden, weshalb das Stück am 26. Februar 1893 von der Freien

Bühne zunächst nur privat zur Aufführung gebracht wurde. Als es im Jahr darauf doch noch seine öffentliche Premiere am Deutschen Theater feiern konnte, weil ein Gericht inzwischen das Verbot gekippt hatte, wollte der Kaiser vor Wut schon seine dortige Loge kündigen und das kaiserliche Wappen daraus entfernen lassen. So weit kam es dann aber doch nicht. Wilhelm II. konnte und wollte die Integrität seiner eigenen Gerichte nicht aufs Spiel setzen und beließ es darum bei dem Schwur, das Theater nie wieder zu betreten.

Nun hat der Kaiser zu ihr, Kollwitz, sogar ein offizielles Gutachten vom preußischen Kulturminister anfertigen lassen. Der gibt zu bedenken, dass der Vorschlag Liebermanns vom künstlerischen Standpunkt aus zwar durchaus gerechtfertigt erscheine, die Darstellung des Elends aber, die bei Kollwitz jedes versöhnende Element vermissen lasse, einer staatlichen Anerkennung nicht würdig sei. Na bitte!

Wilhelm II., der Kaiser höchstpersönlich, hat nun die Auszeichnung an die Künstlerin verweigert. Eines triftigen Grunds dazu bedarf es nicht. Es genügt, dass er, Seine Majestät, es so will. Und außerdem: Orden und Ehrenzeichen gehörten an die Brust verdienter Männer. Eine Medaille für eine Frau, das ginge nun wirklich zu weit.

*

Lange war nicht klar, ob dieser Moment überhaupt jemals stattfinden würde. Als er dann endlich da ist, sackt Gerhart Hauptmann förmlich in sich zusammen, so erleichtert ist er. Beifall erschallt durch das Deutsche Theater, das an diesem 25. September 1894 bis auf den letzten Platz ausverkauft ist. Auf die Bühne kommen soll er, der Dichter. Erst traut sich Hauptmann nicht, denn auch Pfuirufe mischen sich in den Chor. Dann aber erhebt er sich, wartet noch eine Sekunde, streift den Rock glatt und nimmt den geteilten Applaus entgegen.

Der große Skandal, auf den nicht wenige Kritiker gehofft haben, nachdem die Aufführung des Stückes *Die Weber* erst verboten, verschoben und dann auch noch boykottiert wurde, ist ausgeblieben. Unmittelbar vor der Aufführung machte das Gerücht die Runde, die Sozialdemokraten wären in Scharen herbeigeeilt, um dem sozialistischen Parteidichter Gerhart Hauptmann ihre Aufwartung zu machen und ihn vor den Angriffen des Publikums zu schützen. Die Lage war jedenfalls angespannt – auf beiden Seiten. Und sie bleibt es.

Seit seinem Dramendebüt *Vor Sonnenaufgang* vor fünf Jahren gilt Hauptmann in Berlin und im ganzen Reich als Anführer einer neuen Kunstrichtung, der man jede Unflätigkeit zutraut. Nachdem der Reichskanzler Otto von Bismarck entlassen und die Sozialistengesetze vom Parlament wieder einkassiert worden sind, so sehen es viele, könne niemand mehr vor den revolutionären Umtrieben der deutschen Sozialdemokratie sicher sein. Als »Salonrevolutionäre« werden die unliebsamen kritischen Geister von der Presse beschimpft. Dabei sind Revolution und Revolte gerade das, was Gerhart Hauptmann mit seinem Engagement als Dichter am allerwenigsten im Sinn hat.

»Naturalisten« nennen sich die jungen Rebellen, die sich nicht länger vom Heiligenschein einer ach so schönen Vergangenheit blenden lassen wollen. Vielmehr wollen sie ihrer Gegenwart, dem Schmutz und Elend direkt ins Gesicht blicken. Und folglich ging es in Hauptmanns erstem Stück um eine unglückliche Bauernfamilie, die durch Kohlefunde zwar reich, wenig später aber auch schwer alkoholkrank geworden war. Zum ersten

Sozialer Aufrührer: Gerhart Hauptmann wird für seine *Weber* gefeiert. Aber auch die Obrigkeit hat einen Blick auf den aufmüpfigen Dichter geworfen.

Mal in der Geschichte des deutschen Theaters bekamen die Zuschauer die Menschen zu sehen, die sonst, obwohl sie so zahlreich sind, immer nur im Dunkeln bleiben.

Hauptmanns neuestes Stück, *Die Weber*, steht seinem Erstling an Drastik in nichts nach. Hauptmann ruft in seinem Drama den schlesischen Weberaufstand von 1844 ins Gedächtnis, der ohne ihn, den Dichter, vermutlich ein lokales Ereignis von belangloser Bedeutung geblieben wäre. Er kennt die Gegend, in der die Handlung spielt, genau, schließlich ist er in Schlesien geboren und aufgewachsen; sein Großvater hat selbst einmal als Weber gearbeitet. Hauptmann ist vertraut mit den Gepflogenheiten der Menschen vor Ort, kennt ihre Ängste und Sorgen. Er weiß, wie sehr Alter, Arbeit und Krankheit sie plagen, hat ihre vom Weben krumm gewordenen Körper vor Augen. Unter allen Geräuschen der Welt würde er das Wuchten des Webstuhls immer wieder heraushören können.

Was die *Weber* von allen anderen bis dahin auf deutschen

Bühnen gezeigten Dramen unterscheidet, ist die Authentizität, mit der das Stück auftritt. Hauptmann hat genaue Studien in Büchern und vor Ort betrieben und lässt das Persönliche, das ihm so vertraut ist, im Fiktionalen aufgehen. Wenn doch auch alles erfunden ist, so ist doch alles wahr.

Selbst als das Stück schon fertig geschrieben war, kehrte Hauptmann noch einmal zurück an den Ort des Geschehens. Alles musste stimmen: Sprache, Örtlichkeiten, jedes Detail. Fast scheu und meist schweigsam durchwanderte Hauptmann zusammen mit einem Journalisten, der ihn begleitete, die Weberdörfer im Eulengebirge. Peterswaldau, Steinseifersdorf, so heißen die Dörfer, die vom Weberaufstand 1844 erzählen. Jedes Wort, das in den Hütten gewechselt wurde, erschien ihm schon zu viel. Denn jedes Wort konnte angesichts der Welt, die sich vor ihm auftat, nur Hohn sein, indem es ein Verstehen vorgaukelte, wo es nichts zu verstehen gab. Stattdessen genügte ein Blick in die wunden Weberaugen – und alles war gesagt.

Das Echo auf die *Weber*-Premiere ist geteilt. Ganz anders jedoch, als Hauptmann es erwartet hat. Nicht Kaisertreue und Sozialisten stehen sich als Fronten gegenüber, der Riss verläuft geradewegs durch die bürgerliche Mitte hindurch. Der eine Teil fühlt sich von diesem Herrn Dichter beschmutzt und verunsichert. Ein grässliches Machwerk – zu sozialdemokratisch, zu realistisch. Kunstwerke müssten doch eine Botschaft von eindeutiger Staatstreue aussenden, von Stolz, Kraft, Tugend und Idealen getragen sein. Nicht lange, so die Befürchtung, und das hier gezeigte Elend werde sich auch in der Realität in Umsturzversuchen entladen. Der andere Teil hingegen ist aufgewühlt und feiert das Drama: Bei Hauptmann bekämen die Namenlosen endlich einen Namen, ein Gesicht.

Die Aftershowparty findet im Café Monopol in der Friedrichstraße statt, eine der gefragtesten und nobelsten Adressen Berlins. Auch das gehört zum Geschäft eines Dramatikers, der in Zukunft noch hoch hinauswill: Kontakteknüpfen in die allerhöchsten Kreise. Im Monopol war Hauptmann bereits nach seinem ersten Stück als Shootingstar vorgestellt und in die Berliner Theater- und Schriftstellerwelt eingeführt worden. Und so wenig er die Rolle damals gesucht hatte, die man ihm bald als Anführer einer Schar überall auftauchender junger Geister, einer »schwarzen Realistenbande«, zusprach, so wenig will er heute auf sie verzichten: Darstellen, repräsentieren, die Brust rausstrecken, das kann er.

Seit jenem Tag, als sein Name plötzlich ein Name mit Klang war, hatte sich vieles verändert. Er stand nun unter Beobachtung. Hauptmann weiß: Er muss das Wagnis des Erfolgs eingehen, über dem das drohende Auge der kaiserlichen Behörden lauert.

∗

Merkwürdig ist und bleibt die Sache mit dem ihr verwehrten Preis dennoch. Kollwitz kann nicht verstehen, wie Berlin, das so krampfhafte Anstrengungen unternimmt, Kunststadt zu werden, so unglaublich weit hinter einer Stadt wie München zurückbleiben kann. Auf die preußische Belobigung, die ihr der Kaiser versagt hat, kann sie jedenfalls verzichten, wenn das, was sie von Berufs wegen tut, von Staats wegen als »Rinnsteinkunst« verrufen ist.

Viel wichtiger ist, dass sie dank des entstandenen Rummels um ihre Person jetzt berühmt ist, eine Künstlerin, deren Werke in den großen Zeitungen besprochen werden. Ausstellungsanfragen aus Dresden und München haben sie bereits erreicht. Zum ersten Mal fühlt sie sich auf ihrem Weg bestätigt. Nachts liegt sie oft schlaflos und malt sich eine andere Kunst aus, ein freieres Leben. So wie es ist, kann es unmöglich länger bleiben.

Schon seit Jahren ist die Berliner Kunstwelt zerstritten. Der Konflikt begann, als der Verein Berliner Künstler 1892 Edvard Munch einlud, seine Werke in Berlin zu präsentieren. Die Organisatoren kannten die Arbeiten des norwegischen Malers offenbar nicht sonderlich gut, denn schon bei der Eröffnungsfeier empörten sich erste Vereinsmitglieder und Besucher über die Provokationen, die sie da zu sehen bekamen. Wer von Munch idyllische Fjordlandschaften und skandinavische Stimmungsbilder erwartet hatte, erlebte nicht bloß eine Enttäuschung, sondern bekam eine Zumutung zu Gesicht.

Die Werke waren für das Auge so verwegen, dass man sich auf den ersten Blick kaum zurechtfinden konnte in diesem Spiel aus Form, Licht und Farbe. Bei einem der Bilder hatte Munch versucht, durch das wiederholte Auftragen und Abkratzen der Farben körperliches Siechtum und das Verlöschen eines Menschen sichtbar zu machen. Überhaupt ging eine Brutalität von seiner Malweise aus, die man nur als Hohn für die Kunst bezeichnen konnte. Fremd, abstoßend, hässlich und gemein. Ein kolossales Ärgernis!

Eine Woche hielt der Verein dem öffentlichen Druck stand, dann brach Anton von Werner, einer der ersten Maler am kaiserlichen Hof und Vorsitzender des Vereins, die auf vierzehn Tage geplante Ausstellung vorzeitig ab. Der *succès de scandale* war perfekt – und Munch über Nacht der berühmteste Mann im Deutschen Reich. Seit jenen Tagen hatten sich die Fronten geklärt: Auf der einen Seite standen Begas und Werner mit ihrer ganz der Vergangenheit verpflichteten, monumentalistischen

Formsprache, auf der anderen Seite Künstler wie Max Liebermann und Max Kruse, Walter Leistikow und Lesser Ury, Edvard Munch und Käthe Kollwitz mit ihrer unbändigen Freude am wilden Experiment.

Für welche Kunst die Alten einstehen, wird sich in Zukunft im Berliner Tiergarten bestaunen lassen. Auf Anordnung von Kaiser Wilhelm II. soll eine Ahnengalerie der besonderen Art entstehen, eine etwa siebenhundertfünfzig Meter lange *via triumphalis*, die sich vom Platz vor dem frisch erbauten Reichstag mit der Siegessäule bis zum Kemperplatz im Süden erstreckt.

Die zweiunddreißig Denkmalgruppen umfassende »Siegesallee« soll einen geschichtlichen Bogen von Albrecht dem Bären über die Dynastien der Wittelsbacher, Luxemburger und Hohenzollern bis hin zu Kaiser Wilhelm I. spannen, dem Wiedererrichter des Deutschen Reiches. Über siebenhundert Jahre preußische Geschichte mit einem klaren Ziel vor Augen: die glorreiche Herrschaft der Hohenzollern. War es bis in das letzte Jahrhundert hinein üblich, nur gekrönte Häupter auf einen Sockel zu stellen, so hat sich seit den Tagen Friedrichs II. der Kreis des Denkmalswerten erweitert. Zunächst kamen Generäle hinzu, die nicht dem Herrscherhaus angehörten, sich aber im Krieg besonders verdient gemacht hatten. Den Generälen und Feldherren folgten schließlich die Dichter und Denker, Erfinder und Wissenschaftler. Und auch jetzt sollen in den steinernen Halbrunden jeweils zwei einflussreiche Geister ihren Herrschern zur Seite stehen.

Das erste Denkmal ist am 22. März dieses Jahres, pünktlich zum Geburtstag des Kaisers, bereits enthüllt worden. Es zeigt Otto I., Markgraf von Brandenburg, neben ihm Abt Sibold und der letzte slawische Fürst Pribislaw-Heinrich. Entworfen hat die

Gruppe der Berliner Bildhauer Max Unger, der bisher vor allem mit einem misslungenen Standbild des Prinzen Friedrich Karl Nikolaus von Preußen in Frankfurt an der Oder in Erscheinung getreten ist. Eigentlich hilft da nur eines, findet Kollwitz: Wieder abreißen.

Man muss kein kunstsinniger Mensch sein, um zu erkennen, dass der künstlerische Wert dieser Werke gleich null ist. Und doch gibt es inzwischen so viele Denkmäler, dass man schon am Morgen beim Kaffee davor bangen muss, ob nicht in der Zeitung von der Enthüllung eines neuen Reiterbildes die Rede ist. Wilhelm II. mag sich für einen neuen Medici halten, mit einer Bildhauerschule, wie sie seit den Tagen der Renaissance kaum je großartiger hätte sein können. Für sie, Kollwitz, ist und bleibt er ein gefährlicher Clown.

Und nun hat sich, nachdem 1898 auch ihr Maler-Kollege Walter Leistikow offenbar im Clinch mit dem Kaiser gelegen hat, also eine Gruppe von Künstlern vom Rest der Szene abgespalten, weil sie die Kunstpolitik Wilhelms II., seiner Helfer und Helfershelfer in der Königlichen Akademie nicht länger ertragen kann. »Berliner Secession« nennt sich die Künstlervereinigung, und Max Liebermann ist ihre Galionsfigur. Um ihrem Anliegen einer Kunst, die ihren Namen verdient, endlich Öffentlichkeit zu verschaffen, wollen sie ab jetzt auch nicht einfach in separaten Räumen der Großen Berliner Kunstausstellung ausstellen, sondern planen für das nächste Jahr ihre eigene Schau. Sie mögen »Abtrünnige« sein, aber sie wollen sich nicht länger als solche behandeln lassen.

Wenn sie auch keine Partei im politischen Sinne sind, so ist es doch – ein Jahr nachdem die Sozialdemokraten erneut die Mehrzahl der Stimmen bei den Wahlen erhalten haben – sehr wohl und dezidiert Politik, die sie mit ihrer Kunst betreiben. Kollwitz weiß genau, auf welcher Seite sie steht. Als eine von drei Frauen zählt sie zu den Gründungsmitgliedern der Secession.

*

Schon wieder ist ihm der Kaiser in die Parade gefahren. Eigentlich hätte Gerhart Hauptmann für seine Traumdichtung *Hanneles Himmelfahrt* den Schiller-Preis für das Jahr 1896 erhalten sollen. Eine der höchsten Auszeichnungen für dramatische Dichtkunst, die von Staats wegen verliehen wird. Der große Erfolg, zum Greifen nah. Doch daraus wird nichts. Natürlich weiß der Kaiser, dass er, Hauptmann, der mit Abstand bedeutendste Dichter des noch jungen Kaiserreichs ist, aber er kann ihm seine *Weber* offenbar noch immer nicht verzeihen. Anders ist der abschlägige Bescheid gegen ihn und seine Dichtkunst nicht zu erklären. Dabei sehnt sich Hauptmann doch nach Anerkennung von ganz oben.

Heute Abend ist er beim Altmeister Theodor Fontane eingeladen. Trost und Zuspruch von der ersten Feder Berlins kann er wahrlich gebrauchen. Fontane ist nicht nur Vorbild für ihn, Hauptmann; vom Beginn seiner Laufbahn als Dramatiker an ist er auch sein höchster Protektor gewesen. Schon für die *Weber* hatte sich Fontane in einer Besprechung für die *Vossische Zeitung* mächtig ins Zeug gelegt. Er, der sich selbst als ein aussterbendes Exemplar seiner Gattung sah, trat im neuesten Literaturstreit für die Jüngsten ein.

Der Weg führt Hauptmann in die Potsdamer Straße 134 c im Westen der Stadt. Fontanes Wohnung liegt in einer vierstöckigen Mietskaserne, drei Treppen hoch, die Tür links. Für einen so berühmten Mann bescheidene Räume. In den Sommermonaten kriechen die Abwasserdünste des Landwehrkanals bis hinauf in die Wohnung. Dann packt Fontane die Koffer und verzieht sich aufs Land. Irgendwo nach Jwd. Janz weit draußen.

Zwei Millionen Einwohner hat die Stadt Berlin, und es werden von Jahr zu Jahr mehr. Seit 1871, seit Berlin aus der recht nüchternen, kleinen und durchaus nicht reichen Residenzstadt des Königsreichs Preußen zur Hauptstadt des Deutschen Kaiserreichs wurde, hat der sandige Ort an der Spree einen mächtigen Aufschwung genommen. Aus Familienbetrieben wurden Aktiengesellschaften, französische Kriegsreparationen heizten die Wirtschaft zusätzlich an. Die Stadt explodierte regelrecht. Und während in den Arbeiterquartieren Bebauungen mit einer Abfolge von drei oder vier Hinterhäusern keine Seltenheit waren, wurde andernorts alles immer größer, luxuriöser, prächtiger. Neben den neu errichteten Villen der Industriemagnaten nahmen sich die Stadtpalais des alten märkischen Adels bald wie bescheidene Landhäuser aus. Berlin wuchs – und wuchs über sich hinaus.

Mit dem Boom stiegen indes auch die Mieten um das Doppelte, ja Dreifache an. Provinzler, Globetrotter, Parvenüs, all die Mittelmäßigen, Ehrgeizigen und Talentierten strömten nach Berlin, um hier ihr Glück zu versuchen. Für das preußische Stadtleben von einst, die bunte Menge, die sich am Sonntag Punkt zwölf zum Lustwandeln auf dem Boulevard Unter den Linden traf, war in der neuen Reichshauptstadt kein Platz mehr. Täglich ratterte die Stadtbahn in einem atemberaubenden Tempo an den Häuserfassaden vorbei. Flüchtiger Blick in die Fenster: Nichts blieb den Augen des Voyeurs verborgen. Das herrschaftlich angelegte Spree-Athen des preußischen Stararchitekten Karl Friedrich Schinkel war tot, vom Griechenfeuer, das sich einmal bis in die letzten Winkel der Havellandschaft, bis nach Paretz und Petzow, ausgebreitet hatte, war nichts mehr zu spüren. Inzwischen hat man eher das Gefühl, in einer amerikanischen Großstadt wie Chicago zu leben. Statt in die Fläche wird dort neuerdings in die Höhe gebaut. Und auch in Berlin will man hoch hinaus.

Die bürgerlichen Tafelfreuden beim Ehepaar Fontane finden in dem zum Esszimmer umgewandelten Alkoven statt. Ein runder Tisch für acht Personen. Otto Brahm, der Leiter des Deutschen Theaters, der die *Weber* seinerzeit auf die Bühne gebracht hat, und der blutjunge Dichter Georg Hirschfeld, der von Fontane ebenfalls protegiert und zu dramatischen Versuchen ermuntert wird, sind auch zu Gast. Das spärliche Licht einer Petroleumlampe erleuchtet den Raum. Hier ein Schrank mit Gläsern und Geschirr, dort die halb verglaste Tür zum Arbeitszimmer, die Fontane mit einer Landkarte der Gegend um Potsdam verhängt hat. Das Servieren und Abtragen besorgt die Hausgehilfin, die mit dem feinen Klingen eines Glöckchen gerufen werden kann. Kerzenleuchter auf dem Tisch, ein Blumenbouquet. Märkische Bauerndrastik trifft auf französischen Esprit.

Bewunderung für den Jüngeren spricht aus den Worten des Alten, während man sich über die Teltower Rübchen, Fontanes Leibgericht, beugt, zu denen es Hammelkoteletts von einer unübertrefflichen Zartheit gibt. Schon Goethe ließ sich jeden Herbst von seinem Freund, dem Komponisten Carl Friedrich Zelter, die erlesenen Rübchen aus Berlin ins thüringische Weimar schicken und machte ein regelrechtes Spektakel daraus: Ob die Rüben in diesem Jahr wohl geraten seien, ob sie auf dem Transport auch nicht vom Frost gelitten hätten, jedes Detail war entscheidend. An die englische Küche, die zurzeit alle im Munde führen, an *beef and mutton,* musste sich Fontane hingegen erst allmählich herantasten. Jetzt kommt kaum noch etwas anderes auf den Tisch.

Hannele ist Thema. So dolle sei das Stück nun auch wieder nicht, findet Fontane, keineswegs sei es sein, Hauptmanns, stärkstes. Doch ehe dieser protestieren kann, bedeutet ihm Fontane, der sich so langsam in Rage redet, noch einen Augenblick still zu sein. Und erhebt sich von seinem Platz.

Als er mit dem schmalen Bändchen seiner Balladen zurückkehrt und daraus das fünfte Jakobiterlied *O Charlie ist mein Liebling* deklamiert, in dem ein junger Kavalier besungen wird, dem tausend tolle Burschen aus den Highlands hinab in die Stadt folgen, realisiert Hauptmann, dass offenbar er damit gemeint sei. Seine naturalistische Bewegung! Und als dann auch noch Fontanes Frau Emilie, die bisher alles nur ungläubig verfolgt hat, in die Szene mit einsteigt und die Gläser großzügig mit Champagner füllt und ruft, er, Fontane, sei ja gar kein Dichter, nee, nee, wer aus der Mark stamme, könne ja gar keine Fantasie haben, ist die Dichterkrönung perfekt.

Als die Tafel schließlich aufgehoben wird, nimmt Fontane das hölzerne Fangballspiel zur Hand, ein Gedulds- und Geschicklichkeitsspiel, das er selbst oft zur Zerstreuung benutzt, wenn es mit der Arbeit nicht recht vorangeht. Er wollte es Hauptmann schon länger zeigen. Auf dem Fangbecher ist die Schneekoppe zu sehen, die höchste Erhebung im Riesengebirge. Ein Souvenir aus Hauptmanns Heimat. Zweimal versucht Gerhart Hauptmann vergeblich, den an einer Schnur befestigten Ball zurück in den Becher zu bugsieren. Und auch beim dritten Mal will es ihm nicht gelingen.

*

Als die Ausstellung am 20. Mai 1899 in der Charlottenburger Kantstraße, unweit des Kurfürstendamms ihre Türen öffnet, können die Secessionisten selbst kaum glauben, wie schnell sie ihre eigene Kunstschau auf die Beine gestellt haben. Die Wände sind noch so feucht, dass die Bilder jeden Abend abgehängt und am nächsten Morgen wieder neu aufgehängt werden müssen, um sie vor Schaden zu bewahren.

Liebermann und die anderen haben mit Spendenmitteln ein eigenes Gebäude neben dem Theater des Westens errichten lassen, nachdem die Suche nach einer geeigneten Galerie erfolglos verlaufen war. Unterstützung haben sie dabei von den Vettern Bruno und Paul Cassirer bekommen, die als Galeristen im Berliner Westen tätig sind und als entschlossene Vorkämpfer für den als »welsch« verschrienen Impressionismus gelten. An die zweitausend Einladungen sind an Vertreter aus Wissenschaft und Kunst, der Hautefinance, aus Literatur und Theater verschickt worden, sogar der Oberbürgermeister der Stadt Charlottenburg, Kurt Louis Wilhelm Schustehrus, und der Präsident der Akademie der Künste, Hermann Ende, sind zur Eröffnung gekommen. Während draußen die Pfingstsonne in die Augen sticht, drängeln sich die Besucher durch die Säle.

Auch Käthe Kollwitz ist unter den ausstellenden Künstlerinnen und Künstlern vertreten. Drei Werke sind von ihr zu sehen. Die Schau umfasst insgesamt 330 Gemälde, Zeichnungen und Lithografien sowie fünfzig Plastiken, unter denen große Namen zu finden sind: Max Liebermann und Walter Leistikow von der Berliner Seite, Arnold Böcklin und Wilhelm Leibl von der Münchner Schwester-Institution, ganz zu schweigen von zwei der wichtigsten Vertreter des deutschen Impressionismus, Lovis Corinth und Max Slevogt. Nur Adolph Menzel, der große Maler

Friedrichs des Großen, wollte unbehelligt bleiben und verbat sich die Ausstellung auch nur eines seiner Bilder.

Revolutionär ist nicht nur der Mut der Secessionisten, eine eigene Kunstausstellung zu organisieren, neu ist auch die Art und Weise, wie die Kunst gezeigt wird: Im Gegensatz zu den Hallen am Lehrter Bahnhof sind die Wände nicht mehr vollbehängt mit Ölschinken und überformatigen Historienbildern. Die Werke sollen vielmehr Platz haben zum Atmen, ihre Wirkung entfalten können. Während die vollgestopften Säle dort alle Feinheiten totschlagen, heben die Räume des Secessionisten-Gebäudes hier die Bilder jeweils einzeln hervor. Schluss mit der Vorstellung, es könne nur eine Richtung in der Kunst geben! Eine märkische Rübe kann als Sujet genauso gut taugen wie eine heilige Madonna.

Kollwitz hat für die Secessionsschau Arbeiten ausgewählt, wie man sie in dieser Direktheit auf noch keiner deutschen Kunstausstellung zu sehen bekommen hat. Dabei könnte es keinen deutscheren Stoff geben als diesen: Goethes *Faust*, aus dem Kollwitz für eine der Arbeiten, eine Kreidelithografie, die Figur der Margarethe herausgegriffen hat.

Besonders bildungsbeflissen versucht die Arbeit allerdings erst gar nicht zu sein. Im Gegenteil: Sie zeigt in dunklen Schraffuren Gretchen, die hochschwanger auf einem Steg steht und mit gesenktem Kopf unter sich blickt. Leer sind ihre Augen, beinahe tot. Die Hände wie zum Schutz um ihre Schultern geschlungen, schaut sie hinab auf die Frau mit dem leblosen Bündel im Arm am Rand des Ufers, blickt tief hinein in den menschlichen Abgrund vor ihr und erkennt sich darin selbst. Von Faust, dem Vater des Kindes, keine Spur.

Immer wieder hat sich Kollwitz mit der sozialen Stellung der

46

Frau beschäftigt, ihrer rechtlichen wie ökonomischen Abhängigkeit. Über fünfzig Jahre sind inzwischen seit der gescheiterten Revolution von 1848 vergangen, und die Unterdrückung derer, die sich nicht wehren können, hat immer neue Formen angenommen. Dies zu erkennen ist indes der erste notwendige Schritt, um fortan für eine klassenlose Gesellschaft kämpfen zu können.

Käthe Kollwitz hat es allen bewiesen, zuerst sich selbst. Mehr als zwei bis drei Stunden bleiben am Tag nicht für die Arbeit. Während sich ihr Mann Karl in der hauseigenen Praxis um die Behandlung der Armen im Viertel kümmert, hat sie für die beiden Söhne Hans und Peter Sorge zu tragen. Immerhin: Ohne die Hausgehilfin, die zu ihnen kommt, hätte sie noch weniger Zeit für ihre Kunst.

Oftmals begegnet sie Karls Patienten im Treppenhaus, wenn sie mit dem Kinderwagen das Haus verlässt. Kollwitz sieht die Elenden und Zerlumpten, die grassierende Ohnmacht. Die soziale Mischung, für die das Berliner Mietshaus sorgen sollte, hat sich als Mythos erwiesen. Wer es sich leisten kann, zieht in den Südwesten der Stadt, zurück bleiben die Schwachen und Bedürftigen. In der Regel lebt eine vielköpfige Arbeiterfamilie in einer Hinterhofwohnung, die lediglich aus einer Küche und einer Stube besteht. Bäder gibt es keine, die Toiletten befinden sich entweder im Treppenhaus oder auf dem Hof.

In seiner Rede zur Eröffnung der Secessionsschau hatte Max Liebermann versucht, die Honoratioren der Stadt zu beschwichtigen. Sogar den Kaiser hatte er hochleben lassen, hoch und abermals hoch. Bruder wolle man sein, nicht Feind. Nichts sei beständiger als der Wechsel, im Leben wie in der Kunst, und alles, was Geschmack, Kunsturteil und öffentliche Meinung heiße, sei wandelbar, ließ Liebermann in Goethe'scher Koloratur vor den geladenen Gästen verlauten. Damit war das Thema vom Tisch. *À votre santé!*

Ganz so einfach kann und will Käthe Kollwitz es sich nicht machen. »Mit uns hat o keener Erbarmen gehabt. Weder Gott noch Mensch«, hatte einer der Weber im dicksten schlesischen Dialekt bei Hauptmann gesagt, als die Aufständischen zum Haus des Fabrikanten Dittrich zogen, und hinaufgerufen: »Jetzt schaffen wir uns selber Recht.«

Ein Grund zum Feiern: Das Jahrhundert von Napoleon, Goethe und Bismarck ist vorbei. Wer oder was kommt nun? Die Erwartungen an die neue Zeit sind riesig.

Intermezzo 1900:

Eine Illustrierte reist in die Zukunft

Ein bisschen verunsichert ist es schon, das neunzehnte Jahrhundert, welchen Beinamen es sich zulegen soll. Wie wird man seiner zukünftig gedenken? Anwärter gibt es viele: das Jahrhundert der Erfindungen, des Dampfes, der Elektrizität, der Schnelllebigkeit, des Kapitalismus, der politischen Reaktion oder des Lichtes. Kein Jahrhundert hat mehr für die Entwicklung der Intelligenz, für die soziale Hebung der Massen und den Lebenskomfort getan. Ist es denn überhaupt schon Zeit abzutreten? Ihm schwirrt der Kopf.

Der Obrigkeit kann es mal wieder nicht schnell genug gehen. Wenn es nach dem Deutschen Kaiser, nach Allerhöchster Ordre geht, soll das neue Saeculum bereits am 1. Januar 1900 beginnen; nicht erst, wie es mit den Mathematikern abgemacht war, im Jahr darauf. Dabei ging es ihm, dem neunzehnten Jahrhundert, in den vergangenen Dekaden doch genau darum: um eine exakte Berechnung dessen, was der Fall ist. Um Tatsachen! Streng genommen wäre der Jahrhundertwechsel jedenfalls erst auf 1900/01 zu datieren gewesen.

Die Macher der *Berliner Illustrirten Zeitung* haben eine Idee. Sie wollen dem alten Saeculum unter die Arme greifen: Wie wäre es, man ließe die Leserinnen und Leser Bilanz ziehen über ein

Jahrhundert? Die Wissenschaftler, Dichter und klugen Köpfe dürfen über Welträtsel so lange grübeln, wie sie wollen. Des Volkes Stimme, wahrlich groß ist ihr Gewicht!

Ein Katalog mit siebenundzwanzig Fragen ist rasch erstellt: Welchen Beinamen würden Sie dem Jahrhundert geben? Wen halten Sie für den bedeutendsten deutschen Mann in diesem Jahrhundert? Wer ist der größte Denker dieses Jahrhunderts? Nach bedeutenden Frauen und großen Denkerinnen wird erst gar nicht gefragt. Vielleicht im nächsten Jahrhundert.

Der Rücklauf aus der Leserschaft ist enorm. Die Auflage von 23 000 Exemplaren, mit der das Magazin vor acht Jahren an den Start ging, hat sich seither mehr als verdoppelt. Die Leute lieben Bilder. Auch das neunzehnte Jahrhundert ist ergriffen. Eine weitere, vielleicht seine letzte große, dunkle Schicksalsstunde hat geschlagen. Trommelwirbel.

Häufig werden in der Umfrage Beinamen wie das eiserne, das große, das kriegerische, das patriotische erwähnt, und auch »das Jahrhundert Bismarcks« taucht des Öfteren auf. Das neunzehnte Jahrhundert ist erstaunt. Die Leserinnen und Leser haben in der Schule offenbar gut aufgepasst. Zumindest lässt das Vokabular darauf schließen, dass ihnen der blutige Marsch durch das Jahrhundert einmal gehörig eingetrichtert worden ist.

Und noch etwas verwundert das neunzehnte Jahrhundert: Kann es sein, dass es gar nicht so viele Jahre zählt, wie es dachte? Die Antworten seiner Leserinnen und Leser bewegen sich ausschließlich zwischen der Doppelschlacht bei Jena und Auerstedt 1806 und dem preußischen Sieg über Frankreich 1871. Eine Spanne von gerade einmal fünfundsechzig Jahren. Ganz schön kurz.

Das Ergebnis der Umfrage fällt am Ende eindeutig aus:

Spitzenreiter ist das »Jahrhundert der Erfindungen«. Gratulation! Die Dampfmaschine ist natürlich schon etwas vor seinem Beginn erfunden worden. Aber das Dampfschiff und die Dampflokomotive, also Takt und Tempo, das elektrische Licht, die Fotografie, der Telegraf, ganz zu schweigen vom Versandkatalog und der Sicherheitsnadel, vom Staubsauger und Reißverschluss – all die großen und kleinen Wunderdinge des alltäglichen Lebens gehen eindeutig auf sein Konto.

Dass mancher seiner Eleven sich sogar schon vor der Lösung der Welträtsel wähnt, hält das neunzehnte Jahrhundert zwar durchaus für übertrieben. Andererseits gilt es, bei der Geschwindigkeit, mit der Wissenschaft und Technik voranschreiten, auch jene höhere Erkenntnis des kausalen Zusammenhangs aller einzelnen Erscheinungen nicht aus dem Blick zu verlieren, die man früher einmal als »Philosophie« bezeichnete. Freilich ist diese heute nicht annähernd in der Lage, das sich unermesslich ausdehnende Wissen mit der gewohnten – und gebotenen – Gründlichkeit zu umfassen und in seinem Zusammenhang darzustellen.

Auch die anderen Fragen sind rasch entschieden. Die Liste der bedeutendsten Männer führt der erst vor anderthalb Jahren verstorbene ehemalige Reichskanzler Fürst Otto von Bismarck mit 4800 Stimmen an, gefolgt von Kaiser Wilhelm I. mit 700 Stimmen; der amtierende Kaiser Wilhelm II. wird nur vereinzelt genannt. Kein Denkmal für Willy.

Die Frage nach dem größten Denker des Jahrhunderts haben die Leserinnen und Leser hingegen offenbar nicht richtig verstanden. Auf dem ersten Platz ist nämlich der preußische Generalfeldmarschall Graf Helmuth von Moltke gelandet, dann erst folgen Immanuel Kant, der britische Naturforscher Charles Darwin und der alte Griesgram Arthur Schopenhauer.

Aber viel wichtiger als der Blick zurück ist ja sowieso der Blick nach vorne. Und deshalb hat die *Berliner Illustrirte Zeitung* bei der Gelegenheit ihre Leserschaft auch gefragt, was sie sich vom kommenden zwanzigsten Jahrhundert erhofft. Dann mal los. Den Weltfrieden natürlich! Abrüstung nicht zu vergessen. Den Sieg des Sozialismus, was sonst. Ein lenkbares Luftschiff darf nicht fehlen, die soziale Frage soll gelöst werden. Im Übrigen wünscht man sich: die Abkehr von der Goldwährung, ein Ende des Alkoholismus, internationale Schiedsgerichte, die Gleichstellung der Frau, die Verstaatlichung der Ärzte, den Sieg der Arbeit und eine angemessene Würdigung des Geistesadels.

Selbstverständlich finden sich auch bescheidenere Hoffnungen. Als leidgeprüfter Hauptstädter ist man nun mal einiges gewöhnt. Da wünscht sich einer vom neuen Jahrhundert die Freigabe sämtlicher Straßen Berlins für den Radverkehr, ein anderer will sich schon mit dem täglichen Brot zufriedengeben.

Und schließlich gibt es so manche, bei denen es nur um die großen Fragen der Weltpolitik geht: Die einen wünschen sich die Eroberung der Vereinigten Staaten von Amerika. Wieder andere hoffen auf nichts Geringeres als die Niederschlagung Englands und Frankreichs, Österreichs und Russlands, die Aufrichtung der Weltherrschaft Deutschlands, ach, und wenn es die Sozialdemokratie bei der Gelegenheit auch trifft, nur recht.

Wahrlich genug für ein Jahrhundert! Und pünktlich zum 1. Januar 1900 soll nach langjähriger Beratung nun obendrein endlich das *Bürgerliche Gesetzbuch* in Kraft treten. Ein Meilenstein.

Alle diese Hoffnungen treten aber zurück gegen den Herzenswunsch einer jungen Dame aus Duisburg, die, nachdem sie den Fragenkatalog höchst vernünftig und wortgewandt beantwortet hat, vom kommenden Jahrhundert nichts weiter als einen schönen, jungen, reichen Mann erhofft. Die Redaktion ist gerührt: Möge das Glück der jungen Dame nicht bis zum neuen Jahrhundert auf sich warten lassen. Das einundzwanzigste Jahrhundert kann sich diesem Wunsche nur anschließen.

*

Als die Silvesternacht herangerückt ist, schneit es heftig in Berlin. So besagen es zumindest einige Berichte. Der Schnee ballt sich zu Haufen, vor den Asylen der Obdachlosen staut sich die Menge. Heerscharen, mit Spaten und Hacke bewaffnet, werden ausgeschickt, um den Matsch aus den Toren zu schaffen. Vergebens. Die Stadt Berlin, die durch Reinlichkeit auszugleichen versucht, was ihr an Schönheit gebricht, ist den Schneemengen nicht gewachsen. Stündlich wird das Chaos auf den Straßen größer.

In anderen Silvesterberichten hingegen strömen Hunderttausende der ständigen oder zeitweiligen Bewohner der Hauptstadt nach elf Uhr aus den Theatern, Varietés und Kaffeehäusern auf die Straße. Das Wetter ist perfekt zum Lustwandeln Unter den Linden: eine sternenhelle Nacht. Im Apollo-Theater in der Friedrichstraße ist soeben die Operette *Frau Luna* von Paul Lincke zu Ende gegangen. In den Logen flimmerte es von Dekolletés, Brillanten, weißen Hemdbrüsten und Uniformen. Ob aus Charlottenburg, Schöneberg oder Rixdorf, aus allen Nachbarstädten sind die Menschen nach Mitte gekommen, um an den Feierlichkeiten zwischen Brandenburger Tor und Rotem Rathaus teilzunehmen.

Vor dem Schloss treffen inzwischen die Mitglieder des königlichen Hauses ein. Zu sehen sind in diesen Minuten auch die Fürstlichkeiten und Botschafter, die Generalfeldmarschälle, die

Ritter des Ordens vom Schwarzen Adler, die Staatsminister sowie die Präsidenten des Reichstages und des Landtages, die nacheinander ihren schwarzen Droschken entsteigen und sich für den Bittgottesdienst in der Schlosskapelle bereitmachen, bevor es, pünktlich um Mitternacht, zum Empfang in den Weißen Saal geht, den ersten elektrifizierten und beheizten Festort Berlins. Jetzt wäre der Moment, um innezuhalten, noch könnte man auf dem Treppenabsatz kehrt machen und dafür sorgen, dass das Jahrhundert einen anderen Verlauf nimmt, während im nächsten Augenblick schon vom Lustgarten der Salut von einhundert Schüssen herüberschallt, der am Neujahrsmorgen die Ansprache Wilhelms II. zur Neueinweihung der Fahnen und Standarten des Gardekorps im Zeughaus beschließt.

Alles ist in Berlin auf den Beinen. Nur das neunzehnte Jahrhundert liegt angeschlagen im Bett. Es weiß, wie gnadenlos die Zeiten heute sein können. Schon morgen wird sich seiner niemand mehr erinnern. »Die gute neue Zeit« hieß ein übles Machwerk, das im *Berliner Tageblatt* vor zwei Tagen erschienen ist. Fritz Engel, ein Schmierfink, hatte darin poetelt: »O lobt nicht nur die alte Zeit / Gönnt der neuen nicht nur Verachtung / Obgleich geneigt ihr dazu seid / Bei einer Jahrhundertbetrachtung.« Als die Glocken der Domkirche den Beginn des neuen Jahrhunderts ankündigen, dringt schriller Lärm von Böllern, heiteren Glückwunschrufen und allerhand anderen Geräuschen aus den benachbarten Häusern zu ihm. Fenster fliegen auf: Prost Jahrhundert! Da ist keiner, dem das Vergangene nicht wie ein Alb von der Seele fällt. Und da ist Hoffnung, riesenstark.

München 1903:
Der Hunger nach Leben

Franziska zu Reventlow und Thomas Mann
tauchen ein in die Boheme

Warum es »enorm« sei, wenn man Spiritus in Kupferschalen verbrennt und jemand die Hände darüberhält, hatte sie nicht verstanden, als sie herzog, nach Schwabing, das von seinen Bewohnern nur »Wahnmoching« genannt wird. Auch was dieser seltsame Name »Wahnmoching« zu bedeuten hatte, blieb ihr lange ein Rätsel. Erst mit der Zeit klärte man sie auf, dass »enorm« einfach ein Superlativ war, der Superlativ aller Superlative, und dass man unter echten Wahnmochingern einen ganz besonderen Jargon beherrschen musste, wenn man mitreden wollte. So sagte man nicht etwa, eine Frau oder eine Sache sei »schön«, »reizend«, »anmutig«. Man sagte, sie sei »fabelhaft«, »unglaublich« – oder eben: »enorm«. Enorm bedeutete den höchsten Grad der Vollendung, und speziell in diesem Kreis, unter diesen Leuten aus Malern, Nichtstuern, Philosophen und Religionsstiftern, war alles, was nicht auch nur in die Nähe dieser Vollendung kam, im Grunde banal, ja verachtenswert.

Franziska Gräfin zu Reventlow ist auf dem Sprung. Der Münchener Fasching 1903 steuert auf seinen Höhepunkt zu, und sie muss unbedingt noch zur Schneiderei, um ihr Kostüm abzuholen. Heute Abend soll es ein Maskenfest in der Wohnung ihres Freundes, des Dichters Karl Wolfskehl, geben, der ihr erst kürzlich und völlig überraschend seine Liebe gestanden hat. Nach ihrer Affäre mit Ludwig Klages, dem Philosophen, ihrer Liaison mit dem Maler Bohdan von Suchocki und dem Liebesabenteuer mit dem Dramatiker Frank Wedekind scheint es langsam unübersichtlich zu werden. Aber vielleicht kann sie das überhaupt nicht – ganz und ungeteilt lieben? Vielleicht bleibt ihr gar keine andere Wahl, als ihre Liebe zu verteilen, weil die Liebe selbst es ist, die sich nichts vorschreiben lässt?

Andererseits: Ist dies nicht gerade das Leben, das sie gesucht hat, für das sie – aufgewachsen in adligen Verhältnissen – aus dem hohen Norden hierher in den Süden gekommen ist? Sie braucht das zwanglose Leben, weil sie nichts weniger verträgt als Zügel, die ihr jemand anlegen will. Schon als junges Mädchen hatte sie sich erst dann lebendig gefühlt, wenn sie dem elterlichen Haus entfliehen konnte. Dem ewigen Jammer aus Privatstunden, Schelte und Nachsitzen. Mit den Eltern war es beständig so, als ob man auf Eiern tanzte, jeden Augenblick konnte eins kaputtgehen. Und als sie dann mit ihren 22 Jahren Ende 1893 in München ankam, um an der Malschule von Anton Ažbe ihr Studium aufzunehmen, konnte sie lange Zeit nicht begreifen, dass es kein Traum war. Die Luft hatte etwas Südliches in jenen ersten Tagen. Endlich die Luft, in der sie befreit aufatmen konnte.

In Wahnmoching gelten andere Regeln: Man feiert Feste, man rast und taumelt, plaudert und lacht, man kost mit Frauen und Männern, und dazwischen kreisen die Gedanken um gewitterschwere Geheimnisse, wehen mystische Erleuchtungen über letzte, äußerste, ungeheure Dinge. Und in den müden Tagesstun-

Ohne Wenn und Aber: Franziska zu Reventlow kostet das Leben in Schwabing in vollen Zügen aus. Ungezügelt soll das Leben sein, frei und selbstbestimmt.

den findet man sich im Café oder bei Wolfskehl zusammen, hängt vornehmen Einfällen nach, liest Nietzsches *Zarathustra*, den man für ein apokryphes Buch der Bibel hält, oder schreibt am besten gleich an einem eigenen Roman: Reventlows neues Buch soll in diesem Jahr in den Druck. Es trägt den Titel *Ellen Olestjerne* und erzählt die Geschichte einer jungen Frau, die aus ihrem gutbestallten elterlichen Umfeld ausbricht, um in München eine berühmte Malerin zu werden, eine begehrte Bohemienne. Jeder hier in Schwabing weiß freilich: Es ist ihre eigene Geschichte.

Bei dem Fest heute Abend soll es antik zugehen. Ein Bacchanal soll es werden, ungezügelt und frei, und doch nach allen Regeln der römischen Festkultur. Nicht nur Kostüme wurden eigens entworfen und angefertigt, auch Verkleidungen und Rollen untereinander abgesprochen, Proben bis ins letzte Detail abgestimmt. Zum Höhepunkt des Abends soll es, wenn alles nach Plan – also alles planmäßig aus dem Ruder – läuft, einen festlichen Umzug des Caesar geben. Und mit etwas Glück wird bei dieser Gelegenheit auch Dionysos erscheinen, der griechische Gott des Weines, der Fruchtbarkeit und der Ekstase. Wer einmal mit Dionysos auf vertrauterem Fuße stand, sah die Welt mit anderen Augen. Während Apollon der Gott des Lichtes war, die klare Vernunft, war Dionysos das Chaos, das die Welt in ein wildes Rasen, Fauchen und Zittern versetzte. Vor Dionysos konnte man sich verlieren, um sich in einem höheren geistigen Zustand wiederzufinden.

Alles war also vorbereitet und einstudiert. Und schon in der Art, wie der Schneider vor einigen Tagen mit ihr die Kostümfrage eingehend erörtert, über den Schnitt antiker Gewänder gesprochen und mit nachdenklicher Miene in seinem Atelier die Maße genommen hatte, erweckte er den Eindruck, als ob auch auf ihn etwas von dem Geist des Altertums übergegangen sei. Ihr selbst, der Gräfin, soll bei dem Gelage die Rolle der antiken Hetäre zufallen, einer erotischen Gefährtin, die sich auf Gesang und Tanz versteht.

Auch Stefan George, der »Meister«, wie ihn seine Jünger nennen, wird heute Abend bei dem Fest zugegen sein. Niemand anderes als er wird – in eine weiße Toga gehüllt – den Zug als Caesar anführen. Fast unheimlich sah er aus, dieser seltsam gebildete Kopf mit seinen tief liegenden, halb erloschenen Augen, als Franziska zu Reventlow ihn das erste Mal auf dem wöchentlich stattfindenden Jour bei Karl und Hanna Wolfskehl kennenlernte.

George kam einem nicht wie ein Mensch aus Fleisch und Blut vor, eher wie ein Geist, in die Gegenwart gesandt aus einer fernen Vergangenheit. Er saß im dritten Raum, umgeben von seinen Schülern. Nur der engste Kreis durfte in seine Nähe. Von George

60

ging die Hoffnung auf eine Lufterneuerung aus. Die Zeit der überall um sich greifenden Verflachung, so raunte es aus dem Hinterzimmer, sollte nun endgültig vorbei sein. »Kosmiker« nennen sich die Auserwählten. Den modernen Fortschrittsglauben lehnen sie ab; stattdessen glauben sie an eine Neugeburt des Menschentums aus dem reinen, noch unvermischten Geist einer vorchristlichen Antike. Und er, George, ist der Prophet dieser kosmischen Weltenwende.

Ihr, der Gräfin, ist derlei pathetisches Geraune entschieden zu viel des Guten. Wenn sie Geschichten von Geistern und anderen trüben Elementen hören will, liest sie immer noch gern die Spuknovellen ihres geliebten Theodor Storm, der oft bei ihrer Familie auf dem Schloss in Husum zu Gast gewesen war und sich selbst am allermeisten gruselte, wenn er der Gesellschaft abends am Kamin vorlas. Sie ist auf der Suche nach etwas anderem, viel Handfesterem: Franziska zu Reventlow ist eigentlich nur hungrig nach Leben.

✳

Es gab ein wunderschönes Gedicht von Theodor Storm, und Tonio Kröger liebte es: Hyazinthen werden darin besungen, ihr Duft und das ferne Echo der Musik. Am anderen Ende der Nacht ist nämlich jemand, der tanzt und rast und sich in die Liebesarme eines Unbekannten wirft. Es ist eine unendlich zarte Gestalt, die da in weißem Kleid mit glühenden Wangen vorüberfliegt und auf einmal ganz blass wird. Die Blässe ruft Besorgnis hervor, sie ist ein Zeichen von Schwäche. Das lyrische Ich müsste aufspringen, das Mädchen aus den Armen, die sich um ihren Körper schlingen, befreien, aber ach, nein. Und so bleibt das lyrische Ich allein zurück, aufgewühlt, uneins mit sich und der

Welt: »Ich habe immer, immer dein gedacht; / Ich möchte schlafen, aber du mußt tanzen.«

Thomas Mann ist mächtig stolz auf seine neue Novelle, die in diesem Februar 1903 in der *Neuen Deutschen Rundschau* erschienen ist. Nach dem späten Kaufansturm auf die *Buddenbrooks* verspricht diese Erzählung nun ganz gewiss gleich ein buchenswerter Erfolg zu werden. Dieser Rezensent vom *Bremer Tageblatt,* ein gewisser Rainer Maria Rilke, hatte schon recht, als er nach dem Roman über die Lübecker Kaufmannsfamilie schrieb, man werde sich diesen Namen, also den Namen »Thomas Mann«, merken müssen.

Tonio Kröger, so der Titel der Novelle, ist anders als alles, was er bisher geschrieben hat. Es gibt keine Handlung, keine schicksalhafte Wendung, keine Entwicklung. Stimmungsbilder wechseln sich ab, südliche Seelenlandschaften schälen sich aus dem Dunst des Alltags, durchbrochen von mehr oder minder flüchtigen Reflexionen und Erörterungen theoretischer, meist ästhetischer Fragen. Und dazwischen rauscht immer wieder die Ostsee, die Thomas Mann hier in München-Schwabing oft vermisst.

Schon als junger Versemacher hatte er eine unerklärliche Sehnsucht nach der Ostsee verspürt und ihren Gestaden einige kabbelige Zeilen gewidmet; er kann sie immer noch auswendig: »Der letzte Abend war's. Wir wanderten / am Strand des Meers, das still und schwarz / und schweigend / im Unbegrenztem sich verlor. Kein Stern erglänzte / vom trüben unbestimmten Grau des Himmels, / kein Stern der Hoffnung auf ein Wiedersehn ...« *Zweimaliger Abschied* hieß das Gedicht, das er damals in der Schülerzeitung *Frühlingssturm* veröffentlicht hatte. Es hätte ebenso gut von Tonio Kröger stammen können.

Tonio Kröger erzählt die Geschichte eines vierzehnjährigen

Patriziersohns, der, statt einmal in die Fußstapfen seines Vaters, eines Getreidegroßhändlers aus dem Norden, treten zu wollen, lieber Schiller liest und auch sonst eher zart besaitet durchs Leben stolpert. Als er einige Jahre später schließlich nach München geht, Teil der Schwabinger Boheme und tatsächlich ein berühmter Schriftsteller wird, so wie er es sich immer erträumt hat, spürt er auf einmal, dass etwas nicht stimmt. Tonio Kröger hat sich so weit von seinem Ursprung, seiner Herkunft entfernt, dass er sich selbst als Mensch verachtet. Er muss noch einmal zurück, an die Anfänge, an die See, zu all dem Schmerzhaften und Verdrängten.

Der zentrale Konflikt der Novelle ist das Verhältnis des Künstlers zum Leben – dem auf Ordnung bedachten bürgerlichen Leben auf der einen und dem ausschweifenden Leben des Künstlers auf der anderen Seite. Tonio Kröger, in dessen Brust zwei Herzen schlagen – die strenge Haltung des Vaters und das feurige Temperament der Mutter –, liebt dieses bürgerliche Leben und muss es doch zunächst vernichten. Er muss es ablehnen, verachten, wenn er ein Künstler werden will, und genau da beginnt die Verzweiflung.

Tonio Kröger verzweifelt, weil er sich fragt, wie er je wieder in dieses Leben zurückkommt. Denn wenn er auch für den Applaus des Publikums arbeitet, so doch nicht, um sich ein für alle Mal der Existenz als Künstler zu verschreiben. Das Gegenteil ist der Fall: Die vornehme Überheblichkeit des Künstlers gegenüber dem bedauerlichen Zustand des Bürgers ist in seinen Augen eine Unart, die es um jeden Preis zu vermeiden gilt. Und so ist es das heimliche Ziel jeder Kunst, am Ende wieder an jenem Punkt anzugelangen, von dem sie ausgegangen ist – beim bürgerlichen Leben und den Wonnen der Gewöhnlichkeit.

An keiner seiner Erzählungen hat Mann so lange gearbeitet

Buchenswert: Lange hat Thomas Mann auf den literarischen Durchbruch gewartet. Jetzt ist er da. Aber auch der Erfolg hat seinen Preis.

wie am *Tonio Kröger*. Am Ende ist das Buch wohl eine Art Bekenntnis geworden: Genau wie das Hyazinthen-Gedicht von Storm erzählt seine Kröger-Novelle vom Schicksal des eigenen künstlerischen Lebenswegs: Tanzen zu müssen, statt sich einfach nur – am besten für immer – schlafen legen zu dürfen; das Menschliche darstellen zu müssen, ohne am Menschlichen teilhaben zu können; unterhalten zu müssen und doch unglücklich in der Manege zu stehen. Die Tausende von Möglichkeiten, die es gibt, sich in dieser Welt niederzulassen, stellen sich bei genauerer Betrachtung als lauter Unmöglichkeiten heraus. Dieses qualvolle Angepacktwerden vom Leben ist jedes Mal wie ein Griff an die Kehle. Das Leben aber schämt sich dessen nicht einmal und verläuft stattdessen weiter wie bisher. Just diesen Schmerz kennt Tonio Kröger, und er, Thomas Mann, kennt ihn auch.

Seinem Bruder Heinrich, der sich zurzeit in Florenz aufhält und, wie man hört, schon wieder an einem neuen Buch arbeitet, hat Thomas Mann die Novelle als einem der Ersten geschickt.

Mit einer eisernen Disziplin, von der er, Thomas, nie weiß, ob er sie nun bewundern oder verachten sollte, hat sich Heinrich ein Pensum auferlegt, das Anlass zur Sorge gibt. Sechs Stunden kann Heinrich am Tag arbeiten; dagegen nehmen sich seine drei, manchmal – wenn er verschlafen hat oder aus anderen Gründen nicht aus dem Bett kommt – auch nur anderthalb Schreibstunden am Vormittag lächerlich aus.

Dabei ist es offenkundig nicht der eigene Erfolg, der Heinrichs Ehrgeiz anspornt, sondern die Angst, hinter ihm, Thomas, seinem Bruder, an literarischer Leistung zurückzubleiben. Im Übrigen, und es ist eine Trivialität, dies zu betonen, kann aber nicht oft genug gesagt werden: Was am Ende zählt, ist nicht Quantität, sondern Qualität. Und jetzt ist es Zeit für ein leichtes Mittagessen, dann für ein Nickerchen. Ach ja, die Literatur macht müde.

∗

Als Kind hatte sich Ellen ausgemalt, wie es wäre fortzulaufen, gleich morgen früh. Wie sie immer weiter den Deich entlanggehen würde, der sich so endlos in die Ferne erstreckte. Denn dort, irgendwo in der Ferne, musste es doch hinausgehen in eine andere Welt.

In eine Pappschachtel würde sie ihre Siebensachen zusammenpacken und losmarschieren. Sie hatte Geschichten von Artisten und Schaustellern gelesen, die Kinder einfingen und zu Kunststücken abrichteten. Die würden bestimmt auch sie mitnehmen, aber sie hatte keine Angst vor ihnen. Was für ein aufregendes Leben musste das sein, ohne Nachhilfestunden, Eltern und Gouvernanten! Einmal hatte Ellen auch gelesen, dass, wer sich dem Teufel verschrieb, alles erreichen könnte, was er sich nur wünschte. Nun, dann musste es eben der Teufel richten.

Franziska zu Reventlow leidet darunter, ihr Leben nicht so führen zu können, wie es ihrer Meinung nach einer Frau zusteht: in Leichtigkeit und Würde, Freude und Schönheit. Es empört sie schon seit jungen Jahren, dass gerade die intellektuellen Fähigkeiten vieler Frauen verkümmern, weil man sie nicht fördert oder sogar unterdrückt. Dass Frauen ihren eigenen Sinn haben, eigene Ideen von dem, was gerecht heißt, was Freiheit ist, wird in der Regel nicht ernst genommen. Und falls doch einmal Freiheits- und Lustbestrebungen aufkommen, werden die gleich im Keim erstickt. Eine Frechheit ist das!

Der übliche Werdegang einer Frau ist eine Einübung in Langeweile. Von der Schule über die häusliche Erziehung, die Heirat und den Hausstand bis hin zu den Pflichten des Ehebettes: Stets sind Frauen entweder Nutzobjekt oder Dekorationsgegenstand, und es gibt offenbar keine Macht dieser Welt, die daran etwas ändern kann. Wenn es nach der Gräfin geht, würde schon durch eine Schulbildung, in der man Jungen und Mädchen nicht mehr getrennt unterrichtete, viel erreicht werden. So wie es jetzt ist, kann es jedenfalls nicht bleiben. Eine Welt, in der man als Frau per se weniger gilt als ein Mann, ist schlichtweg krank. Auch deswegen geht ihr die Geschichte von Ellen Olestjerne so nahe.

Franziska zu Reventlow hat vieles getan, um ihre Freiheit zu verteidigen. Gerade wie es mit dem Geld gehen soll, weiß sie immer wieder überhaupt nicht zu sagen. Hier und da kann sie kleinere Arbeiten bei Zeitschriften unterbringen, beim satirischen Wochenmagazin *Simplicissimus* etwa, das ohnehin die bürgerliche Moral vorführt, die Würdenträger, die Beamten, die Juristen und das Militär. Aber wenn es sein muss, steht sie auch Modell, erledigt Aushilfsjobs in der Küche oder auf Messen und, ja, auch für Sex hat sie sich bezahlen lassen. Irgendwo muss der Unterhalt für sie und Bubi, ihren Sohn, schließlich herkommen, auch wenn es nicht viel ist, was sie zum Leben brauchen: Kleider, Schuhe, Essen, Trinken, wahlweise Malzeug oder Modelliermasse und natürlich das Schulgeld.

Doch Jammern war und ist ihre Sache nicht. Wahnmoching ist mehr als ein Stadtteil. Es ist eine geistige Bewegung, ein Niveau, eine Richtung, ein Protest, ein neuer Kult oder vielmehr der Versuch, aus uralten Kulten neue religiöse Möglichkeiten zu erwecken, von denen das profane, ja tote Heute nichts mehr weiß. Wenn es darauf ankommt, kann Wahnmoching es mühelos mit Metropolen wie Paris, Wien oder Berlin aufnehmen. Die Kunst blüht, streckt ihr Zepter über die Stadt hin und ruft: Enorm! Während da draußen nur die moderne, instinktlose, maschinell vor sich hin plappernde Welt ist, die jeden Erfinder eines neuen Mechanismus als Helden und Menschheitserlöser preist, ist die Welt von Wahnmoching eine, in der Tische fliegen können – oder zumindest die Möglichkeit besteht, dass sie fliegen könnten. In Wahnmoching werden alle Dinge als Geheimnis behandelt. Und es ist unklar, ob man all die merkwürdigen Ausdrücke verwendet, weil die Dinge tatsächlich geheimnisvoll sind, oder ob man nur den Anschein erwecken möchte, sie könnten es sein.

∗

Herumgezaust hat er sich mit dem Buch, das ihm sein Bruder Heinrich geschickt hat. Es in die Ecke geschleudert und dann doch wieder zur Hand genommen, geächzt, geschimpft. Tagelang hat ihn die Frage umgetrieben, was er ihm antworten solle. Und nun glaubt er endlich die richtigen Worte gefunden zu haben, Dinge, die ihm schon länger auf dem Herzen liegen.

Dass er nämlich mit der literarischen Entwicklung seines Bruders nicht einverstanden sei, ganz und gar nicht – mit diesen verrenkten Scherzen, diesen wüsten, grellen, hektischen, krampfigen Lästerungen der Wahrheit, diesen verzweifelten Versuchen, das Interesse des Lesers zu wecken. Es müsse wohl die Begierde nach Wirkung gewesen sein, die ihn bei seiner Arbeit korrumpiert habe. Alles sei so verzerrt, so schreiend, so aufgeblasen, romantisch also, aber im üblen Sinne. Statt das Buch *Die Jagd nach Liebe* zu nennen, wäre als Titel *Die Jagd nach Wirkung* wohl angemessener gewesen. Kurzum, es war abscheulich.

Als Thomas Mann den Brief, den er an diesem 5. Dezember 1903 zu Papier gebracht hat, zusammenfaltet und ins Kuvert stopft, hallen noch immer die Sätze nach, die keinen Tadel, sondern eine veritable Vernichtung seines Bruders Heinrich enthalten. Manches ist härter herausgekommen, als es beabsichtigt war, aber es tut doch auch gut, diese Dinge einmal so klar zur Sprache zu bringen. Die Wahrheit duldet keinen Aufschub mehr.

Aufgebracht hat ihn vieles bei der Lektüre: die sprachliche Liederlichkeit, die Plagiate aus seinen eigenen Werken und die inkonsequente Komposition. Und dann erst dieser permanente Sexualismus, diese unzähligen Schenkel, Brüste, Lenden und Waden, das ganze Fleisch, das fortwährend durchs Bild schaukelte. Das ist nicht das Leben, um das es ihm geht.

Thomas Mann möchte nicht als Moralprediger missverstanden werden, nichts liegt ihm ferner. Er hält es vielmehr mit Nietzsche, der die verkehrte Moral seiner Zeit durchschaute, um zu einer ganz anderen, nämlich den vitalen Kräften des Lebens nicht länger im Wege stehenden Moralität zu gelangen. Und als ein solcher Moralist stört ihn, Thomas Mann, dass bei seinem Bruder das Sexuelle nur das Nackte, Unvergeistigte, das einfach beim Namen Genannte ist. Keine Spur jener Erotik, die höchste Poesie und allerhöchstes Geheimnis ist. Bestenfalls geht der Roman noch als Urlaubslektüre durch. Heinrich, mir graut's!

Wenn er daran denkt, wie es war, damals, zwischen 1896 und 1898, als er mit Heinrich nach Italien auswanderte. Während es viele Schriftsteller seit jeher nach Italien gezogen hatte – der freieren Lebensart, der unvergleichlichen Kunstschätze und der Schönheit der Landschaft wegen –, hatten sie beide etwas anderes gesucht. So weit wie nur möglich wollten sie Deutschland entfliehen und allem, was mit deutschem Wesen, deutschen Begriffen und deutscher Kultur zu tun hatte.

Abgeschieden und restlos auf sich selbst konzentriert, hatten Heinrich und er zuerst in Palestrina und anschließend in Rom, in der Nähe des Pantheons, in der Torre Argentina 34, gewohnt. Zurückgezogen verbrachten sie die Abende beim Dominospiel in der Bar um die Ecke, mit Wein und unzähligen Zigarren. Es bestand kein Zweifel daran, dass dieses Lokal, das Restaurant La Rosetta, in dem sie täglich zu Gast waren, bereits zu alt war, um eines Tages unterzugehen.

Dort in der südlichen Ferne, unter der Sonne Roms, der nichts so gleichgültig sein konnte wie seine norddeutsche Heimat, hatte er, der 22-Jährige, mit der Arbeit an jenem »größeren Prosawerk« begonnen, um das ihn sein Verleger gebeten hatte. Ursprünglich sollte es ein Roman von 250 Seiten werden, nicht mehr. Doch dann hatte ihn sein epischer Instinkt gepackt, und auch die Vorgeschichte, die gesamte Familiensaga bis in die Zeit der Befreiungskriege, musste her. So war das Manuskript ins Kraut geschossen.

In Wahrheit hatte schon damals, da unten im Süden, das

Ringen zwischen ihm und Heinrich begonnen, die große Frage nach dem Woher und Wohin. Es war ein literarischer Wettstreit, und noch war unklar gewesen, wer von ihnen am Ende den Lorbeerkranz erringen würde.

In diesem Moment, als die Wintersonne auf die gefrorene Fensterscheibe fällt und ihm gegenüber im Spiegel ein blasses, ernstes Gesicht zeigt, ist der Groll gegen Heinrich auf einmal verschwunden. Eigentlich ist ihnen beiden am wohlsten, wenn sie Freunde blieben. Ihm, Tommy, ganz gewiss.

Und eigentlich sind es auch jedes Mal seine übelsten Stunden gewesen, wenn sie in Feindschaft zerfielen. Vielleicht, wenn Heinrich den Brief aufbewahrt und dieser dereinst wieder auftaucht, in einem Berliner Antiquariat etwa, vielleicht würden sich dann spätere Generationen einmal über ihn, Thomas, amüsieren, der die Größe seines Bruders nicht zu schätzen wusste. Vielleicht könnte es für heute auch ein guter Anfang sein, nun das Freie zu suchen. Von der Konradstraße in Schwabing ist es nicht weit in den Englischen Garten, in dem er gern die stilleren Wege sucht. Nicht nur die Brudersache nimmt ihn mit.

Für die *Neue Rundschau,* eine Literaturzeitschrift seines Verlages, hat Mann unlängst eine Studie aufs Papier gekratzt, gehetzt und ohne jede Stimmung. Auch davon hat er Heinrich in dem Brief berichtet, bevor er zum großen Vernichtungsschlag gegen ihn und sein Literatentum ausholte. Untauglich war sie, ein Ausrutscher, Hohn und Schande. Aber er konnte dem Blatt, in dem sein Name vor nunmehr sechs Jahren mit den beiden Erzählungen *Der kleine Herr Friedemann* und *Der Bajazzo* zum ersten Mal erschienen war, den Gefallen nicht abschlagen. Neulich hat er die Korrekturfahnen zurückerhalten und einen Dankesbrief von seinem Verleger: Er habe die Arbeit mit großem

Genuss gelesen, er, Mann, habe sich nun auch als Meister der Skizze bewährt, und übrigens sei bereits das 11.–13. Tausend der *Buddenbrooks* im Druck. Kein Grund zur Klage.

Ja, so geht es immer: Er arbeitet mit Ekel und ohne die geringste Genugtuung, gibt den Dreck in tiefster Verzweiflung weg, und dann kommen die Briefe, das Geld, die Lobsprüche und die Verehrung. Und das ist doch unerhört. Es stimmt wohl, was die russische Malerin Lisaweta Iwanowna in ihrem Atelier dem Tonio Kröger im Vertrauen sagt, nachdem sie seinem endlosen Monolog über das Verhältnis von Kunst und Leben gelauscht hat: Sie sind ein Bürger auf Irrwegen, Tonio Kröger. Ein verirrter Bürger.

Thomas Mann greift nach Hut und Stock, nun kann er getrost spazieren gehen. Er ist erledigt.

✳

Überschwängliches Lob sieht anders aus. Ihr Debüt *Ellen Olestjerne* ist von der literarischen Kritik zwar beachtet worden, aber der Erfolg blieb aus. Am besten hat ihr noch die ungewöhnliche Rezension in diesem Frühjahr 1904 in der *Zukunft* gefallen, von einem gewissen Herrn Rainer Maria Rilke. »Liebe Ellen Olestjerne«, so adressierte er in seiner Besprechung die Hauptfigur des Romans direkt, »nun hat man ihre Geschichte erzählt; und ich finde es gut. Ich finde, dass Ihr Leben eins von denen ist, die erzählt werden müssen, und ich glaube, daß man es vor allem jungen Menschen erzählen muß, jungen Mädchen und jungen Männern, die das Leben anfangen wollen und nicht wissen, wie.« Volltreffer! Niemand weiß, wie heute ein selbstbewusstes Leben als junge Frau zu führen sei. Wie man sich in den ungeheuren Strudel stürzt, ohne darin unterzugehen.

Ihr, der Gräfin, können sie in Wahnmoching nichts vormachen. Schon gar nicht, wenn sie mitbekommt, wie übel ihrem Freund Karl Wolfskehl zurzeit im Kreis der Kosmiker mitgespielt wird. Neuerdings versucht Ludwig Klages doch tatsächlich einen Keil zwischen ihn und George zu treiben, nur weil Wolfskehl jüdisch ist und Klages sein eigenes Blut für höher erachtet.

Und schon bald ist nicht mehr klar, wer dazugehört und wer ein Fremder ist, ob man sich als Freund oder als Todfeind gegenübersteht, und wer sich liebt, hasst oder völlig gleichgültig ist. Selbst zu nächtlichen Handgreiflichkeiten soll es zwischen den Parteien gekommen sein. George hat sich inzwischen von Klages losgesagt und sich zu Wolfskehl bekannt. Das ändert jedoch nichts daran, dass sie, die Gräfin, zwischen allen Fronten steht. Nach ausgelassenen Feiern ist ihr jedenfalls schon lange nicht mehr zumute.

Sie geht ihren Weg. So begeistert sie von ihrem Leben als Bohemienne ist, sie lebt, denkt und fühlt zu eigenständig, als dass sie sich auf den Kult um George wirklich einlassen könnte. Wenn es das Ziel dieser Kosmiker ist, dass alle Individualität aufhört und jedes Einzelleben sich an eine Gemeinschaft von Verschwörern verliert, dann gerne ohne sie. Man kann vieles im dionysischen Rausch hinter sich lassen, aber den gesunden Menschenverstand sollte man doch bitte behalten.

Einen Roman müsste man über dieses Viertel schreiben. Es wäre ganz einfach. Den Plan hat sie, Franziska Gräfin zu Reventlow, schon im Kopf. Man müsste nur auf ein Fest gehen und aufschreiben, was passiert. Der Rest fände sich von allein. Wahnmoching liefert schließlich nicht nur den Stoff für ein grotesken Roman – es ist selbst einer.

Prag 1913:
Das Verlangen der Liebe

Else Lasker-Schüler und Franz Kafka
greifen nach den Sternen

Es ist unmöglich, sich ein Leben ohne sie vorzustellen. Es gibt keinen Dichter zwischen Prag und Berlin, der sie nicht kennt, niemanden, der nicht ihre Bekanntschaft machen möchte. Nur zimperlich darf man nicht sein, wenn man sich auf sie einlässt: Das ist ein Rasen und Jauchzen, ein Schluchzen und Schreien, ein Fluchen und Segnen. Else Lasker-Schüler ist ein Ereignis: Sobald sie den Raum betritt, sind alle Augen auf sie gerichtet.

Alles, was in Berlin dichtet, malt, bildhauert, schauspielert oder filmt, verschlägt es früher oder später ins Café des Westens. Hier findet der große Gedankenaustausch statt, hier werden die Schlachten der Schlachten geschlagen. Hier werden Weltanschauungen aus dem Ärmel geschüttelt, Existenzen vernichtet und neue Helden auf den Thron gehoben. Hier wird Kritik geübt an allem, was man nicht selbst geschaffen hat, und das große Hohngelächter des Übermenschen angeschlagen. Hier wartet jeder auf den Augenblick der Macht, auf den großen Moment, seine persönlichen fünfzehn Minuten Ruhm.

Heute hat sich eine illustre Runde von Autoren aus dem Verlagshaus von Kurt Wolff in dem Café am Ku'damm versammelt:

Ein Ereignis: Wo immer Else Lasker-Schüler auftaucht, steht sie im Mittelpunkt. Dabei ist es eigentlich nur Heimweh, das sie durch die Berliner Kaffeehäuser treibt.

Albert Ehrenstein ist da, sein jüngerer Bruder Carl, Paul Zech und Otto Pick, allesamt Dichter, Schriftsteller und Übersetzer aus dem Umkreis des *Sturm*. Die literarische Zeitschrift steht wie keine andere in Deutschland für die geistige Bewegung des Expressionismus, die auf dem Feld der Bildenden Kunst schon seit einigen Jahren für Furore sorgt. Expressionismus, das heißt für Herwarth Walden, den Impresario und Herausgeber des *Sturm*, dass jedes Kunstwerk seine eigene Form verlangt, weil jede Form Ausdruck eines inneren Erlebens ist. Ein Kunstwerk gestalten bedeutet folglich, einer inneren Wirklichkeit eine äußere zu geben. Nichts existiert, was nicht aus sich herausdrängt. Überall Gärung, Heftigkeit, Wirbliges, Kraft und Explosivität.

Und noch jemand beugt sich an diesem 24. März 1913 über den glatten, weißen Marmortisch, um dem eifrigen Wortgefecht zu folgen, es ist unerhört laut im Café: Franz Kafka, der eigens aus Prag angereist ist, um seine große Liebe Felice Bauer zu besuchen, die er acht Monate zuvor in Prag im Haus seines Freundes Max Brod kennengelernt hat.

∗

Franz Kafka ist noch immer ganz aufgeregt. Um eine beliebige Stunde hat er Felice in einem Brief gebeten, und wenn es keine ganze Stunde wäre, er würde sich selbst mit vier Viertelstunden zufriedengeben. Er möchte sich endlich erklären.

Das Treffen zwischen ihnen, so seine einzige Bedingung, sollte nur reiflich bedacht sein, ehe es endgültig entschieden wäre. Auch das hat er ihr geschrieben. Es gebe Hindernisse, die seiner Reise im Weg stünden, die Arbeit im Büro, Kongresse aller möglichen Verbände, Hindernisse eben. Er würde verstehen, wenn sie keine Zeit für ihn hätte. Er sei auch noch gar nicht sicher, ob er überhaupt fahren könne. Aber soweit dies in Betracht komme, also die Reise, verlören die Hindernisse ihre Bedeutung.

Nun ist er hier in Berlin, er will Felice Bauer sagen, wie es um ihn steht, wer er ist. Und tatsächlich haben sie, Felice und Franz, Franz und Felice, sich gestern, am Ostersonntag, gesehen, nachdem Kafka Stunden vor dem Telefon im Hotel auf ihren Anruf gewartet hatte, auf irgendein Zeichen, das ihm sagte, sie sei bereit, den Menschen in ihm zu empfangen.

Und als sie dann kam, sind sie aus der Stadt hinausgefahren, im Grunewald spazieren gegangen, immer im gebotenen Abstand, Franz und Felice, Felice und Franz, während die Hunde zwischen ihnen hindurchjagten. Die Vorstellung der Operette *Die Kino-Königin* im Metropol-Theater, eine burleske Revue, hat Kafka am Abend dann allerdings alleine besucht. Er tat es Felice zuliebe, die ihm diese Programmwahl ans Herz gelegt hatte.

Ein Geheimnis: Wenn Franz Kafka nicht seinem Angestelltendasein nachgeht, schreibt er rätselhafte Parabeln. Eine Prosa von bodenloser Abgründigkeit.

Was gäbe Kafka dafür, zu erfahren, welchen Eindruck seine Gegenwart auf sie gemacht hat. Felice ist selbst hier, wo sie nah ist, ein unbegreifliches Wunder. Auf die Bekanntschaft mit Else Lasker-Schüler hätte er hingegen gerne verzichtet: Er kann ihre Gedichte nicht leiden, diese Texte einer überspannten Großstädterin, nichts als Leere und Langeweile.

Überhaupt kann Kafka die Berliner Literaturszene nur schwer ertragen, zu viel Geplapper. Ätzend. Sogar dem Spendenaufruf eines Hilfskomitees zur Unterstützung der Dichterin ist er neulich gefolgt, bloß um seine Ruhe zu haben. Aber vielleicht irrt er sich auch, denn es gibt viele Kollegen, die Else Lasker-Schüler umschwärmen, sie als Prophetin vergöttern. Sein Freund Franz Werfel zum Beispiel, und auf Werfel hält er große Stücke.

*

Else Lasker-Schülers polarisiert nicht allein durch ihre Erscheinung. Auch ihre Verse sind umstritten. Böse Zungen sprechen von einer »vollständigen Gehirnerweichung«, einem »phantastisch-sinnlosen Phrasengeklingel«: Worte, nichts als Worte seien es, bar jeder Vernunft.

Andere rühmen ihre Gedichte, erst recht, wenn Else Lasker-Schüler sie vorträgt. Ihre Rezitationen sind nämlich nicht einfach nur Lesungen, sie sind Inszenierungen, Performances. Dann entfalten ihre Zeilen ihren eigentlichen Zauber. Dann flattern sie wie Falter, je zwei zusammen, trunken, verliebt, sich überschlagend – und stürzen jäh in die Tiefe. Zwar versteht niemand, was Else Lasker-Schüler sagt, aber es ist zu schön, sich von ihrer melodiösen Stimme an einen Ort entführen zu lassen, von dessen Existenz man bisher nichts wusste.

Ihre nächste Lesung soll in Prag stattfinden, schon in zwei Wochen: Kafka wird Augen machen! Das verzweigte Netzwerk zwischen Berlin und Prag funktioniert gut, und so hat Else Lasker-Schüler die wiederholte Einladung in die böhmische Hauptstadt nun endlich angenommen.

Als sie jetzt Kafka von ihren Plänen unterrichtet, zeigt der freilich keine Regung und schon gar keine Freude. Eher wirkt es so, als ob er sie gar nicht für voll nimmt. Im Vergleich zu jenem jungen Mann, Gottfried Benn, der unlängst mit seinem lyrischen Debüt *Morgue* für einiges Aufsehen gesorgt hat und seither gerne an ihren Tisch kommt, wenn er nicht wieder im Keller seines Krankenhauses steht und Leichen seziert – tot ist tot –, scheint Kafka noch nicht einmal Notiz von ihr zu nehmen. Teilnahmslos sitzt der wie immer vollkommen korrekt gekleidete Versicherungsbeamte Dr. Franz Kafka da, rutscht hin und her auf seinem wackligen Kaffeehausstuhl und schlürft seine Limonade.

Kafka ist zu durchschaubar, wie er versucht, sich hinter seinem hohen, steifen Kragen zu verstecken. Und kein Versteck findet. Denn da ist schließlich sie: Else Lasker-Schüler alias Prinz Jussuf von Theben! Eine ihrer Paraderollen. Welch ungeheure Verantwortung liegt auf den Schultern des Prinzen, wenn das Volk nachts vor den Toren wacht und ihn schlafen sehen will. Seine königliche Hoheit kann aber nicht schlafen, so trunken ist er, die Sterne hängen an seinen Wimpern, es ist so hell. Er hat schon die Minister gewechselt, alle um Rat gefragt. Ach, es will nichts helfen! Eine geschlagene Viertelstunde geht es so, dass Else Lasker-Schüler nicht aufhören kann, ihre Späße mit Kafka zu treiben. Der schaut nur ungläubig. Dann lässt sie ihn ziehen, es hat ja doch keinen Sinn.

Kafka wird morgen schon über Leipzig und Dresden zurück nach Prag fahren. In Leipzig will er sich mit Kurt Wolff treffen, um mit ihm über seine neue Erzählung *Die Verwandlung* zu sprechen. Und selbstverständlich soll Wolff auch eine Karte von seiner kleinen Berliner Autorenvollversammlung bekommen, Pick, Zech und die Ehrenstein-Brüder haben die Sendung schon unterschrieben, während Else Lasker-Schüler eine Zeichnung angefertigt hat, natürlich signiert. Sie hofft, dass auch ihr neuer Titel *Der Prinz von Theben* bei Kurt Wolff erscheinen kann; es soll ein Buch voller fantastischer Geschichten aus dem Orient werden. Ihr Essayband *Gesichte* kommt schon im Mai. Als Kafka zuletzt einige Zeilen an seinen Verleger notiert, sind alle Augen auf ihn gerichtet.

*

Else Lasker-Schüler hat das Leben oft satt, sie ist es müde, ständig die Exotin zu spielen. Aber hat sie denn eine andere Wahl? In dieser Welt ohne Wunder. Dieser Welt aus lauter Asphaltherzen. In diesem unendlichen Verkehr. Die Menschen auf der

Straße bleiben ihr fremd: die Männer in weißen Sportschuhen, die Frauen mit viel Klimbim. »Ich kann die Sprache / Dieses kühlen Landes nicht / Und seinen Schritt nicht gehen«, heißt es in einem ihrer Gedichte, dem sie den Titel »Heimweh« gegeben hat. Ein blödes Wort vielleicht, aber das trifft es.

Überall hält sie Ausschau nach einem heimatlichen Boden, der ihre Verse tragen kann, und glaubt sie, ihn gefunden zu haben, darf sie auch dort nicht rasten und zur Ruhe kommen. Ihr Heimweh ist nicht das der Rheinlieder. Gott bewahre, nein! Sollen sich die deutschen Soldaten ruhig an ihren germanischen Himmelsauen erbauen, bis sie ehrenvoll fallen. Ihr, Else Lasker-Schülers, Heimweh reicht höher hinaus. Bis hinauf zu den Sternen.

Schon allein deshalb ist das Kaffeehaus für sie nicht bloß ein Ort, um sich die Zeit zu vertreiben. Es ist eine geistige Lebensform: Hier kann man kommen und gehen, wann und wie man will. Wie ein Blinkfeuer im weiten Meer leuchten die Fenster der Kaffeehäuser durch die Nacht. »Café Größenwahn« wird das Café des Westens halb spöttisch, halb anerkennend von den Schaulustigen, den Meyers und Schulzes genannt, dabei ist es bloß ihr Leben. Einmal war sie nur zwei Tage nicht im Café, schon fühlte sie sich unwohl. Alfred Döblin, der Doktor, eilte eigens aus dem Urban-Krankenhaus herbei und stellte seine Diagnose: Er meinte, sie leide an der Schilddrüse, ja, er bestand sogar darauf, die Schilddrüse müsse raus. Dabei hatte sie nur Sehnsucht nach ihrem Kaffeehaus.

Am liebsten ist Else Lasker-Schüler vor allem eines: vielfach. Die Sphinx von Gizeh hat sie immer fasziniert: mythisch, rätselhaft, wissend, aber auch grausam, der griechischen Sage nach ein geflügeltes Ungeheuer, halb Jungfrau, halb Löwe, das die Stadt

Theben beherrschte, bevor Ödipus kam und ihr Rätsel löste. Auch Else Lasker-Schüler fühlt sich oft, als stünde sie vor der Sphinx, nur ist es ihr bisher nicht gelungen, deren Geheimnis zu lüften.

Wenn sie ehrlich ist, kennt sie noch nicht einmal die Frage. Wie sollte sie da eine Antwort finden? Vielleicht gibt es auch gar keine Frage, vielleicht muss mit der Fragerei überhaupt einmal Schluss sein. Vielleicht muss man endlich träumen und dichten, »meinwärts« ziehen, um so dem Eroberungszug der Vernunft, dem ewigen Zählen, Vergleichen und Rechnen Einhalt zu gebieten. Ja, vielleicht muss man selbst in Rätseln sprechen, um wieder am Mysterium des Lebens teilzuhaben. Mögen andere es für klug halten, ihr trauriges Dasein auf diesem Planeten durchzukalkulieren. Sie, Else Lasker-Schüler, ist nicht klug und will es auch nicht sein, sie will mit ihrer Seele nicht rechnen.

*

Abenteuerlich ist ihre Reise nach Prag gewesen. Ein Ausflug ganz nach ihrem Geschmack. Es begann gleich nach ihrer Ankunft am 4. April mit einem Zwischenfall in der ersten Nacht. Eine Gruppe von Prager Kolleginnen und Kollegen hatte sie vom Bahnhof abgeholt und war mit ihr durch die Kaffeehäuser gezogen. Wein wurde gereicht, tschechisches Bier. Die Stimmung war gut, es hätte keinen besseren Empfang für sie geben können.

Der kleine Vorfall ereignete sich, als sie mit ihren Begleitern gegen Mitternacht auf dem Altstädter Ring anlangte. Spontan trat Lasker-Schüler in die Mitte des Platzes und fing unter rhythmischen Schwingungen ihres Leibes an, Worte, Sprachfetzen, gegen das Firmament zu schleudern. Sie sang den Mond an und die Sterne, so wie sie es von jeher in ihren Gedichten getan hatte.

Die Türme der Teynkirche – ein dunkler Schattenriss am Prager Himmel.

Ein herbeigeeilter Polizist trat ihr brüsk entgegen, wollte sie schon in Gewahrsam nehmen, aber Paul Leppin, ein Dichterkollege aus der Runde, baute sich vor dem Schutzmann auf, fuhr seine schmalen Schultern aus und erklärte, es handle sich um einen echten Prinzen aus dem Orient, der hier sein morgenländisches Gebet verrichte. Endlich ließ der Polizist von ihr ab, und der Dichterpulk konnte weiterziehen. Else Lasker-Schüler hatte sich schon im Kerker gewähnt und wilde Befreiungsaktionen erhofft, zersägte Gitterstäbe und Steckbriefe in allen Zeitungen. Von einer Störung der Nachtruhe konnte keine Rede sein: Was sollte man denn sonst in der Nacht tun, als die lieben Toten zu stören?

Am nächsten Abend las Else Lasker-Schüler im »Klub deutscher Künstlerinnen« am Riegerquai. Der Klub war gegründet worden, um einen geschützten Raum zu schaffen, in dem Frauen unbehelligt rauchen, Kaffee trinken und Billard spielen können, ein Safe Space, der längst zu einer festen Adresse im Prager Kulturleben geworden ist. Else Lasker-Schüler ließ sich Zeit, bevor sie auf die Bühne trat, lange lag sie im Künstlerzimmer auf der Ottomane und blätterte in ihren Gedichten, unschlüssig, was sie vortragen sollte. Das Publikum klatschte schon. Die Hälfte der Besucher hatte wieder fortgeschickt werden müssen, so überfüllt war der Saal. Gedämpft brannten die Lichter.

Endlich ging sie hinaus und las ihre »Hebräischen Balladen«, fanatische Gesänge und Schwüre, die von einer unerhörten Hingabe brausen. Mal schwang sich ihre Stimme bis zum Schrei auf, mal ging sie in ein Flüstern über. Else Lasker-Schüler nahm sich wie immer die Freiheit, über sich allein zu verfügen, über ihre Stimme, ihren Körper, ihre Geschichte: »Der Fels wird morsch, /

Dem ich entspringe / Und meine Gotteslieder singe … / Jäh stürz ich vom Weg / Und riesele ganz in mir / Fernab, allein über Klagegestein / Dem Meer zu.«

Im letzten Moment, bevor sie auf der Bühne in ihren Singsang verfiel, erkannte sie hinten im Saal, in der allerletzten Reihe, ein schmales Gesicht hinter einem hohen, steifen Kragen wieder: Franz Kafka war da, auch er war also der Einladung in den Klub gefolgt.

*

Als die Lesung einsetzt, ist Kafka mit seinen Gedanken schon wieder ganz woanders. Er wollte nicht kommen, nun hockt er hier und ist gefangen. Beinahe fühlt er sich als eine Geisel.

Kafka bereitet zurzeit den Druck einer Erzählung vor, die schon im nächsten Monat in der Zeitschrift seines Freundes Max Brod erscheinen soll. Es ist seine erste richtige Erzählung.

In einer einzigen Nacht hat er die Novelle im vergangenen Herbst niedergeschrieben, rastlos, unermüdlich, die steif gewordenen Beine konnte er am Ende kaum unter dem Tisch hervorziehen. Bis dahin war es ihm nie gelungen, eine Erzählung von Anfang bis Ende zu schreiben, heimatlos waren die Stückchen der Geschichte stets umhergelaufen, auf der Suche nach einem größeren Ganzen. Diesmal aber war die Erzählung wie eine Sturzgeburt aus ihm herausgekommen: ein schwer zu entwirrender Vater-Sohn-Konflikt, an dessen Ende ein übermächtiges väterliches Urteil steht und der unerklärliche Satz seines Jungen vom Geländer der Brücke in die reißenden Fluten des Flusses.

Es gab keinen Sinn in der Geschichte zu finden, auch für ihn nicht. Hatte Ödipus eine Wahl, als er den Vater erschlug, die Mutter zur Ehefrau nahm und am Ende sich selbst blendete und aus Theben verbannen ließ? Gab es einen Sinn jenseits der Schuld zu entdecken, in die sie alle verstrickt waren, jenseits des eigenen Unglücks, um das man immer schneller kreiste, je manischer man ihm zu entkommen suchte? Seit jener Nacht hatte er den Ton gefunden, mit dem er Parabeln von einer so bodenlosen Abgründigkeit erzählen konnte, dass selbst den gewieftesten, selbst den erfahrensten Lesern bei der Lektüre der Atem stockte.

Nun soll die Erzählung *Das Urteil* nach Möglichkeit mit zwei anderen über die Wintermonate entstandenen Texten, die die Titel *Der Heizer* und *Die Verwandlung* tragen, in Buchform erscheinen. Mit Kurt Wolff hat Kafka auf der Rückfahrt nach Prag in Leipzig über eine baldige Veröffentlichung verhandelt. Es ist ein Trost gewesen, die Erzählung einer gewissen »Felice B.« zu widmen. Ein zwar winziges, aber unsterbliches Zeichen seiner Liebe.

Noch immer gehen beinahe täglich Briefe von Prag nach Berlin: Es sind tagebuchartige Berichte, oft mehr für sich selbst geschrieben als für sie, eine Art Lebensversicherung. Kafkas größte Furcht ist und bleibt, dass er Felice womöglich niemals besitzen wird, dass er zwar Hand in Hand mit ihr, scheinbar verbunden, an der ganzen Welt vorüberfahren kann, aber dass gleichwohl nichts davon wahr ist und er sich damit abfinden muss, wie ein besinnungslos treuer Hund auf ein Liebeszeichen von ihr zu warten.

Als die Lesung schließlich vorbei ist, will der Beifall lange nicht abebben, ein Schwarm ungebetener Trabanten umkreist Else Lasker-Schüler, die Frau des Abends, man möchte weiterziehen, ins Café Arco. Man erkundigt sich auch nach Franz Kafka, der gerade eben noch hier war – oder etwa doch nicht? Von ihm, Kafka, fehlt jede Spur.

*

Kaum ist Else Lasker-Schüler aus Prag zurück, da trübt ein unerhörtes Ereignis die Stimmung der Berliner Boheme: Ernst Pauly, der das Café des Westens 1904 übernommen hatte, hat die Schließung des Traditionstempels angekündigt. Pauly will ein Kaffeehaus mit Tanzpalast und auserlesener Gästeschar einige Häuser weiter eröffnen. Weg mit dem Pseudo-Rokoko und den billigen Gobelins, Schluss mit der ganzen Lasterhaftigkeit, die man dem Kurfürstendamm hinterhersagt: Pauly will endlich Klasse.

Die Bohemiens sind empört: Sie waren es schließlich, die das Café des Westens zur Königin aller Berliner Cafés gemacht haben. Und nun heißt es: Nein, sucht euch einen anderen Ort, wir wollen euch nicht mehr. Nicht sie haben gesündigt, das Paradies hat sich an ihnen versündigt.

So ist es immer gewesen, wenn das Geld von der Kunst Besitz nimmt: Das bald neue Café des Westens würde nur noch ein Ort solider Bequemlichkeit und gepflegten Geschmacks sein: Tische, an denen man sich nicht die Knie stößt, Magazinlektüre in aparten Sitzmöbeln. Kein Wort mehr von ausufernden Nächten, der rasenden Musik in den Lüften, dem heißen Flirren im Chaos lärmender Gleichgültigkeit. Dass sie hier an ihrem angestammten Tisch, in ihrem Haus, einen Abend mit Umberto Boccioni und Filippo Marinetti, den beiden Begründern des Futurismus, verbracht haben, die beide ein sehr rabiates Französisch sprachen, wird ihnen schon ziemlich bald keiner mehr glauben.

Am meisten wird Else Lasker-Schüler aber ihren Zeitungskellner vermissen, den alten, buckligen Richard. Ohne Richard, den »roten Richard«, wie sie ihn alle aufgrund seines roten Haarschopfes riefen, ging im Café des Westens nichts. Er besaß das Entjungferungsrecht über die neuesten Zeitungen, er war der Herrscher über den gesamten Lesestoff. Er kannte die kleinen und größeren Sorgen seiner Lokalhelden, die Klatschereien. Er sah Generationen von Literaten kommen und gehen. Sie verschwanden in Gefängnissen und Ministerstühlen, wurden Revolutionäre und Attachés; und sie blieben ihm alle Geld schuldig. Und weil die gedruckten Blätter, die morgens an den Zeitungsständern hingen, mittags schon Löcher hatten und abends gar nicht mehr auffindbar waren, verpasste Richard ihnen bereits am Morgen den Stempel: »Gestohlen im Café des Westens«.

Was sie selbst betrifft, so gibt es viele, die mutmaßen, ihr poetischer Zauber liege in den ungezählten Cafétändeleien, die sie unterhält. Doch dem ist nicht so. Die Sache ist ernster. Oft ist sie zum Verzweifeln allein. Wäre sie wenigstens einsam, dann könnte sie darüber schreiben.

Manchmal weiß sie selbst nicht, wo dieses Theben liegt, aus dem sie stammt, ob im alten Ägypten oder in Prag, ob im antiken Griechenland oder im Berliner Westen. Und ob der Prinz von Theben nicht eigentlich eine Prinzessin ist, die aber statt in einem Palast in einer üblen Spelunke wohnt, ohne einen Cent in der Tasche. Gab es das überhaupt, eine Herkunft?

Seit einem Jahr lebt sie nun schon von Herwarth Walden, ihrem Exmann, getrennt; es gibt seither nur noch Kammern, keine Wohnungen mehr, in denen sie haust, vollgestopft mit Spielzeug, Puppen, Tieren, allerlei Krimskrams. An den Wänden Plakate, Blätter, darunter auch Zeichnungen von ihrem Freund Franz Marc. In Wahrheit aber hasst sie das alles, wie sie Eigentum überhaupt hasst. Sie hasst die Häuslichkeit und darum auch die letzte enge Bleibe, den Sarg. Unsterblich sein müsste man!

Nun muss die Karawane also weiterziehen. Ins Café Josty am Potsdamer Platz oder ins Romanische Café an der Gedächtniskirche, nur wenige Schritte vom alten Café des Westens entfernt. Im Grunde ist es doch egal: Ihr Theben ist eine Chiffre. Für einen Ort, der auf keiner Landkarte zu finden ist. Einen Ort, an dem die Regeln der Logik außer Kraft gesetzt sind. Und deshalb alles möglich ist. So wie die Pharaonen einst als Götter unter Göttern durch die Unterwelt wandeln mussten, ehe sie nach ihrer nächtlichen Fahrt im Jenseits neu geboren werden konnten, so empfängt Else Lasker-Schüler jedes Mal den Tag, wenn sie bei Sonnenaufgang von ihren Auftritten, den Lesungen in den Varietés und Cafés zurückkehrt. Theben ist das Morgenland, zu dem man nur durch die Unterwelt gelangt.

Krakau 1914:
Die Revolution der Worte

Ludwig Wittgenstein und Georg Trakl
verschlägt es die Sprache

Als Ludwig Wittgenstein an diesem 6. November 1914 von Bord
der *Goplana* geht, herrscht ein ziemliches Durcheinander in der
Stadt. Die Einschließung des Grenzortes Przemyśl von drei Seiten und der Druck der russischen Truppen von Norden haben
Krakau binnen weniger Tage in eine bedrohliche Lage gebracht.
Drei Monate nach Kriegsbeginn wird es schon eng für die Habsburger. Ihn, Wittgenstein, beschäftigen aber andere Sorgen.

Mitten im Einsatz hat Wittgenstein eine Meldung erreicht,
ohne Vorwarnung: Georg Trakl, der Dichter, hat ihm eine Nachricht aus dem Krakauer Garnisonsspital geschickt, er möge ihn
alsbald besuchen kommen. Es hörte sich dringend an.

Trakl muss seinen Namen über Ludwig von Ficker, den Herausgeber der Literaturzeitschrift *Der Brenner*, erfahren haben.
Insgesamt 100 000 Kronen hatte Wittgenstein zu Beginn des Jahres an Ficker überwiesen, um sie an bedürftige Künstler im
Habsburger Reich verteilen zu lassen. Trakl, so Fickers Vorschlag,
sollte 20 000 Kronen erhalten, auch der Dichter Rainer Maria
Rilke sollte ein Fünftel der Summe bekommen. Wittgenstein war
einverstanden gewesen. Bloß weg mit dem falschen Geld.

Wittgenstein ist der Erbe eines Millionenvermögens, aber der Reichtum seiner Familie interessiert ihn nicht. Stattdessen begeistert er sich für Logik und Philosophie. Und für die Frage, wie man überhaupt sinnvolle Sätze über die Welt aussagen kann.

Statt aber weiter über Sinn und Unsinn philosophischer Sätze zu spekulieren, hat Wittgenstein sich einen Tag nach der Kriegserklärung ans Zarenreich freiwillig zum Militär gemeldet. Logik mag das eine sein. Und es ist unverzichtbar, wie er glaubt, den Ausdruck der Gedanken durch einen überlegten Gebrauch der Sprache zu begrenzen. Aber im Gegensatz zu seinen Wiener Philosophenkollegen ist Wittgenstein der Auffassung, dass es jenseits von Formeln und Kalkül noch etwas gibt, das von der Sprache der Logik nicht berührt wird. Es sind Fragen nach dem Guten und moralisch Richtigen, die ihm auf der Seele brennen. Nach gerade zwei Tagen in Uniform erfolgte die Verlegung nach Norden.

Viel Zeit zum Nachdenken bleibt allerdings nicht, wenn Wittgenstein bei seinen Einsätzen als einfacher Kanonier unruhig in der Hängematte baumelt und nach Schlaf sucht. Die *Goplana* ist ein von den Russen gekapertes Wachschiff, das der österreichischen Armee bei der Überquerung der Weichsel mobilen Feuerschutz geben soll. Die Nächte sind stürmisch und kalt. Fast ununterbrochen rollt der Donner der Kanonaden. Wittgenstein steht an Deck und bedient auf der Kommandobrücke den Suchscheinwerfer. Dabei darf er sich keinen Moment der Unaufmerksamkeit leisten. Kolossale Strapazen. Doch er hat es nicht anders gewollt.

Eigentlich hat er gehofft, als Mäzen anonym zu bleiben, nun ist es anders gekommen. Wittgenstein hat Trakl auf dessen Karte

Millionenerbe: Ludwig Wittgenstein legt keinen Wert auf das Geld seiner Familie. Stattdessen möchte er den sprachlichen Unsinn in der Philosophie bekämpfen.

umgehend geantwortet. Er hoffe, in wenigen Tagen zurück in Krakau zu sein, und werde ihn aufsuchen. Und jetzt ist er hier.

Wittgenstein schultert seinen Seesack und drängt sich durch den Pulk der Soldaten, die sich im Hafen tummeln. Er will auf dem schnellsten Weg ins Spital. Hoffentlich ist es für eine Begegnung mit Trakl noch nicht zu spät.

*

Georg Trakl liegt da und wartet. Bett, Stuhl, kalkweiße Wände. Das Zimmer, in dem er sich befindet, ist schmal und hoch und durch eine schwere Tür mit Guckloch verriegelt. Sein Nachbar, der neben ihm liegt, schnarcht höllisch.

Anfangs dachte Trakl, er werde als Apotheker nach Krakau verlegt. Erst als er dort ankam, wurde ihm klar, dass man ihn zur Beobachtung seines mentalen Zustandes ins Spital einlieferte. Nicht er sollte anderen helfen, ihm selbst sollte geholfen werden. Und in der Tat ging es ihm nicht gut. Unvorstellbare Sachen sind geschehen. Und er, Trakl, hat sie mit eigenen Augen gesehen.

Es geschah in der Schlacht von Gródek, gleich zu Beginn des Kriegs, im September 1914. Die Bilder sind sofort wieder da. Kurz vor der Entscheidung des Gefechts war die Einheit, der er als Leutnant angehörte, zum Einsatz gekommen. In einem Feldlazarett, einer Scheune, lagen fast hundert Schwerverwundete – und er als Sanitäter, ganz allein, hatte sie zu versorgen. Er brauchte Hilfe, aber da war niemand, der ihm zur Hand gehen konnte. Zwei Tage und Nächte ohne ärztliche Assistenz. Zwei Tage und Nächte Marter. Zwei Tage und Nächte das ununterbrochene Stöhnen der Verletzten im Ohr. Das Flehen, ihrer Qual ein Ende zu bereiten.

Plötzlich, zwischen all dem Wimmern, ein lauter Knall. Einer der verletzten Soldaten hatte sich eine Kugel durch den Kopf gejagt. Überall Blut. Trakl konnte nicht mehr, er musste weg, raus. Als er aber auf den Platz vor der Scheune trat, baumelten dort an den Bäumen Menschen, die hingerichtet worden waren. Einer von ihnen hatte sich, wie Trakl später erfuhr, die Schlinge selbst um den Hals gelegt.

Es war ein Anblick, den er nicht mehr vergessen konnte. Der ganze Jammer der Menschheit hatte sich um diesen Ort zusammengezogen, während er, Trakl, in der Mitte des Platzes stand, sich vollkommen leer fühlte und sich nicht mehr bewegen konnte, weder vor noch zurück. Dann brannten bei ihm die Sicherungen durch. Erschossen hätte er sich, hätte ihm ein Kamerad die Pistole nicht im letzten Moment aus der Hand gerissen.

Manchmal wird es in Trakls Kopf plötzlich wieder hell, und er erinnert sich an die Tage, als er in Gesellschaft seiner Wiener Freunde in Venedig war. Ein Jahr ist das erst her. Er trägt noch

Dichter im Krieg: Als Sanitätsleutnant nimmt Georg Trakl 1914 an der Schlacht von Gródek teil. Die Erlebnisse an der Front bringen ihn beinahe zum Verstummen.

immer das eine Foto bei sich, das ihn gedankenverloren am Strand zeigt. Aber auch wenn damals noch kein Krieg herrschte, so lag er doch bereits in der Luft.

Jeden Tag erwartet Trakl die Ankunft von Ludwig Wittgenstein, der ihm im Sommer mit einer großzügigen Spende finanziell unter die Arme gegriffen hat. Trakl muss Wittgenstein sehen und mit ihm sprechen. Vielleicht ist noch nicht alle Hoffnung verloren. Vielleicht genügt schon ein kleiner Funken reiner Freude, und man wäre gerettet.

*

Der anhaltende Zweifel über den Sinn des Daseins hat seinen Lebenswillen mürbe gemacht. Am liebsten wäre Wittgenstein das Erbe ganz losgeworden, um einen Schlussstrich unter die Vergangenheit zu ziehen. Mag sein Vater der berühmte Stahlbaron Seiner Majestät sein, ihm ist dieses Gehabe zuwider. Es geht allein um das Denken. Und nicht um Eisen und Aktien.

Ursprünglich wollte Wittgenstein einmal Ingenieur werden. Wie sein Herr Papa. Er hatte den Plan sogar aufrichtig verfolgt und sich 1906 an der Technischen Hochschule in Charlottenburg eingeschrieben. Insbesondere der neue Motorflug ließ seine Neugier sofort anspringen. Vier Jahre später aber war der Drang zu philosophieren so groß geworden, dass er sich ein Leben als Flugzeugmotorenbauer unmöglich mehr vorstellen konnte.

Seither schraubt Wittgenstein an durchnummerierten, aufeinander aufbauenden Paragrafen herum, die in äußerst verdichteter, beinahe schon aphoristischer Form Elemente aus der Logik mit kritischen Überlegungen aus der Philosophie der Sprache verbinden sollen. Sein Programm lautet, die Philosophie durch eine strenge Analyse der Sprache von dem Unsinn und der Verwirrung zu befreien, in die sie die Metaphysik gestürzt hat. Denn die meisten Sätze, die über philosophische Dinge geschrieben worden sind, all die Traktate über Welt, Seele, Gott sind seiner Ansicht nach nicht falsch, sondern schlicht unsinnig. Sie mögen vielleicht als Literatur taugen, Philosophie im Sinne einer strengen Wissenschaft sind sie nicht. Wenn sich etwas über die Welt sagen lässt, dann lässt es sich auch klar und deutlich sagen. Was sich hingegen nicht auf den Begriff bringen lässt, darüber sollte man besser auch gar nicht erst anfangen zu philosophieren.

Erst im Sommer war Wittgenstein vom Studium aus England zurückgekehrt. An der Nobeluniversität Cambridge hatte er mit Bertrand Russell und George Edward Moore über die Grundlagen der Mathematik philosophiert. Die berühmte Antinomie, die Russell Anfang des Jahrhunderts entdeckt hatte, lautete, dass die Menge aller Mengen sich nicht selbst enthalten könne.

Was im ersten Moment nach Abrakadabra und höherer

Mathematik klang, hatte ernste Folgen für die Philosophie. Wenn die Menge aller Mengen sich nicht selbst enthalten konnte, war es nämlich unmöglich, einen Begriff vom Ganzen zu bilden. Es war schlicht nicht denkbar, dass zum Beispiel das Universum als Inbegriff *aller* Dinge sich auch noch selbst als Ding umfasste. Soso.

Russell und Moore mussten bald einsehen, dass dieser hitzige Student aus Wien anders war und kühner dachte als alle anderen Studenten am Trinity College. Seine Vorgehensweise war intuitiv, launisch, eigentlich nur mit der eines Künstlers zu vergleichen. Arbeiten, die er am Morgen voller Hoffnung begann, endeten am Abend regelmäßig in Verzweiflung. In jedem Fall mussten sich Russell und Moore selbst eingestehen, dass dieser junge Österreicher nach kürzester Zeit alles gelernt hatte, was sie als Lehrer anzubieten hatten. Dann kam der Krieg.

Bisher hat Wittgenstein noch keine eigenständige Publikation vorgelegt. Aber wenn er nicht gerade an Deck steht und den Suchscheinwerfer schwenkt, arbeitet er mit Hochdruck an einem Buch mit dem Titel *Logisch-philosophische Abhandlung*. Es soll ein Traktat über die Missverständnisse der Logik unserer Sprache werden. Mit seiner Paragrafenreiterei will Wittgenstein dem Denken eine Grenze ziehen – oder vielmehr: nicht dem Denken, sondern dem Ausdruck der Gedanken. Er will die Welt so beschreiben können wie ein Ingenieur das Zusammenspiel der verschiedenen Teile und Aggregate in einem Flugzeugmotor.

Diese Auffassung teilt Wittgenstein mit den führenden Vertretern des Logischen Empirismus, eines Kreises von Wiener Mathematikern, Physikern, Ökonomen und Intellektuellen, die sich für eine strikte Formalisierung des Denkens einsetzen. Wenn Philosophie, wie Kant und die Aufklärung es einmal gefordert haben, Wissenschaft werden soll – und sie hat es bisher versäumt, es tatsächlich zu sein –, so gilt es, mit den Märchen der Metaphysik aufzuräumen, die ständig etwas von Freiheit, Gott und Unsterblichkeit fabulieren. Der Anspruch des Wiener Kreises, mit dem Wittgenstein im engen Kontakt steht, ist gewaltig: Alle philosophischen Probleme sollen mit den Mitteln der logischen Analyse der Sprache gelöst werden. Nur was den Gesetzen der Logik nicht widerspricht, kann Erkenntnis werden. Und deshalb muss alle Philosophie Kritik derjenigen Sprache sein, die bisher eine Verständigung über diese Fragen vernebelt hat.

Die Anerkennung, die Wittgenstein unter seinen Wiener Kollegen erfahren hat, vermag indes nicht über die Leere hinwegzutäuschen, die sich in seinem Inneren ausgebreitet hat. Sein bisheriges Leben kommt ihm trostlos vor. Wohin mit sich, wozu das alles, er weiß es nicht mehr. Eines ist ihm hingegen klar geworden: Nicht alle Fragen lassen sich wie ein technisches Problem angehen und durch angestrengtes Nachgrübeln auflösen. Nicht alles, was im Leben vor sich geht, untersteht deshalb schon den unveränderlichen Gesetzen der Logik. Im Gegenteil: Es gibt Dinge, über die sollte man besser schweigen.

Erst vor Kurzem hat Wittgenstein in einem Buchladen in der polnischen Stadt Tarnów ein Reclam-Heftchen aufgestöbert, das er seitdem wie einen Schatz in seiner Brusttasche bei sich trägt: *Kurze Darlegung des Evangelium. Von Graf Leo Tolstoi.* Für Tolstoi war das Christentum weder Religion noch historisches Ereignis, sondern eine Erzählung, die dem Leben Sinn zu geben versprach. Und ein ähnliches Versprechen, davon ist Wittgenstein überzeugt, hält nun auch der Krieg bereit, in den er gezogen ist.

*

Immer öfter fragt sich Trakl, wie lange er diesem Irrsinn noch standhalten kann. Was nützt ihm all die Großzügigkeit Wittgensteins, wenn die Welt in Abermillionen Stücke zerfetzt wird und er mit ihr?

Auf seinem Nachtschrank lagert ein Reclam-Heftchen mit Texten des schlesischen Barockdichters Johann Christian Günther, von dem Trakl findet, dass man ihn gerade heute in Deutschland wieder lesen sollte. Günthers Verse gehören für ihn zum Bittersten, das je ein Dichter geschrieben hat. Trakl kennt die Zeilen auswendig: »Ich fürcht, ich fürcht, es blizt von Westen, / Und Norden droht schon über dich. / Du pflügst vielleicht nur fremden Gästen. / Ich wüntsch es nicht. Gedenck an mich. / Du magst mich jagen und verdammen, / Ich steh wie Bias bey den Flammen / Und geh, wohin die Schickung ruft. / Hier fliegt dein Staub von meinen Füßen, / Ich mag von dir nichts mehr genießen, / Sogar nicht diesen Mund voll Luft.«

»An sein Vaterland« ist das Gedicht überschrieben; es ist die letzte Strophe. Als Ludwig von Ficker, einer seiner Vertrauten, ihn vor Tagen besuchen kam, hat er, Trakl, das Gedicht in voller Länge zitiert und die letzten drei Verse wiederholt. Er hat sie leise vor sich hin gemurmelt, als wollte er ihre ganze Bitterkeit auskosten. Er spürte, wie sich sein Mundraum dabei zusammenzog, wie seine Zunge immer trockener wurde, wie alles um ihn herum in sprachlosem Entsetzen versank. Jung war Günther gestorben, mit siebenundzwanzig Jahren. So alt, wie er jetzt ist.

Depressionen dieser Art sind keine Seltenheit bei Trakl und in entsprechender Umgebung vielleicht kurierbar. Immerhin: Als Apotheker weiß er zumindest, wie man hier im Spital an die Morphine und das Kokain herankommt. Wenn es nach Ficker gegangen wäre, hätte der ihn jedenfalls gleich mitgenommen und in häusliche Pflege gegeben. Der Chefarzt aber hatte ihn, Trakl, nur angesehen und den Kopf geschüttelt. Es ging nicht. Für den Fall seines Ablebens hat Trakl verfügt, es sei sein Wille, dass Grete, seine Schwester, alles, was er an Geld und sonstigen Gegenständen besitzt, bekommen soll.

Trakls Gedichte haben sich seit dem Krieg verändert. Sein Ton ist zwar nach wie vor romantisch. Aber Verse, die früher elegisch durch die hügelige Landschaft geflossen sind, brechen jetzt urplötzlich ab und werden spröde, so ungeheuer ist das, wovon er, Trakl, zu berichten hat: »Am Abend tönen die herbstlichen Wälder / Von tödlichen Waffen, die goldnen Ebenen / Und blauen Seen, darüber die Sonne / Düstrer hinrollt; umfängt die Nacht / Sterbende Krieger, die wilde Klage / Ihrer zerbrochenen Münder.«

Trakl hat Ficker nach dessen Besuch zwei Gedichte für den *Brenner* geschickt. Das eine Gedicht heißt »Klage«, das andere »Grodek«. Manchmal wundert es ihn selbst, dass es in diesem Schlachthaus von Welt überhaupt noch so etwas wie ein Gedicht geben soll.

∗

Als Wittgenstein im Spital ankommt, trifft ihn die Nachricht wie ein Schlag: Georg Trakl ist bereits seit drei Tagen tot.

Wittgenstein ist erschüttert, er kannte Trakl nicht persönlich, aber die Sache geht ihm nahe. Die Todesursache ist unklar: Lähmung des Herzmuskels, höchstwahrscheinlich eine Überdosis Kokain. Anscheinend hat Trakl schon am 3. November den ganzen Tag über bewusstlos im Bett gelegen. Mathias Roth, sein Offiziersbursche, will durch das Guckloch in der Zellentür beobachtet haben, dass das Herz des Herrn an jenem Tag noch immer schlug. Erst am folgenden Tag sei es vorbei gewesen: Über Nacht muss der Tod eingetreten sein.

Wittgenstein hegt kein Interesse daran, von den Ärzten weitere Details zu erfahren. Ob es Selbstmord war oder nicht, was ändert das am Tod dieses Dichters? Just hier gelangt das Denken an ein Ende: Es gibt Dinge, von denen die Philosophie keine Ahnung hat, Probleme, über die zu befinden ihr die Befugnis fehlt. Was sich in der Sprache der Logik nicht aussagen lässt, lässt sich nicht nur nicht sagen. Nein, man hat dann sogar die Pflicht, davon zu schweigen.

Ebendas ist der zweite, der ungeschriebene Teil der Lehre, an der er arbeitet: Wittgenstein ist der Überzeugung, dass die philosophische Betrachtung der Welt in zwei Domänen auseinanderfällt: in einen logischen und in einen ethischen Teil. Es gibt den Bereich der empirischen Tatsachen, und über diese Tatsachen kann man, wenn man sich an die logischen Spielregeln hält, sinnvolle Aussagen treffen. Und es gibt den Bereich dessen, was über die Tatsachen hinausgeht und mit Mitteln der Logik nicht mehr zu erfassen ist: Fragen der Lebenspraxis.

Im Gegensatz zu seinen Kollegen aus dem Wiener Kreis ist Wittgenstein der Auffassung, dass dieser Bereich das eigentliche Zentrum der Philosophie bildet und gerade deshalb so vehement vor Übergriffen des Denkens verteidigt werden muss. Auf dieses Etwas, über das sich nichts sagen lässt, kann man nur noch zeigen. Was immer sich in der Welt ereignet, mag es Fortschritt oder Rückschritt sein, mögen die Menschen zum Mond reisen oder zum Mars, dieses Zentrum bleibt unangetastet. Selbst wenn alle möglichen wissenschaftlichen und logischen Fragen beantwortet wären, wären die Lebensfragen noch gar nicht berührt.

Drei Wochen nachdem er das Krakauer Garnisonsspital aufgesucht hat, erreicht Wittgenstein ein Brief aus Innsbruck, dem Ludwig von Ficker zwei Gedichte von Trakl beigegeben hat, »Helian« und »Kasper Hauser Lied«. Vielleicht ist es die Schwermut Trakls, die ihn sofort in den Bann zieht, der sanft mitschwingende, religiöse Grundton, den jedes Wort durchströmt.

Wittgenstein liest die Gedichte und ist ergriffen. Er liest sie wieder und ist erstaunt. Er liest sie ein drittes, viertes und fünftes Mal und ist erschüttert, verwundert, begeistert. Er versteht sie nicht, aber ihr Ton beglückt ihn. Es ist für ihn der Ton »wahrhaft genialer Menschen«.

*

Lange Wellen trieben schräg gegen den Strand. Georg Trakl stand da, im dunklen Badeanzug, die nackten Füße im Sand, und schaute gedankenverloren in die Gegend.

Trakl war immer traurig, wenn er glücklich war. Er konnte gar nicht anders. Es war ein Reflex, der sich plötzlich einstellte und besagte: Man tat letztlich gut daran, sich gegen die vollendete Schönheit zu wehren. Das äußere Leben war voller Chaos und Fraßgier. Man konnte nicht misstrauisch genug sein.

Trakl war von seinen Wiener Freunden Karl Kraus, Peter Altenberg, Elisabeth und Adolf Loos zum Urlaub nach Venedig eingeladen worden. Ludwig und Cäcilie von Ficker kamen aus Innsbruck dazu. Man verlor sich im Gassengewirr der Lagunenstadt, schlenderte am Lido entlang, verzehrte dunkle, überreife Erdbeeren und genoss die letzten Sommertage dieses Augusts 1913.

Es waren unbekümmerte Tage. Trakl hatte andere Zeiten erlebt, Zeiten, in denen er an der Verzweiflung, die in ihm aufsteigen konnte, fast zerbrochen wäre. Manchmal, da fühlte er sich schon der Welt entrückt. Und auch hier in Venedig packte ihn immer wieder das Fieber, als würde ein Inferno in ihm wüten. Dann sehnte er den Tag herbei, an dem seine eigene Seele aus diesem Jahrhundert ausbrechen, an dem sie diese Spottgestalt aus Kot und Fäulnis hinter sich lassen konnte.

Einige Monate zuvor war ein Gedichtband Trakls im Verlag von Kurt Wolff erschienen. »Gedichte«, so lautete der Titel des Bandes, der in der Reihe »Der Jüngste Tag« veröffentlicht worden war und bleibenden Eindruck bei der Kritik hinterlassen hatte. Trakls Verse waren von einer Schwermut erfüllt, die von einem gewaltigen Ereignis Zeugnis ablegte: Nicht nur ihm war die Welt entzweigegangen. Ein namenloses Unglück war über die Menschheit hereingebrochen und hatte sich auf die Erde herabgesenkt. Vorwärts ging es nur noch, wenn man in sich hineinsah. Denn nur hier, ausgerechnet hier, in der Verzweiflung, ließ sich noch ein Stück jener inneren Einheit wiederfinden, die verloren gegangen war. Von dieser Zerrissenheit zu künden, zu stottern, auch zu schweigen, löste für einen Moment ihren Bann.

Als Trakl aus seinen Gedanken aufschreckte, hatte es bereits *klick* gemacht. Auf dem Lido wimmelte es nur so von Strandfotografen, die zwischen den Badegästen hin und her huschten. Ob am Strand oder im Wasser, in Gesellschaft oder allein: Es waren typische Urlaubszenen, die die Schnappschussjäger einfingen, um sie später für ein paar Lire an die Touristen zu verkaufen. Die Bilder wurden direkt vor Ort im Labor des Fotogeschäfts entwickelt, sodass die Gäste die Fotos erwerben konnten, ehe sie abends mit dem Vaporetto von der Insel zurück nach Venedig fuhren.

Trakl wog den glatten Stein in der Hand, den er zuvor zwischen dem Seegras aufgelesen hatte. Die Sonne senkte sich über der Lagune, es war Zeit zu gehen.

Zweiter Teil

Knall

Locarno 1917:
Der Drang nach Freiheit

Ernst Bloch und Max Weber
rufen die Republik aus

Es ist genug. Einmal muss begonnen werden. Am besten gleich hier, jetzt. Der Krieg ist nur eine weitere Ausrede für das, was schon seit geraumer Zeit da war und nicht wusste, wohin. Was unter der Oberfläche gärte und nur ein Ventil brauchte. Die Menschen sind blass geworden. Sie versuchen die Blöße ihrer inneren Leere mit immer neuem Geschwätz zu überdecken, den immer gleichen tollwütigen, amüsiersüchtigen Reflexen. Es ist immer dasselbe.

Selten hat Ernst Bloch den Entschluss, diesem Schauspiel ein Ende zu bereiten, stärker verspürt als hier in der Schweiz. Mit Elsa von Stritzky, seiner Frau, ist er in diesem Frühjahr 1917 nach Locarno an den Lago Maggiore gereist. Bloch hat eigentlich einen Auftrag zu erfüllen, aber was kümmern ihn Aufträge, wenn es darum geht, diesen Krieg zu beenden.

Quartier haben die Blochs in der Villa Neugeboren bezogen, die etwas oberhalb der Stadt liegt und unter Künstlern und Intellektuellen einen gewissen Ruf genießt: Schon der Dichter Hermann Hesse, Franziska zu Reventlow, die Schwabinger Gräfin, und die aus St. Petersburg stammende Psychoanalytikerin

Lou Andreas-Salomé haben von hier aus den Blick über den Hausberg, den Monte Cimetta, ins Weite schweifen lassen. Der Dienst an der Front ist Bloch gottlob erspart geblieben: Karl Jaspers, der Heidelberger Philosoph und Psychiater, hat ihn seiner extremen Kurzsichtigkeit wegen für kriegsuntauglich erklärt.

Während Elsa von Stritzky versucht, mit ihrer Arbeit als Bildhauerin voranzukommen, arbeitet Bloch unermüdlich an dem Werk, mit dem er der Öffentlichkeit endlich beweisen möchte, was für ein genialer Geist in ihm steckt. Viele Anläufe hat er bereits unternommen, etliche Systementwürfe geschrieben – immer vergeblich. Das soll sich jetzt ändern. Viel fehlt dem erst Anfangdreißigjährigen nicht mehr für den großen Wurf.

Geist der Utopie lautet der Titel des Werkes, das dort, wo schon lange keine Hoffnung mehr wohnt, wieder Platz für den Glauben an die Freiheit schaffen möchte. Die Utopie ist das Neue, das Zukünftige, das sich im Gegenwärtigen bereits andeutet, das »Noch-Nicht«. Die Utopie sucht nach dem Wahren und Wirklichen dort, wo das bloß Tatsächliche verschwindet. Befreiung von Druck und Muff, Durchbruch in frische Luft und große Weite. Kein Nein, so lautet Blochs Überzeugung, vermag jemals so stark und laut zu sein, dass es nicht von einem verborgenen Ja in ihm übertrumpft und damit besiegt werden kann.

Dass Bloch sich in Kriegszeiten in der neutralen Schweiz aufhalten kann, hat er dem Heidelberger Soziologen Max Weber zu verdanken, mit dem er ansonsten über Kreuz liegt. Von ihm, dem harten Wissenschaftsknochen, ist er hierhergeschickt worden, um im Auftrag der *Zeitschrift für Sozialphilosophie und soziale Theorie*, die Weber zusammen mit seinen Kollegen Werner Sombart und Emil Lederer herausgibt, einen Artikel über politische Utopien in der Schweiz zu verfassen. Denn so unter-

Der neue Messias: Ernst Bloch ist ein Sänger der Hoffnung. Ein Tagträumer. Voll wilder Lust an der Spekulation. Sein *Geist der Utopie* ist ein Vorgriff auf eine bessere Zukunft.

schiedlich Weber und Bloch in ihrer Herangehensweise, ihrem Denken und Schreiben auch sein mögen: Beide verbindet ihr Interesse für durchgeknallte Charismatiker und Propheten.

Weber selbst war, noch bevor der Krieg im August 1914 ausbrach, zweimal an den Lago Maggiore gereist, um sich dort von seinem Nervenleiden zu erholen und Diät zu halten. Datteln, Feigen, Orangen, ein paar Haferkekse, mehr nicht. Zu den Aussteigern, Vegetariern und Anarchisten, die sich auf dem in unmittelbarer Nachbarschaft gelegenen Monte Verità, dem Berg der Wahrheit, tummelten, war Weber zwar stets auf Abstand gegangen. Er hielt sie für Scharlatane, nichts als eine Horde fanatischer Sektierer, die aus der Welt geflohen waren, um dann ihr Heil im primitiven Leben des Naturmenschen zu finden.

Gleichwohl war er von der Welt, die sich da vor ihm auftat, dem Spuk aus Gurus, Meistern und Möchtegern-Heiligen, fasziniert. Weber interessierte sich für die Formen von charismatischer Herrschaft, die sich in der Bergkolonie herausbildeten.

Was Charisma war und wie es auf Menschen wirkte, konnte man gerade an Gusto Gräser, einem der Mitbegründer der Reformsiedlung, studieren. Gräser machte sich zum Medium für alle möglichen Naturheilkräfte, ohne dass ihm auch nur einer seiner Jünger dabei widersprach. Der Glaube an geheimnisvolle Mächte, an die Fähigkeit, Geister zu beschwören, bildete offenkundig eine Art Gegengift zur entzauberten Welt der Moderne, in der alles aufs Ordnen, Vergleichen und Rechnen ankam. Herrschaft war freilich beides: die grassierende Rationalitätsgläubigkeit ebenso wie der Spiritualismus eines Naturapostels wie Gräser, der auf dem Monte Verità seine Bergpredigten abhalten konnte, wie es ihm gerade so passte.

Auch er, Bloch, stand noch in der Anfangszeit des Krieges in Heidelberg im Verdacht, einer dieser windigen Propheten zu sein, vor denen man sich besser in Acht nahm. Na und? Ihn schert es nicht, was die anderen von ihm halten. Bald wird er mit einem so fulminanten Werk durchstarten, dass auch Weber noch sein blaues Wunder erlebt.

*

Max Weber hat den Ausbruch des Krieges in diesem Sommer 1914 kommen sehen. Es ist nur eine Frage der Zeit gewesen, bis sich die Spannungen entladen würden, die sich seit dem Attentat auf den österreichischen Thronfolger am 28. Juni aufgebaut hatten. Jetzt ist der Krieg da.

Mit Sorge hat Weber bereits in den vergangenen Monaten beobachtet, wie Deutschland immer tiefer in einen Konflikt hineinrutschte, in dem es militärisch nur unterliegen kann. Zu übermächtig sind die Großreiche, zwischen denen das Land eingequetscht liegt. Bis zuletzt hat er gehofft, der Krieg ließe sich

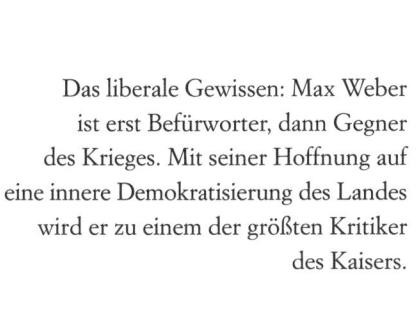

Das liberale Gewissen: Max Weber ist erst Befürworter, dann Gegner des Krieges. Mit seiner Hoffnung auf eine innere Demokratisierung des Landes wird er zu einem der größten Kritiker des Kaisers.

irgendwie vermeiden. Nun bleibt keine andere Wahl, als sich ihm zu stellen, auch wenn die Hoffnung auf eine innere Demokratisierung des Landes damit wohl vorerst gestorben ist.

Trotzdem: Auch er, Weber, würde am liebsten in die Schlacht ziehen. Blumengeschmückt, von Frauen und Kindern verabschiedet. Groß und wunderbar hat er in den ersten Stunden des Krieges das Schicksal empfunden, vor dem das Land in diesem welthistorischen Augenblick steht. Endlich schlägt die Stunde der Entscheidung! Ob katholisch oder protestantisch, ob konservativ oder sozialistisch, ob monarchistisch oder demokratisch: Nicht mehr diese oder jene Weltanschauung zählt, sondern die Gemeinschaft.

Wie er nun jedoch feststellen muss, ist es gar nicht so leicht, Soldat zu werden. Die Kasernen sind mit Freiwilligen überfüllt. Und er mit seinen fünfzig Jahren ist anscheinend zu alt, um in die Reihen der aktiven Vaterlandsverteidiger aufgenommen zu werden. Es kränkt ihn zutiefst, kratzt an seiner Ehre, dass man ihm nur die Aufsicht über das Lazarettwesen in Heidelberg übertragen hat. Während alle Welt von einem dunklen, mächtigen Gefühl erfasst wird, darf er als Leutnant der Reserve Krankendienst schieben.

An einer Tradition will Weber aber auch in diesen denkwürdigen Kriegstagen festhalten, und das sind die wöchentlichen Treffen von Freunden, Kollegen und Studenten, zu denen er seit nunmehr zwei Jahren jeden Sonntag um siebzehn Uhr zu sich in die Villa Fallenstein einlädt. Nach vorne raus der glitzernde Neckar, nach hinten raus der üppige Garten, in dem uralte Bäume herrschsüchtig ihre Arme über das Anwesen ausbreiten.

Es gibt nichts, was nicht besprochen und diskutiert wird in seinem Haus. Die Atmosphäre ist liberal. Jedes Wort, das gesprochen wird, soll gehört werden. Freunde wie Karl Jaspers gehören zum Kreis, Schüler wie der ungarische Literaturkritiker Georg Lukács, aber auch Kollegen wie der George-Vertraute Friedrich Gundolf, dem der Ton nie hoch genug sein kann, wenn es um die großen Geister der Geschichte geht, um kosmisch beseelte, heroische Menschen wie Goethe, Hölderlin, Napoleon, Nietzsche und natürlich auch George. Selbst auswärtige Gäste wie der Berliner Großstadtsoziologe Georg Simmel haben in der Vergangenheit nicht den weiten Weg in den Süden gescheut, um an der sonntäglichen Zusammenkunft bei Weber teilzunehmen.

Heidelberg ist kein verschnarchtes Nest mehr, über dem noch mit hörbarem Flügelschlag der Geist der Vorväterzeit schwebt. Max Weber hat es zur Hochburg der modernen Soziologie gemacht, einer neuen Disziplin, die das soziale Handeln in seinem Ablauf und seinen Wirkungen ursächlich erklären will. Von der Philosophie, den Märchengeschichten vom rastlosen Weltgeist, ist in einer durchrationalisierten Welt keine Orientierung mehr zu erwarten. An ihre Stelle soll jetzt die Soziologie treten, die mit ihrem Werkzeug die Gesellschaft der Bürokratie und des Kapitals viel genauer sezieren kann.

Nur einer fällt bei den Sonntagsgesellschaften aus der Rolle: ein gewisser Ernst Bloch, den es vor zwei Jahren samt einem Empfehlungsschreiben von Webers Kollegen Simmel aus Berlin hierher nach Heidelberg verschlagen hat. Bloch redet impulsiv, wenn das Wort an ihn fällt. Er mag es zu erzählen – und dabei gleichsam immer einige Zentimeter über dem Boden zu schweben. Bloch spricht mit einer überschäumenden Mischung aus Ernst und Witz, würzigen Anekdoten und tiefsinnigen Zitaten. Während Weber die Diskussionen zumeist zurückgezogen von einer Ecke des Salons aus verfolgt, um nicht zu sehr im Mittelpunkt zu stehen, platzt ihm bei den Monologen Blochs regelmäßig der Kragen. Schluss mit der Show! Weber fährt Bloch direkt in die Parade.

Bloch schwadroniert, wie es unter den Jungen gerade Mode ist. Überall der gleiche utopische Glaube, ein Messias werde erscheinen, die Angst bannen und das Elend der Menschen tilgen. Erfindungsreicher Unfug sind Blochs apokalyptische Spekulationen, die er vor sich herträgt, als wäre soeben der Weltgeist durch den Raum geschritten. Auch seine, Webers, Frau Marianne, die seit Jahren ein aktives Mitglied der aufkommenden Frauenbewegung ist und bei den Jours Fixes im Hintergrund die Fäden zieht, kann bei den Faxen, die Bloch veranstaltet, nur die Augen verdrehen. Da mag die elementare Natur, die in den vulkanartigen Auftritten Blochs hervorbricht, noch so eindrücklich sein: Der Typ nervt.

Als Anwalt der Wissenschaft würde Weber diesem Quälgeist am liebsten die Koffer an den Zug bringen lassen. Falsche

Propheten haben in der Wissenschaft so wenig verloren wie verführerische Demagogen in der Politik. Die Maximen des Forschers, davon ist er zutiefst überzeugt, können nur nüchterne Wachheit und unbestechliches Denken lauten.

Geniale Ideen mag Bloch vielleicht haben, aber von wissenschaftlicher Erkenntnis, der Kunst des Zweifelns, Prüfens und Verwerfens versteht er nichts. Zwar kann auch noch so disziplinierte und penible Forschung nicht den genialen Einfall eines Querkopfes herbeizwingen, doch genauso wenig wird umgekehrt die brillante Idee des Dilettanten jemals die asketische und über Jahre hin fortgesetzte Arbeit eines Fachmanns ersetzen. Kurzum: Wahre Autorität auf dem Gebiet der Wissenschaft gebührt nur dem, der rein der Sache dient.

*

Auch ohne Krieg ist das Leben in der Schweiz aufreibend. Während Elsa von Stritzky nun schon seit Wochen in der engen, unbeheizbaren Mansarde krank im Bett liegt, muss Bloch zusehen, dass Geld in die Kasse kommt. Der Vorschuss von Weber reicht nicht einmal für die Hälfte der Miete aus. Aber wenn man sich auf eines in der Schweiz verlassen kann, dann ist es das gut geölte Netzwerk der Emigranten. Als das Angebot kommt, als Redakteur bei einer politischen Zeitschrift anzuheuern, zögert Bloch keinen Augenblick.

Freie Zeitung. Unabhängiges Organ für demokratische Politik heißt das von den Exilanten herausgegebene Blatt; es soll ab morgen, dem 14. April 1917, zweimal wöchentlich, mittwochs und samstags, mit jeweils vier Seiten Umfang erscheinen. Die Ausrichtung, die die Zeitungsmacher verfolgen, ist ebenso klar wie entschieden: keine Versöhnung im Kampf gegen die Kriegsurheber und die sie stützenden Kasten. Kein Friede, keine Verständigung, ehe nicht Preußen in Deutschland aufgelöst ist und Österreich sich im Sinne des Selbstbestimmungsrechts seiner verschiedenen Völkergruppen neu organisiert hat. Neben Bloch gehören Emigranten wie der Dichter Hugo Ball, Carl von Ossietzky, der Publizist, oder auch das Schriftstellerpaar Claire und Yvan Goll der Redaktion an. Hunderte Hefte der ersten Ausgabe sind bereits im Druck.

Die Schweiz ist ein Mekka für Exilanten. Noch immer kommen täglich neue Künstler, Revolutionäre und Friedensapostel ins Land, die das tun, was sie am besten können: an den Gestaden einer auslaufenden Epoche von einer besseren und gerechteren Welt zu träumen.

Der französische Schriftsteller Romain Rolland lebt schon seit Beginn des Krieges in der Schweiz; ebenso die bei Kriegsausbruch zu feindlichen Ausländern erklärten Maler Wassily Kandinsky, Alexej von Jawlensky und Marianne von Werefkin, die dem Schriftsteller und Weltweisen Hermann Hesse aus Deutschland auf den Fuß gefolgt sind. Zürich ist über Nacht zur Metropole des europäischen Geistes aufgestiegen. Und nun macht auch noch eine neue Kunstrichtung von sich reden, die sich den Namen »Dada« gegeben hat.

Dada ist Anfang 1916 in einer Züricher Künstlerkneipe, dem Cabaret Voltaire, von Hugo Ball und Emmy Hennings, ebenfalls Dichterin und Performerin, erfunden worden. Dada, das ist das Gegenprogramm zum Pathos der Kriegsgesänge, die die Seele Europas ausgezehrt haben. Eine Generation im Aufstand. Dadaistische Werke, wenn man von »Werken« im emphatischen Sinne überhaupt noch reden kann, sind so zerstückelt wie die verstümmelte Welt, der sie den Spiegel vorhalten. Der

Dadaismus will Antikunst sein – eine Kunst, die sich dazu bekennt, Unsinn zu produzieren. Und zwar nichts als Unsinn.

Allzu leichtfertig dürfen die Emigranten aber auch in der Schweiz nicht sein: Kein Hotel in Zürich, Bern, Basel oder Genf, in dem nicht Agenten der kriegführenden Mächte lauern, in großen Fauteuils in der Lobby sitzen und sich die Zeitung vor die Nase halten, um möglichst unbemerkt die Gespräche der anderen Gäste zu belauschen. Kaum dass ein Intellektueller von Rang in der Stadt eintrifft, wissen es schon die Botschaften der Kriegsparteien – und eine Stunde später die Regierungen in London, Paris und Berlin.

*

Am Ostermontag, dem 9. April 1917, nur fünf Tage bevor die erste Ausgabe der *Freien Zeitung* erscheint, versammelt sich eine Reisegruppe im Gasthaus Zähringerhof am Zürcher Hauptbahnhof. Abschiedsreden werden gehalten, ein Grußwort im Namen der Gruppe verlesen. Erst auf Deutsch, dann auf Französisch. Zur Gruppe gehören zweiunddreißig Personen, fast ausnahmslos russische Exilanten, die kurz vor der Abreise stehen, zurück in die Heimat. Unter ihnen ist auch ein kleiner strengstirniger Mann, der die letzten Wochen und Monate so unauffällig gelebt, seine Tage so zurückgezogen im Lesesaal der Bibliothek verbracht hat, dass er auf den Radarschirmen der ausländischen Agenten irgendwann nicht mehr aufgetaucht ist. Vierzehn Jahre ist er nicht mehr in Russland gewesen.

Die Fahrt soll von der Schweiz über Deutschland und Schweden bis zum finnischen Bahnhof von Petrograd führen. Keine leichte diplomatische Angelegenheit in Zeiten des Krieges: Nachdem ihnen die Länder der Entente zunächst die Durchfahrt versperrt hatten, erteilte ihnen die Oberste Heeresleitung in Berlin schließlich doch die Erlaubnis zur Durchreise.

Die Rückkehr der Gruppe nach Russland, so die Hoffnung der Deutschen, werde die dortige Führung schwächen und dadurch die Ostfront entlasten. Größtmögliches Chaos stiften, heißt die schlichte Devise der Generäle, die sich seit der Kriegserklärung der Vereinigten Staaten vor einer Woche gezwungen sehen, alle Kräfte an der Westfront zu bündeln. Solange in Russland jedoch die Revolution voranschreitet, ist mit einer Offensive aus dem Osten nicht mehr zu rechnen. Man will dem eigenen Land eine Ruhepause gönnen, und der Gegner soll sich in der Zwischenzeit am besten selbst zerreiben.

Die Aufrührer kennen das Risiko, das sie mit ihrer Liaison mit den Deutschen eingehen. Ihnen ist klar, dass das, was sie vorhaben, in Russland nichts anderes als Hochverrat ist. Sie gehen den Pakt mit dem Teufel dennoch ein, weil sie wissen, dass sie keine Zeit zu verlieren haben. Nach der Abdankung des Zaren Mitte März steht das Russische Kaiserreich kopf. Wenn in Moskau die Revolution erst einmal gesiegt hat, wird ohnehin niemand mehr nach den Mitteln und Wegen fragen, die zu ihr geführt haben.

In sieben Tagen soll der Zug am Bahnhof in Petrograd eintreffen. Dort werden sie bereits von den Bolschewiki erwartet.

∗

Als allseits bekannter und geschätzter Soziologe ist Max Weber ein genauer Beobachter des politischen Zeitgeschehens – und einer der größten Kritiker des Kaisers. Die Eitelkeit Wilhelms II. widert ihn regelrecht an. Nicht mehr lange, davon ist er fest überzeugt, und Deutschland wird sich fragen müssen, ob es auch nur einen Tag länger unter der Herrschaft dieses Fatzkes dulden will oder aber endlich das preußische Dreiklassenwahlrecht reformiert und den Weg hin zu einer parlamentarischen Demokratie einschlägt. Es ist unerträglich.

Weber hat von dem Überfall der Deutschen auf Belgien gehört. Von Schandtaten, wie sie die Geschichte selbst in ihren blutigsten Zeiten noch nicht hervorgebracht hat. Den ganzen August über habe die deutsche Armee unter der Bevölkerung gewütet, Städte zerstört, die Universitätsbibliothek in Löwen in Brand gesetzt. Wut, Ohnmacht, Scham. Alles auf einmal.

Jetzt heißt es politisch Partei ergreifen. Bald wird Deutschsein keine Herkunft mehr sein, geschweige denn eine Würde, sondern nur noch ein Steckbrief, auf dem die Verbrechen von deutschen Soldaten aufgelistet sind. Seine Unterschrift unter den »Aufruf an die Kulturwelt!«, der am 4. Oktober 1914 in allen großen Zeitungen Deutschlands erschienen ist und nur so vor patriotischem Pathos trieft, wollte Weber deshalb auf gar keinen Fall leisten. Von Vaterlandsliebe erfüllt ist er zwar allemal, aber das, was in Belgien passiert ist, hat mit dem Land, für das sein Herz schlägt, nichts mehr zu tun.

Die Initiatoren des offenen Briefes bestreiten die Vorwürfe, die die Kriegsgegner gegen Deutschland erheben. Es sei nicht wahr, schreiben sie, dass Deutschland den Krieg verschuldet habe. Es sei nicht wahr, dass Deutschland die Neutralität Belgien verletzt habe – Frankreich und England hätten dasselbe getan, wäre Deutschland ihnen nicht zuvorgekommen. Es sei nicht wahr, dass Leben und Eigentum auch nur eines Belgiers durch deutsche Soldaten angetastet worden seien, ohne dass Notwehr es gebot. Und im Übrigen sei der Kampf gegen die deutsche Nation sehr wohl ein Kampf gegen die deutsche Kultur.

»Glaubt uns! Glaubt, daß wir diesen Kampf zu Ende kämpfen

werden als ein Kulturvolk, dem das Vermächtnis eines Goethe, eines Beethoven, eines Kant ebenso heilig ist wie sein Herd und seine Scholle«, endet das Pamphlet, das 93 Wissenschaftler, Künstler, Schriftsteller unterzeichnet haben, darunter so namhafte wie der Literaturnobelpreisträger Gerhart Hauptmann, der Leiter der Bayreuther Festspiele, Siegfried Wagner, der Biologe Ernst Haeckel und der Physiker Max Planck. Deutschlands beste Köpfe. Und er, Weber, soll dazu verdammt sein, die Spitäler zu beaufsichtigen und damit diesen Krieg auch nur einen Tag noch länger zu unterstützen?

*

Die erste Ausgabe der *Freien Zeitung* wird in den Propagandaabteilungen der Kriegsparteien auf Widerstand stoßen, darüber ist sich Bloch im Klaren. Die Zeitung mochte sich zwar nicht im Krieg befinden, dafür aber sehr wohl im Kampf *gegen* den Krieg und gegen das politische System, das ihn in alle Welt exportiert. Aus dem geistigen Wirrwarr der Gegenwart wollen die »Anti-Kaiser-Germans«, wie sie von den Engländern jetzt nur noch gerufen werden, wieder die Grundideen der Demokratie herausschälen.

Es sind die republikanischen Prinzipien der Französischen Revolution, denen sich die Macher verschrieben haben: individuelle Freiheit und politische Selbstbestimmung. Je mehr das alte System, die Monarchie, in der Vergangenheit ebendiese Prinzipien mit Füßen getreten hat, desto mehr gilt es jetzt, die Stimme zu erheben – gegen Autokratie und Despotismus, gegen Gottesgnadentum und dynastische Regierungsmethoden, gegen das Ausmaß der Zerstörung und die Gefahren einer bevorstehenden Selbstvernichtung Europas.

Auch der amerikanische Präsident Woodrow Wilson hat am 22. Januar 1917 in seiner Ansprache vor dem US-Kongress nur wiederholt, was vor kaum mehr als einhundert Jahren der Königsberger Philosoph Immanuel Kant als erste Vorbedingung für den ewigen Frieden gefordert hatte: Die bürgerliche Verfassung in jedem Staat soll republikanisch sein. Für einen Frieden ohne Sieg hat Wilson in seiner Rede vor den Abgeordneten und Senatoren in Washington geworben, denn ein Sieg einer der Kriegsparteien werde lediglich einen Frieden bedeuten, den man dem Verlierer aufzwinge. Allein ein Frieden zwischen Gleich und Gleich sei von Dauer, hat Wilson ganz in Übereinstimmung mit Kants Idee des Völkerbundes, einer friedlichen Koexistenz zwischen den Staaten, erklärt. Augenscheinlich hoffte er darauf, drüben in Europa damit auf offene Ohren zu stoßen.

Wilhelm II. hat den Appell Wilsons jedoch ignoriert und dafür nun die Quittung bekommen: Die Vereinigten Staaten, die sich aus den Streitigkeiten der Alten Welt bisher stets herausgehalten haben, haben dem Deutschen Reich am 6. April 1917 den Krieg erklärt. Die Nachricht ist noch keine Woche alt. Amerika als Feind ist dem Hohenzollernnarren offenbar hundertmal lieber als ein Amerika als unparteiischer Friedensrichter. Es gibt viele im Deutschen Reich, die immer noch so wie er denken: kein Friede ohne deutschen Sieg, keine Nachgiebigkeit gegenüber der Demokratisierung, kein Christentum ohne die Unterstützung der eisernen Faust und des blinkenden Degens, kein Gott, der nicht als Herr der Heerscharen, als eine Art von alleroberstem Kollegen Wilhelms II. verehrt würde.

In seiner »Osterbotschaft« einen Tag später, am 7. April 1917, hat der Kaiser zwar eine Wahlrechtsreform für die Zeit nach dem Krieg in Aussicht gestellt: Das Dreiklassenwahlrecht soll durch die Einführung direkter und geheimer Wahlen ersetzt werden. Aber auch dieser leicht zu durchschauende Versuch, den Burgfrieden im eigenen Land zu bewahren, kann am Grundübel nichts ändern: Die preußische Kaste deckt sich nicht mehr mit dem deutschen Volk. Für Bloch ist es nur eine Frage der Zeit, bis auch die Letzten begreifen werden, dass mit dem Haus Hohenzollern kein Staat mehr zu machen ist. Eine sozialistische Republik muss her!

*

Der Kaiser hat die deutsche Nation die längste Zeit zum Narren gehalten. Man spürt, es kann kaum noch schlechter werden. Als Max Weber am 29. Mai 1917 auf Burg Lauenstein, mitten im Frankenwald, eintrifft, sind auch dort die Nerven zum Zerreißen gespannt. Da eine militärische Niederlage kaum noch abzuwehren sein wird, gilt es nun, die Weichen für die Zeit nach dem Krieg zu stellen – für eine demokratische Entwicklung Deutschlands.

Sosehr Weber in der Wissenschaft für eine kühle Sachlichkeit steht, so entschieden tritt er als politischer Mensch in Erscheinung, wenn es um die Zukunft des Landes geht. Einmal, in jungen Jahren, wäre er beinahe selbst in die Politik gegangen, aber die Reichstagskandidatur, die ihm die Nationalliberalen anboten, schlug er aus, weil er nicht recht in die Parteienlandschaft hineinpassen wollte. Und daran hat sich auch bis heute nichts geändert: Mit den Nationalliberalen teilt er den Individualismus, aber nicht die sozialpolitische Haltung. Bei den Linksliberalen vermisst er das nationalpolitische Pathos, wohingegen er ihre demokratischen Ideale bejaht. Bleibt also nur der eigene Weg. Wenn es etwas gibt, das Wissenschaft und Politik für Weber verbindet, dann ist es das Einstehen für eine Überzeugung. Abgekartete Spielchen und faule Kompromisse sind seine Sache nicht.

Organisiert hat die Thüringer Tagung der Jenaer Verleger Eugen Diederichs. Dieser hat alles im Verlagsprogramm, was dem deutschen Kulturbürger schmeckt. An einen Sieg denkt zwar auch Diederichs schon lange nicht mehr. Aber er hegt noch immer die Hoffnung, dass bei diesem Krieg etwas Positives herauskommt, und sei es nur, dass es nach der Niederlage mehr geistiges Engagement in Deutschland geben wird als vor dem Krieg. Diederichs ist überzeugt von der gemeinschaftsstiftenden Kraft einer Kulturelite.

Und also hat er Gelehrte, Künstler, politische Schriftsteller, Lebensreformer und die Freideutsche Jugend eingeladen, auf dass diese miteinander über den Sinn der Gegenwart und die Aufgaben einer kommenden Zeit sprechen. Der Dichter Richard Dehmel ist ebenso zugegen wie der Bildhauer Hans Kröger, außerdem viele Professoren, darunter der Historiker Friedrich Meinecke und Werner Sombart, Webers Soziologen-Kollege. Aber auch junge Menschen wie der *März*-Redakteur Theodor Heuss oder der Dichter Ernst Toller haben den Weg nicht gescheut. Wann, wenn nicht jetzt!

Gerade die jüngeren Teilnehmer verlangen, reinen Tisch zu machen. Drei Jahre unerhörter Zerstörung haben nichts mehr übrig gelassen, an dem man sich moralisch noch aufrichten könnte. Stattdessen herrscht überall nur ohrenbetäubendes Schweigen. Vor allem diejenigen, von denen man sich ein erlösendes Wort am meisten erhofft, schweigen in diesen Tagen am lautesten. Von Gerhart Hauptmann beispielsweise, dem Dichter der *Weber,* der den Krieg einst verdammt und den Frieden gepriesen hatte, kein Wort.

Tagelang wird geredet und diskutiert auf Burg Lauenstein. Man trifft sich im Rittersaal oder im Hof. Die Zeit scheint stillzustehen über den Höhen des Frankenwaldes, die vorgaukeln, alles sei noch wie einst.

Dabei ist nichts mehr wie zuvor: Das Land, für das man zu sterben bereit gewesen ist, gibt es nicht mehr. Aus den Städten sind Heerlager geworden, aus Staatsbürgern Militäranwärter und aus dem deutschen Geistesleben eine Sache des verächtlichsten Opportunismus. Jeden Tag bringen die Zeitungen Nachrichten von neuen Toten, neuen Verwundeten.

Derweil haben die jüngeren Teilnehmer die Hoffnung auf einen unbedingten, unbestechlichen Geist noch nicht aufgegeben. Sie warten auf das Wort eines intellektuellen Führers, dem sie vertrauen können. Sie warten auf einen wie Max Weber.

*

Als Ernst Bloch nach zwei Jahren Arbeit in diesen Maitagen 1917 sein Werk *Geist der Utopie* zum Abschluss bringt, sieht er die Zeit für eine Revolution gekommen. »Wie nun? Es ist genug. Nun haben wir zu beginnen. In unsere Hände ist das Leben gegeben«, lauten die ersten Sätze, die das ganze Programm seiner Philosophie enthalten. Für Bloch steht fest: Eine Utopie geht nicht erst im Jenseits auf. Sie ist im Hier und Jetzt zu verwirklichen.

Blochs Überlegungen verstehen sich in der Nachfolge des dänischen Philosophen Søren Kierkegaard als Selbstbefragungen des menschlichen Daseins. Nur das Dasein, lehrt Kierkegaard, das Verantwortung für seine Lebensgeschichte übernimmt und sich konsequent zu dem macht, was es ist und sein soll, ist wahres Dasein. Ein starkes Bekenntnis zur Identität mit sich selbst.

Auch Bloch sieht das so, selbst wenn es mit einer schmerz-
lichen Einsicht verbunden ist: Manchmal, so scheint es, muss die
Welt erst durch die Katastrophe hindurch, durch ein Fegefeuer,
um zu einem neuen Anfang zu finden. Denn entsteht nicht eben
gerade daraus, aus der Not, sich entscheiden zu müssen, schließlich auch der Hunger, sich befreien zu wollen?

In Russland kann man augenblicklich jedenfalls gut beobachten, was es heißt, eine Wahl zu treffen: Tausende Fabrikarbeiter
sind in diesem Frühjahr mit roten Fahnen auf dem Newski-
Prospekt erschienen und haben Zar Nikolaus II. schließlich zur
Abdankung gezwungen. Und auch in Deutschland gibt es seit
Ostern mit der USPD einen neuen Zusammenschluss linker
Sozialdemokraten. Wenn die Arbeiter erst wieder aus den Schüt-
zengräben zurückkehren, wird es nach dem Frieden der Siegermächte schon noch einen echten Krieg und einen echten Sieg
geben. Die Monarchie hat abgewirtschaftet – in Deutschland wie
überall.

*

Webers Hauptkontrahent auf der Tagung ist Max Maurenbrecher. Der deutschnationale Politiker und Lebensreformer
propagiert die Sakralisierung des Staates und die Aristokra-
tisierung der Gesellschaft. Im Krieg sieht er eine Schickung
Gottes, im demokratischen Individualismus dagegen den Fluch
der Zeit. Maurenbrecher erhält viel Beifall – vor allem von den
Älteren.

Weber, dem alle Staatsromantik zuwider ist, attackiert Maurenbrecher und mit ihm die gesamte Professorenschaft, die vor
lauter Hirngespinsten die Wirklichkeit nicht mehr sehen will. Er
versucht, die Fahne des Parlamentarismus hochzuhalten, höher

denn je. Die zahllosen politischen Fehler des wilhelminischen Zeitalters stehen ihm klar vor Augen.

Das Deutsche Reich sei immer noch ein Obrigkeitsstaat, und das Volk habe keinen Einfluss auf die staatliche Willensbildung. Es sei notwendig, dass das preußische Klassenwahlrecht verschwinde, dass die Beamtenherrschaft beendet, die Regierung parlamentarisiert und die staatlichen Einrichtungen demokratisiert würden. Und noch während Weber seine Salven auf Maurenbrecher abfeuert, spürt er, wie die Jungen an seinen Lippen hängen. Sosehr er auch den Politiker und den Gelehrten in sich scharf zu unterscheiden weiß, für die Jugend bleibt er ein und derselbe Max Weber, ob er nun das eine Mal wissenschaftlich die Welt entzaubert oder das andere Mal mit dem Charisma seiner Person das Wort an sich reißt. Kein Faktenhuber, sondern ein Sinnhuber. Ein Gelehrter, der die Suche nach Wahrheit nicht als Hetzjagd nach Einfluss und Geltung versteht.

Und doch kann auch er der Jugend den Weg nicht weisen. Niemand kann das. Schwärmerei, die aus dem Alltag harter Kämpfe in das Jenseits falschen Pathos flüchtet, ist ihm, Weber, fremd. Er ist ein Lehrer, kein Führer. Er lehnt es ab, Meister und Prophet zu sein. Er ist ein Wissenschaftler, der Probleme nur aufzeigen, aber nicht lösen, der die innere Logik einer Weltanschauung nur darlegen, aber nicht ihrem Wert nach beurteilen kann. Darin glaubt Weber sein Handwerk zu verstehen. Der Katheder der Universität hat noch nie für eine Bergpredigt getaugt. Aber wohl zu keinem Zeitpunkt der Geschichte war es gefährlicher als heute, über den Sinn der Welt zu spekulieren, während auf den Schlachtfeldern draußen weiter der Krieg trommelt und täglich tausendfach gestorben wird. Der Prophet, nach dem sich in diesen unruhigen Zeiten so viele aus der jüngeren Generation sehnen, ist nicht da – und er wird auch nicht kommen. Nicht heute, nicht morgen. Es ist vielmehr ihrer aller Schicksal, in einer gottfremden, prophetenlosen Zeit zu leben.

Nur eines weiß Weber genau: Wenn dieser Krieg zu Ende ist, wird er Wilhelm II., Ihre Kaiserliche und Königliche Hoheit, so lange beleidigen, bis ihm der Prozess gemacht wird. Nur zu! Und dann sollen die verantwortlichen Politiker, die Bülows, Bethmann-Hollwegs, Tirpitze, und wie sie alle heißen, gezwungen werden, unter Eid auszusagen.

Paris 1922:
Das Abenteuer der Avantgarde

James Joyce und Marcel Proust besteigen
das Taxi in die Zukunft

Genauso wie das Leben zu kurz ist, um schlechte Bücher zu
lesen, ist es auch zu kostbar, um auf schlechte Abendgesellschaf-
ten zu gehen. Dass James Joyce sich dennoch hat überreden lassen, der Einladung von Sidney und Violet Schiff zu folgen, kann
er sich schon selbst nicht mehr erklären. Er bereut es sogar.

Die beiden britischen Kunstmäzene haben ihr Engagement
mal wieder auf die Spitze getrieben: Es geht um eine Opern-
premiere und ein anschließendes Diner im Pariser Hôtel Majestic, das dem Londoner Ritz an Glanz und Luxus in nichts nach-
steht. Und wie immer, wenn die Schiffs geladen haben, soll es
auch an diesem 18. Mai 1922 um ganz wichtige und bedeutende
Künstler gehen.

Wie sich die Zeiten geändert haben! Dabei ist der Krieg noch
gar nicht so lange her. Die Friedenskonferenz von Versailles liegt
erst drei Jahre zurück. Hier im Hôtel Majestic hatte sich damals
die britische Delegation einquartiert: Journalisten, die über die
Gänge flirren, auf der Suche nach Storys oder Interviews. Sekretä-
rinnen, die Papierstöße auf den Armen balancieren. Diplomaten,
die sich von der Lobby aus zu vertraulichen Gesprächen zurück-

ziehen. Geschäftsmänner, die nach einem schnellen Deal Ausschau halten. Und immer ist Vorsicht im Kontakt mit dem Hotelpersonal geboten: Man darf auf keinen Fall riskieren, dass sensible Informationen nach draußen an die Öffentlichkeit gelangen.

Keines dieser Gespenster spukt heute Abend mehr durch die Säle. Stattdessen: englische, amerikanische, indische Millionäre. Üppig gedeckte Tafeln, Kellner im Frack. Die funkelnden Kronleuchter bringen das Blingbling nur umso heller zum Scheinen. Es gibt russische Hors d'œuvres, Boeuf à la gelée, Poulets à la financière, Lobster à l'américaine. Von allem zu viel, es soll den Herrschaften und den hochverehrten Damen an nichts fehlen. Draußen die Avenue Kléber, vom Arc de Triomphe bis zum Trocadéro, dem etwas in die Jahre gekommenen Palais für die Weltausstellung von 1878. Paris, die Hauptstadt des neunzehnten Jahrhunderts, hat noch lange nicht vor, das Zepter abzugeben.

Joyce blickt in die Runde: Pablo Picasso ist da, Igor Strawinsky. Und Sergei Diaghilew, ihr umtriebiger Impresario. Er hat am Abend Strawinskys Ballett *Le Renard* auf die Bühne der Pariser Oper gebracht. Eine Burleske, in der sich akrobatischer Tanz und Gesang auf eine neue, bisher nie da gewesene Weise verbinden. Ungewöhnlich das Ganze, wie immer, wenn Strawinsky den Taktstock geführt hat. Er selbst nennt seine Technik zu komponieren »polytonal«: Mehrere Tonarten sollen sich überlagern. Über Diaghilew sind die Schiffs auch an Strawinsky und Picasso herangekommen: Strawinsky dirigiert schon etliche Jahre für ihn, und Picasso hat diverse Bühnenbilder für ihn angefertigt.

Diaghilew hat im Vorfeld weder Kosten noch Mühen gescheut, um für das Stück die Werbetrommel zu rühren. Er weiß, wie man ein Publikum erobert. Im *Figaro* ist an diesem Morgen ein Artikel erschienen, in dem Strawinsky, der Emigrant, seine

Der irische Homer: James Joyce schickt seinen Helden Leopold Bloom einen Tag lang durch Dublin. Sein *Ulysses* ist ein einziger Bewusstseinsfluss voller Untiefen und Stromschnellen.

Liebe zu Tschaikowski, dem russischen Nationalhelden und Melodienvirtuosen, bekundet. Tschaikowski sei es gelungen, russische und westeuropäische Einflüsse miteinander zu verbinden.

Genau das will auch Strawinsky. Er hat sein Leben lang Russisch gesprochen, er denkt auf Russisch, musiziert auf Russisch, russisch ist seine Art, sich auszudrücken. Und er hat nicht vor, daran etwas zu ändern. Mag Moskau ihn auch exkommunizieren. Es ist seine Art, sich gegen Lenins Zensurpolitik, gegen eine ideologisch konforme Kunst zu wehren. Wohin soll das eine wie das andere führen? Will man am Ende all die unliebsamen Geister, die Philosophen und Schriftsteller, die Künstler und Journalisten, mit einem Dampfer außer Landes schaffen?

Der heutige Abend ist dennoch ein Flop gewesen. Jedes Mal, wenn sich das Publikum gerade an Strawinskys neuen Stil gewöhnt hat, kommt er schon wieder mit einer neuen Idee um die Ecke. Und jedes Mal weiß das Publikum nicht recht, ob es die Arbeit nun für genial oder vollständig misslungen halten soll.

Die Ausschreitungen, die Pfiffe und Tumulte, die es bereits nach der Uraufführung von *Le sacre du printemps* 1913 im Théâtre des Champs-Élysées gegeben hat, sind längst zur Legende geworden.

Strawinsky will seiner Zeit voraus sein. Und dafür muss er sich von einem Trapez zum anderen schwingen. Er hasst das falsche Bewusstsein der Mittelmäßigkeit. Permanente Innovation, das ist es, wonach er strebt. Weder in der Vergangenheit noch in der Zukunft leben. Nur in der Gegenwart sein.

Wie Picasso. Der auch jetzt nicht eine Sekunde länger stillsitzen kann, eine Serviette nimmt und anfängt, mit wenigen Strichen Strawinsky zu zeichnen. Es gibt Menschen, Bewunderer, die sagen, Gott habe, als er sich am siebten Tag zur Ruhe setzen wollte, bemerkt, dass neben all den Werken, die er bereits vollendet hatte, noch immer eines fehlte – und Pablo Picasso erschaffen.

Nur er, Joyce, fühlt sich lustlos und unpässlich an diesem Abend. Viel zu spät und einigermaßen unsicher auf den Beinen ist er in die Runde hineingestolpert. Den Kopf auf die Hände gestützt, das Glas vor sich, schaut er ins Leere und sagt kein Wort. Dabei hätte er doch durchaus Grund zum Feiern.

Erst vor wenigen Monaten ist sein *Ulysses* erschienen. Pünktlich zu seinem vierzigsten Geburtstag, nach acht Jahren Arbeit. Ein Jahrhundertwerk, findet zumindest Joyce. Die gelehrte Klasse würde noch in Generationen darüber streiten, was er an Rätseln und Geheimnissen darin versteckt hat. Er wüsste es selbst nicht mehr zu sagen. Alles schließt sich hier zu einem einzigen Bewusstseinsstrom zusammen: ein Tag im Leben des Anzeigenwerbers Leopold Bloom, vierundzwanzig Stunden auf Tour durch Dublin, seine Heimatstadt. Ständig kreuzt jemand seinen Weg, rattern die Gedanken. Unablässig geht es hinunter, abwärts ins Halbdunkel des Bewusstseins mit seinen Untiefen und Stromschnellen. Jede Figur hat ihren eigenen Sound, ihren eigenen Rhythmus, ihr eigenes Tempo. Verborgene Gezeiten, die hin- und herschwappen. Eine unendliche Odyssee.

Immer wieder nickt Joyce kurz weg. So abrupt, dass er keine Zeit hat zu denken: Jetzt schlafe ich ein. Für einen Moment schnarcht er sogar leise vor sich hin, um dann mit einem Ruck hochzuschrecken. Die Runde am Tisch ist nämlich in Bewegung geraten. Eine kleine, elegante Gestalt in Schwarz mit weißen Glacéhandschuhen hat sich zu ihnen gesellt. Kurze Verbeugung nach allen Seiten: Gestatten Sie, Marcel Proust.

*

Da stehen sie also, die französischen Soldaten, die fünf Entstellten mit ihren Verbänden, ihren zerhauenen Visagen. In der mittleren Fensternische hat man sie platziert, direkt hinter dem Schreibtisch, an dem gleich die deutsche Delegation Platz nehmen und das ausgefertigte Vertragswerk unterzeichnen soll. Die Deutschen sollen den Atem dieser versehrten Männer im Nacken spüren. Sie sollen diesen Augenblick, diesen Tag nicht mehr vergessen.

Noch immer liegen in den Lazaretten des Landes unzählige verstümmelte Soldaten. Halb tot, halb lebendig. Noch immer wird an ihnen herumoperiert. Dreißig, vierzig Eingriffe sind mitunter nötig. Dem einen hat ein Granatsplitter den Unterkiefer zerrissen, dem anderen eine Kugel Nase und Augen zerfetzt. Fleisch, das im Gesicht fehlt, wird aus Armen und Oberschenkeln entnommen und zu künstlichen Kiefern, Lippen und Wangen geformt. Die plastische Chirurgie hat seit dem Ausbruch des Krieges eine erstaunliche Entwicklung genommen. Aber ein Gesicht ist ein Gesicht. Es steht für eine Person und ein Leben.

Und es ist durch nichts, durch keine chirurgische Meisterleistung zu ersetzen.

Schon die Anreise der Deutschen zu den Vorverhandlungen im Mai hat man so quälend wie möglich gestaltet. Die »Boches«, die »Dickschädel«, sollten sehen, welche Spuren der Krieg in Frankreich hinterlassen hat, all das unsägliche Leid. Rasend langsam, mit einer Geschwindigkeit von kaum mehr als fünfzehn Kilometern pro Stunde ließ man die Sonderzüge auf ihrer Route passieren. An jeder noch so kleinen Station machte man Halt. Bereits in Belgien, zwischen Aachen und Lüttich, waren die ersten Zeichen des Krieges zu sehen gewesen. Es waren zugleich die ältesten: ausgeweidete Dörfer, durch die der Krieg hindurchgegangen war, stumme Zeugen des Völkerrechtsbruchs vom 4. August 1914.

Weiter ging die Fahrt über den Grenzbahnhof Erquelinnes nach Le Cateau, wo im September 1918 der letzte große Durchbruch erfolgt war. Langsamer und immer langsamer wurde der Konvoi. Überall bot sich derselbe Anblick des Schreckens: nicht ein bewohnbares Haus, nur notdürftige, nach dem Waffenstillstand errichtete Wellblechbaracken. Manchmal, in der Ferne, ein Soldatenfriedhof mit Tausenden von Kreuzen. Und dazwischen, nachtschwarz, eine tief aufgewühlte Erde. Mondlandschaften, die der Grabenkrieg hinterlassen hatte. Alles verbrannt, vergast, verdorrt. Keine Bäume, keine Äcker. Nur ein Granattrichter neben dem anderen – und Steine, Steine, Steine.

Je weiter und tiefer die Züge ins Land vordrangen, desto häufiger und zahlreicher waren auch deutsche Kriegsgefangene entlang der Strecke zu sehen. Feldgraue Lumpen, die unter militärischer Bewachung schwere Aufräumarbeiten verrichteten. Man wollte ihnen vom Zug aus helfen, mit Essen, Apfelsinen,

Zeitungen. Man versuchte ihnen zuzuwerfen, was gerade an Bord war. Insgesamt vier Stunden dauerte der so von den Franzosen verordnete Spießrutenlauf. Es war nur ein Vorgeschmack auf das, was die Deutschen noch in Paris erwarten sollte.

So sah es also aus, das Antlitz des Krieges. Nicht stolz oder schön, sondern zusammengeflickt und bizarr. Wenn das die Badekur war, die Generalfeldmarschall Paul von Hindenburg seinen Landsleuten hatte verordnen wollen, dann soll die deutsche Delegation heute die Rechnung dafür bekommen. Hier, in Versailles, dem Ort, an dem die deutschen Fürsten vor bald einem halben Jahrhundert nach der Niederlage Frankreichs ihr Kaiserreich ausgerufen haben, sollen sie nun ihrerseits gedemütigt werden.

*

Schon von seinem Aussehen her gefällt Joyce der Bursche nicht. Proust macht einen aalglatten, schmierigen Eindruck und ist obendrein angetrunken. Er wirkt so, als habe er zufällig noch Licht im Fenster eines Freundes bemerkt und sei mal eben hochgekommen, um nachzuschauen, ob der noch wach ist.

Joyce hat bisher nur wenige Seiten Proust gelesen. Ein besonderes Talent vermag er nicht zu erkennen. Aber er kann sich auch irren, zumal er sich für einen schlechten Kritiker hält.

Und Proust? Proust ist einer der umschwärmtesten Künstler von Paris und zugleich der unnahbarste. Genau wie Joyce ist er inzwischen wählerisch geworden, wenn es darum geht, welche Einladungen er überhaupt noch annimmt. Vor allem gegen exklusive Gesellschaften im kleinen Kreis hegt er eine regelrechte Abneigung. Nichts amüsiert ihn weniger als das, was vor zwanzig Jahren vielleicht als erlesen gegolten hat. Lieber bleibt er zu Hause in seinem Bett, dicht am Kamin, eingehüllt in Decken, geschützt gegen die Feuchtigkeit und Kälte. Immer in Reichweite drei kleine Tische mit allem, was er für seine Arbeit braucht: Manuskript- und Notizhefte, ein Stoß Taschentücher, die Schachtel mit den Papieren zum Anzünden des Legras-Pulvers, die Brille, die Uhr.

Proust ist auf der Höhe seines Ruhms angekommen. Erst vor wenigen Wochen ist mit *Sodom und Gomorrha* ein weiterer Teil seiner ausschweifenden Romanfolge *Auf der Suche nach der verlorenen Zeit* erschienen. Überall sieht man Menschen mit dem Buch durch die Straßen laufen: Die Pariser lesen ihn, Proust, in der Métro, im Auto, im Zug, manch einer so versunken, dass er seine Station zum Aussteigen verpasst. Alle Welt ist vernarrt in die Herzogin von Guermantes, den Baron de Charlus, in Odette de Crécy und natürlich in Charles Swann.

Niemand vermag jedoch zu sagen, ob es sich bei den endlosen Kaskaden, den abenteuerlichen Erinnerungsschleifen, die Proust dreht, tatsächlich um einen Roman handelt. Oder ob man es nicht eher mit einer fiktiven Autobiografie, mit einem Memoir über die Belle Époque, einer Reise zurück in die glanzvolle, über und über mit Dekor und Samt geschmückte Zeit vor 1914 zu tun hat. Wo ist das alles nur geblieben? Und wie soll man davon erzählen?

Eines steht immerhin fest: Prousts Sätze folgen ihrer eigenen Logik. Wer einmal den Fächer der Erinnerung aufzuklappen begonnen hat, der findet immer neue Wege, neue Abzweige. Kein Bild genügt, um die Vergangenheit in eine Form zu bannen. Die Erinnerung geht vom Kleinen ins Kleinste, vom Kleinsten ins Winzigste. Denn erst dort, in den feingliedrigen Falten, sitzt das Eigentliche: jener Augenblick, jener Geschmack, jener Schauer. Um von der Wirklichkeit erzählen zu können, muss

Der letzte Dandy: Marcel Proust ist in Paris ein Star. Ob in der Métro, im Auto oder im Zug – überall versinken die Leute in seinem Roman *Auf der Suche nach der verlorenen Zeit.*

man einen weiten Weg in die Untiefen des Bewusstseins zurücklegen. Und Proust hat ihn mit seiner *Recherche* beschritten. Oft wird sein Werk mit dem von James Joyce verglichen. Meist zu Joyce' Nachteil.

Als Proust nach der Vorstellungsrunde zwischen Strawinsky und Joyce platziert wird, muss ein Gesprächsthema her. Gewiss bewundere er Beethoven, platzt es sogleich aus Proust heraus. Er und Strawinsky kennen sich. Auch Proust ist damals dabei gewesen, als im Théâtre des Champs-Élysées der riesige Tumult ausbrach; man hatte sich später beim Souper getroffen. Proust versucht jetzt Interesse zu zeigen. Dabei bereut er längst, der Einladung der Schiffs gefolgt zu sein. Warum ist er nicht einfach im Bett geblieben? Ununterbrochen tragen die Kellner Champagner herbei. Kaum ist ein Glas geleert, wird es schon wieder befüllt.

Strawinsky hasst Beethoven. Wie taktlos von diesem Franzosen, ihn ausgerechnet mit Beethoven zu belästigen. Auch dessen späte Sonaten und Quartette, auf die Proust nun zu sprechen kommt – alles furchtbar, noch schlechter als die anderen. Strawinsky versteht einfach nicht, was dieser Proust von ihm will. Schließlich ist das heute doch sein Abend, seine Premiere! Ein klarer Fall: nichts als literarische Pose.

Schließlich wendet sich Proust Joyce zu. Aber auch hier das Dilemma: Worüber reden? Über Literatur? Über das Essen? Über Graf Soundso? Die Situation ist unmöglich. Findet unübersehbar auch Joyce, der immer noch in den Seilen hängt. Prousts Tag fängt gerade erst an. Seiner geht zu Ende.

*

Die Staatschefs der Siegermächte, Woodrow Wilson, Georges Clemenceau, David Lloyd George und Vittorio Orlando, alle sind da. Dicht an dicht drängen sich die Diplomaten und Militärs, die Sachverständigen und Sekretäre, die Übersetzer, Schreib- und Bürokräfte, die Journalisten und Fotografen um den hufeisenförmigen Tisch in der Mitte. Der Vertrag liegt da, bereit zur Unterzeichnung.

Das Werk, auf das sich die Chefunterhändler verständigt haben, spricht eine klare Sprache: Entmilitarisierung des Rheinlands. Verlust aller Kolonien. Ablieferung der gesamten deutschen Handelsflotte. Ostpreußen durch einen Korridor vom Reich abgetrennt. Die Hoffnung, auf der Grundlage der vierzehn Punkte, die US-Präsident Wilson im Januar 1918 verkündet hatte, einen Friedensvertrag zu erreichen und ein neues internationales Forum zu errichten – diese Hoffnung hat sich auf deutscher Seite zerschlagen. Und dann gibt es noch den Artikel 231, der die Niederlage endgültig besiegelt: Das Deutsche Reich, so heißt es da, trage die alleinige Schuld am Krieg und habe für die entstandenen Schäden, Verluste und selbst noch die zu erwartenden Folgekosten aufzukommen. Es gibt kein Vergessen. Kein Pardon.

Als die deutsche Delegation durch einen Nebeneingang in die *Galerie des Glaces* geführt wird, wird es augenblicklich still im Saal. An der Decke prangt ein Gemälde, das Ludwig XIV. als siegreichen Feldherrn zeigt, flankiert von den römischen Göttern Mars und Minerva; Licht flutet in den Raum. Aber niemand von den Anwesenden hat in diesem Moment Augen für die Deckengestaltung, den prachtvollen Saal, die heiteren Sommerwolken, die in den insgesamt siebzehn Spiegeln vorüberziehen. Und auch André Cavalier, Pierre Richard, Eugène Hébert, Henri Agogué und Albert Jugon, den fünf Entstellten, schenkt nun niemand mehr Beachtung.

Alle Blicke sind stattdessen auf Hermann Müller und Johannes Bell gerichtet, die beiden deutschen Minister, die sich jetzt ihren Weg durch die Menge bahnen, bis vor zum Tisch. Erst zieht Müller seinen Füllfederhalter aus dem Etui, dann Bell, der in Ermangelung eines eigenen in letzter Sekunde einen Stift aus dem Hotel mitgenommen hat. Die bereitliegenden Schreibgeräte wollen sie nicht anrühren. Dreimal muss unterzeichnet werden: Friedensvertrag, Rheinlandabkommen, ein Zusatzprotokoll. Dann ist es vorbei.

Auf den Tag genau fünf Jahre nach dem tödlichen Attentat auf den österreichisch-ungarischen Thronfolger Franz Ferdinand in Sarajevo ist der Krieg nun auch offiziell beendet. Volksfeststimmung liegt in der Luft. Kanonenschüsse sind zu hören. Hupkonzerte. Paris kann es nicht fassen.

*

Man hat beschlossen, sich gemeinsam in ein Taxi zu zwängen: vorne Violet, hinten Sidney, Proust und Joyce. Joyce klagt über Kopfschmerzen, Proust über seinen Magen. Es wirkt fast so, als wollten sie einander mit ihren Wehklagen überbieten.

Joyce hat kaum etwas von Proust gelesen, Proust kein Wort von Joyce. Und nach dem heutigen Abend ist auch nicht zu erwarten, dass sich die beiden jemals näherkommen werden. Keiner, weder Proust noch Joyce, will vor den Augen des anderen in die Rolle des Kleineren schlüpfen. Beide sind es schließlich gewohnt, dass sich die Aufmerksamkeit allein um sie dreht.

Und dann geschieht es: Joyce kurbelt das Fenster runter und zündet sich eine Zigarette an. Gleichgültig, kalt. Ob er des Wahnsinns sei? Sidney fährt Joyce an, die Zigarette sofort wieder auszumachen und das Fenster zu schließen. Es ziehe entsetzlich. Proust sei Asthmatiker und werde sich noch den Tod holen.

Joyce schnipst die Zigarette raus. Funkenflug. Die Zigarette ist ins Taxi zurückgewirbelt worden. Nur: Wo ist sie hingefallen? Tumult. Joyce und Proust verrenken sich auf ihren Sitzen, um nach der brennenden Zigarette zu suchen. Ein Tanz, eine einstudierte Choreografie beginnt. Vielleicht hier? Nein, dort! Joyce beugt sich über Proust, Proust über Joyce. Fluchen. Da ist sie! Proust entdeckt den glühenden Punkt, genau hinter Joyce, und das riesige Brandloch auf dem Rücksitz.

In der Rue Hamelin 44 springt Proust aus dem Wagen. Hier wohnt er. Joyce ist nach dem kurzen Aufruhr auf der Rückbank sofort wieder eingenickt. Ein seliger Anblick.

Proust bezahlt das Taxi und bittet Sidney, Joyce sicher nach Hause zu bringen. Er und Violet wollen noch ein Gläschen Champagner trinken. Die Konversation des Abends fortsetzen. Und den Morgen über den Dächern von Paris erwarten.

Dresden 1937:
Die Lust am Absurden

Samuel Beckett und Caspar David Friedrich
glotzen den Mond an

Ein ungewöhnlich scharfer Wind bläst Samuel Beckett ins Gesicht, als er die Alte Akademie an diesem 31. Januar 1937 über die Brühlsche Terrasse hinunter Richtung Elbe verlässt. Ein Bild, das er eben in der Alten Akademie gesehen hat, will ihm nicht aus dem Kopf: *Zwei Männer in Betrachtung des Mondes* von Caspar David Friedrich. Auch wenn ihm die meisten Werke der deutschen Romantik viel zu gefühlig sind, dieses hat ihn merkwürdig berührt.

Seit Ende September 1936 ist Beckett in Deutschland unterwegs; er reist hierhin und dorthin. In Hamburg, Berlin und Weimar hat er bereits Station gemacht. Weitere Orte sollen folgen: Bis ins Frühjahr hinein plant er im Land zu bleiben. Er besucht Museen und Kinos, Theater und Galerien, streift durch Buchläden und über Friedhöfe, trifft Maler und Journalisten, lässt sich durch Galerien und Kunstsammlungen treiben. Er hat das Gefühl, ihm fehlt etwas.

Beckett sucht nach Zerstreuung, Inspiration. Eigentlich weiß er gerade nicht, wohin mit sich und der Welt. Wenn das Wort noch etwas bedeuten würde, könnte man von einer »Existenz-

135

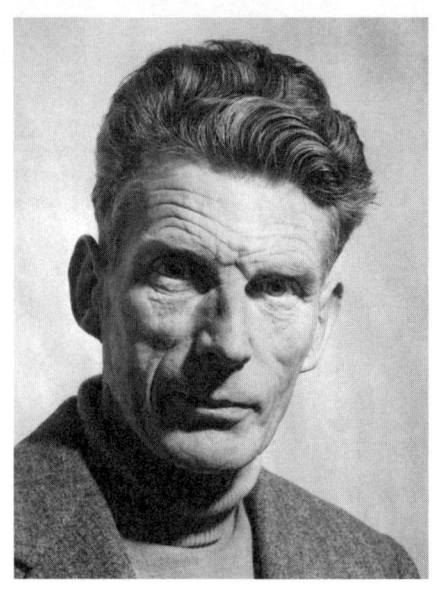

Spätzünder: Lange weiß Samuel Beckett
nicht, wohin mit sich und der Welt.
In Dresden entdeckt er 1937 allerdings
ein Bild, das ihm die Augen öffnet.

krise« sprechen. Beckett ist noch jung, erst dreißig Jahre alt –
und fühlt sich doch schon in einer Sackgasse. Für seinen zweiten
Roman *Murphy* hat er lange Zeit keinen Verleger gefunden. Nun
soll das Buch zwar im nächsten Jahr erscheinen, aber er ist immer noch frustriert. Was ihn umtreibt, ja rasend macht, ist die
Frage: Woher weiß ein Schriftsteller, bevor er weiß, dass er
Schriftsteller ist, dass er im Begriff steht, einer zu werden?

Als Beckett sich von Dublin aus nach Hamburg einschiffte,
waren die Olympischen Sommerspiele 1936 gerade erst zu Ende
gegangen. Mit einem enormen Aufwand waren sie zu einer Pro-
pagandaschau für das nationalsozialistische Deutschland geworden. Eine politische Inszenierung, wie man sie in der Geschichte des Sports noch nicht gekannt hatte. Seitdem ist das Klima im
Land rauer geworden. Noch rauer, als Beckett es auf seinen
mehrfachen Reisen nach Deutschland Anfang der Dreißiger-
jahre – er hatte eine Cousine in Kassel, in die er eine Weile verliebt war – bereits selbst erfahren hatte.

Und nun macht er also in Dresden Station, einer internationalen Kunststadt von Rang. Auch Caspar David Friedrich hatte hier an der Elbe zu seinem Stil als Künstler gefunden. Irgendetwas muss es doch sein, das ihn, Beckett, an dessen Mondbild so fasziniert.

*

Da stehen sie also und beglotzen den Mond – zwei Männer in altdeutscher Tracht. Die Nacht hat gerade begonnen. Die zarte Sichel des Mondes lässt dessen runde Silhouette erahnen. Die knorrigen Äste einer halb entwurzelten Eiche lehnen sich über einen steinigen Bergpfad. Dahinter ein Tal, Wald, Weite, Landschaft, Herbst.

Vertraut scheinen die beiden nächtlichen Wanderer miteinander zu sein. Als Rückenfiguren lenken sie den Blick des Betrachters hinauf zu den Gestirnen am Nachthimmel. Unterhalten sie sich? Der eine, wohl etwas jünger, hat die Hand auf die Schulter seines Begleiters gelegt.

Man könnte, findet Beckett, das Ganze für eine Theaterszene halten: Das Licht wird plötzlich schwächer. In kurzer Zeit wird es Nacht. Da geht der Mond im Hintergrund auf, steigt zum Himmel, bleibt stehen und verteilt seinen silbrigen Schein über die Bühne. Die beiden Gestalten halten gebannt inne, als ob sie auf etwas warteten. Aber worauf – oder auf wen?

Vielleicht ist es diese Leerstelle, die Beckett an dem Mondgemälde von Friedrich so erfüllend und inspirierend findet: Es gibt kein Entrinnen vor den Stunden, Tagen und Jahren. Und was man so gerne das Erreichte nennt, ist letztlich alles Enttäuschung, alles Illusion. Kein Bild, kein Ausdruck kommt an die Wahrheit heran. Immer bleibt etwas ungesagt. Das gilt nicht zuletzt auch für die Sprache selbst, für jeden Versuch, mit ihr die Welt zu erfassen.

Die womöglich einzige Chance, die der Literatur nach Becketts Meinung unter diesen Umständen noch bleibt, ist es, sich dieses Versagen einzugestehen. Und darüber zu lachen. Muss denn alles verstanden, muss denn alles immer mit Sinn überladen werden? Die Welt ist offenkundig absurd. Warum soll es der Kunst dabei anders gehen?

*

Seitdem die Sportler, die ausländischen Touristen und die internationale Presse abgereist sind, gibt es für die Nazis kulturpolitisch nach außen nichts mehr zu verbergen. In Berlin hatte Beckett vor verschlossenen Türen gestanden, als er Mitte Dezember 1936 das obere Stockwerk des Kronprinzenpalais mit Malereien und Plastiken deutscher Expressionisten besichtigen wollte. Schon im Mai des Jahres waren auf Anweisung der Gestapo Werke moderner Kunst konfisziert und im Heizungskeller des Hauses verbrannt worden. Stattdessen gab es nun eine »Sittenausstellung« in den unteren Geschossen zu besichtigen: de Chirico, Modigliani, Kokoschka, Feininger, die Treppe hoch Sintenis, Kollwitz und Corinth. »Säuberung« nennen die Nazis das: eine Abrechnung mit dem freien Geist der Weimarer Republik, ein Vernichtungsschlag gegen die klassische Moderne.

Man muss jedenfalls kein Hellseher sein, um zu erahnen, wohin die Kulturpolitik der vergangenen Wochen, Monate und Jahre führen wird: Schon bald werden alle Künstler, die dem Regime nicht passen, aus den Sammlungen verbannt sein. Jetzt bietet sich die wohl letzte Gelegenheit, ihre Werke zu sehen, bevor sie in den unterirdischen Magazinen der Museen verschwinden, zerstört oder für harte Devisen ins Ausland verkauft werden.

Genauso wie von Friedrich ist Beckett von den Werken der Expressionisten fasziniert. Wann immer er eines der hier und da noch in den Museen ausgestellten Bilder von Franz Marc oder Emil Nolde, von Ernst Ludwig Kirchner oder Karl Schmidt-Rottluff zu Gesicht bekommt, hat er den Eindruck, sie treffen ihn bis ins Mark. Als er etwa in der Hamburger Kunsthalle plötzlich vor Noldes *Christus und die Kinder* stand, sah er den strengen Ausdruck in den Mienen der Jünger, die nicht verstehen können, warum sich ihr Prophet zu den Kindern hinunterbeugt, die ihn scharenweise umringen. Christus ist bei Nolde nicht idealtypisch und schön, erhaben und edel dargestellt, sondern vor allem als ein leidender Mensch. Und in diesem Leiden, in dieser Angst vor dem Nichts erkennt Beckett sich wieder.

Gestern, am 30. Januar 1937, hat Beckett in seiner Pension Hitlers Regierungserklärung im Radio verfolgt. Nach der Ernennung zum Reichskanzler 1933 hatte Hitler versprochen, sich nach vier Jahren dem deutschen Volk zu stellen. Vier Jahre, dann solle das Land über ihn urteilen und richten. Vier Jahre, und man werde Deutschland nicht wiedererkennen. Und natürlich hatte Hitler nun vor dem versammelten Reichstag nur Erfolgsgeschichten zu vermelden, über die Wiederbelebung der Wirtschaft, über die Bändigung der Kultur und der Presse. Und natürlich beschloss man einstimmig, das Ermächtigungsgesetz um vier weitere Jahre zu verlängern. Vier weitere Jahre, in denen Hitler Verordnungen und Gesetze erlassen kann, wie es ihm passt. Zwei Stunden dauerte die Ansprache, es war unerträglich.

Die Deutschen selbst scheinen solche Pläne indes nicht zu stören. Im Gegenteil. Immer wieder ist Beckett auf seiner Reise mit Menschen ins Gespräch gekommen, die das neue deutsche Selbstbewusstsein entschieden begrüßen. In Hamburg hatte ein Pensionsgast Deutschlands Recht auf Kolonien verteidigt. In Leipzig wetterte ein Kellner gegen »die Juden«. Er, Beckett, versuchte jedes Mal, Einspruch zu erheben. Vergeblich. Gegen solche Jerrys ist kein Kraut gewachsen.

*

Wann immer ihm die Dinge über den Kopf wachsen und ihn das Gefühl der Ohnmacht packt, hat Beckett einen Satz parat, mit dem er sich gegen das Unheil rüstet. Die Redewendung, eine Art verbales Schulterzucken, stammt aus dem Märchen »Katze und Maus in Gesellschaft« der Gebrüder Grimm; er kann es auswendig, so oft hat er die Geschichte gelesen.

Eine Katze und eine Maus wollen zusammen in einer Wirtschaft leben. Deshalb sorgen sie – es sind kluge Tiere – auch für den Winter vor und beschaffen ein Töpfchen mit Fett, das sie unter dem Altar der Kirche verstecken. Dreimal verlässt die Katze die Maus, sagt, sie wolle einen Verwandten in der Stadt besuchen. In Wahrheit frisst sie sich jedes Mal satt an dem Fett, und als nun der Winter kommt und draußen im Schnee nichts mehr zu finden ist und die Maus zusammen mit der Katze zum Altar in der Kirche geht, wo sie noch immer das Fett vermutet, bemerkt sie endlich den Verrat. Aber da ist es schon zu spät. Die Katze macht einen langen Satz nach der Maus, verschlingt sie und sagt: »Siehst du, so geht's in der Welt.« Mehr nicht. Das ist das Ende des Märchens.

Erst neulich hat Beckett den Satz wieder verwendet, als ihm ein Buchhändler in Berlin erzählte, dass Thomas Mann, dessen Werke bis eben noch vorrätig waren, im Dezember die deutsche

Staatsangehörigkeit entzogen worden ist. Auch er steht nun auf der Verbotsliste Goebbels'. Genau wie sein Bruder Heinrich. Genau wie Bertolt Brecht, Stefan Zweig, Lion Feuchtwanger und so viele andere Schriftsteller, die ihr Dasein inzwischen im Exil fristen müssen.

»So it goes in the world.« Jacob und Wilhelm Grimm, diese unermüdlichen Sammler, haben etwas Entscheidendes von der Absurdität der menschlichen Existenz verstanden: Wer immer hinter den Dingen einen Sinn sucht, muss von allen Sinnen verlassen sein.

Als die Dämmerung über Dresden hereinbricht, flackern die Straßenlaternen auf. Beckett will noch ein wenig an der Elbe spazieren gehen, bevor es endgültig Nacht wird.

London 1938:
Die Eroberung des Unbewussten

Salvador Dalí und Sigmund Freud
durchleiden schlaflose Nächte

Wie lange hat er auf diesen Moment gewartet. Die Träume, das Unbewusste, die Sexualität, das Begehren: Das alles sind schließlich auch seine Themen. Unzählige Male hat er, Salvador Dalí, schon versucht, Sigmund Freud in Wien persönlich zu begegnen. Ohne Erfolg. Bis jetzt. Auf Vermittlung des Schriftstellers Stefan Zweig, eines gemeinsamen Bekannten, ist für den 20. Juli 1938 ein Treffen vereinbart worden. In London.

Freud ist mit seinen einundachtzig Jahren ein intellektueller Gigant. Nicht nur in Europa. Weltweit liest man die Schriften dieses großen und strengen Geistes, der mit seiner Erklärung und Beschreibung der menschlichen Seele weit über sein Fachgebiet, die Psychologie, hinaus eine geistige Revolution entfacht hat. Ohne Freud dächte, urteilte und fühlte das zwanzigste Jahrhundert enger, unfreier, ungerechter. Das beschwören nicht nur seine Anhänger.

Freuds zentrale Botschaft lautet: »Der Mensch ist nicht Herr im eigenen Haus.« Von außen bedrängen diesen nämlich die Erwartungen der Gesellschaft, das Recht und die Moral, das »Über-Ich«. Von innen droht wiederum die Welt der Triebe, das dunkle, unzugängliche Reich unserer Persönlichkeit, das »Es«, an die Oberfläche zu gelangen. Wie heißes, flüssiges Magma schießen die verdrängten Leidenschaften urplötzlich wieder in die Höhe und versengen alles in ihrer Nähe. Derart eingekesselt zwischen Außen und Innen, Unten und Oben, Gehorsam und Begehren, ist das Ich nur noch eine kleine Provinz von begrenzter Autonomie.

Als Freud um die Jahrhundertwende mit seiner neuartigen Psychoanalyse an die Öffentlichkeit tritt, ist dies ein Befreiungsschlag für diejenigen, die seit jeher keine Instanz über sich dulden wollen, die nichts als Verachtung für die Gesellschaft und ihre Moralvorstellungen übrighaben. Und zugleich ist es ein Angriff auf jene, die bislang bestimmt haben, an der sittlichen Ordnung könne und dürfe sich nichts ändern. Auf all die Professoren, Richter, Pastoren, Militärs und Pädagogen, die darum ihre Zeit ablaufen sehen.

Freuds Psychoanalyse ist eine Detektivkunst der menschlichen Seele. Bis dahin hatte man jedwede seelische Unregelmäßigkeit als eine Entartung der Nerven aufgefasst, als krankhafte Veränderung, als eine Abweichung von der Norm. Abhilfe konnten nur Skalpell und Lanzette schaffen; es gab nichts, von dem man nicht glaubte, es mit den Mitteln der Anatomie heilen zu können. Freud ist der Erste, der mit diesem mechanistischen Fehlschluss aufräumt: Wenn es nach ihm geht, kann man so lange am Gehirnapparat herumdoktern, wie man will – es wäre sinnlos. Seelenkrankheiten, so ist in vielen Fällen zu beobachten, resultieren nämlich aus inneren Erschütterungen, die sich bereits in der Kindheit ereignet haben. Man muss deshalb den Spuren folgen, die zu den Verletzungen jener frühen Jahre zurückführen. Und die Träume sind das Tor, durch das man dorthinab gelangt.

Wunderlicher Träumer: Salvador Dalí malt Bilder, wie man sie noch nie gesehen hat. Der Surrealismus, dem er als Galionsfigur vorsteht, ist eine einzige Feier des Traums.

Auch für Dalí ist nach der Begegnung mit Freuds Gedanken nichts mehr wie zuvor. Wenn er ehrlich ist, es ist die Hauptentdeckung seines Lebens. Dalí wäre nicht der internationale Kunststar geworden, der er mit seinen vierunddreißig Jahren inzwischen ist, hätte er sich nicht schon damals, Anfang der Zwanzigerjahre, als Student in Madrid in die Schriften Freuds vertieft und sich von dessen Theorie unbewusster Kräfte inspirieren lassen.

Man kann es an Dalís Bildern sehen: Wenn er malt, kommen die wunderlichsten Dinge heraus, zum Beispiel Uhren, die wie Butter zerfließen. Oder Elefanten, die auf Stelzenbeinen laufen. Der Surrealismus, dem Dalí als Galionsfigur vorsteht, will wie die Psychoanalyse Freuds in die Tiefen des Bewusstseins vorstoßen, zum Grund der menschlichen Kreativität. Was Freud in der Theorie kann, das kann er, Dalí, in der Kunst schon lange.

Dalí ist für alles gerüstet, als er nach London aufbricht. Er hat ein Bild mit im Gepäck, das er Freud unbedingt zeigen möchte.

Die Adresse lautet 39 Elsworthy Road, Hampstead. Dorthin ist Freud erst vor wenigen Wochen mit seiner Familie aus Österreich geflohen.

∗

Freuds Entschluss steht fest: Sie müssen raus, weg von hier. Wien steht kopf. Erst die Parade auf dem Heldenplatz, Abertausende Menschen, die sich nach ihrem neuen Führer verzehrten; dann die SA-Leute an der Tür, die seine Kunstsammlung beschlagnahmen wollten und nur durch Martha, seine Frau, mit 6000 Schilling beschwichtigt werden konnten – sie würden wiederkommen, kündigten die Männer an; und später meldete sich schließlich auch noch Martin, sein Sohn, mit der Nachricht, bewaffnete Männer seien bei ihm im Verlag aufgetaucht und hätten den Inhalt des Safes mitgenommen. »Finis Austriae«, hatte Freud bereits am Vorabend des Einmarsches in sein Journal notiert, als klar war, dass Hitler und seine Schergen es nach Wien geschafft hatten. Es ist das Ende Österreichs. Sein Ende.

Schon früh, gleich nach der Machtergreifung der Nazis, ist Freud gewarnt worden. Freunde, die sich schon damals Sorgen um ihn machten, hatten ihm geraten, er solle, solange noch Zeit sei, die Gelegenheit nutzen und mit seiner Familie und einigen seiner Patienten ein sicheres Land aufsuchen, England zum Beispiel. Freud dachte jedoch nicht daran, sich auf die Flucht zu begeben und Wien, seine Wohnung in der Berggasse, zu verlassen. Er war zu unbeweglich, auch wegen seiner Krebserkrankung, eine Diagnose, die er seit fünfzehn Jahren mit sich herumtrug. Und nun war es für eine Flucht schon beinahe zu spät.

Freud wollte nicht glauben, was sich in den letzten Wochen

Ein intellektueller Gigant: Sigmund Freud hat mit seiner Psychoanalyse das zwanzigste Jahrhundert von Grund auf verändert. Die Flucht vor den Nazis 1938 erscheint ihm wie ein böser Traum.

immer klarer abgezeichnet hatte. Dass das Hitler-Regime in Österreich einfallen würde. Er wollte nicht glauben, dass sich die Westmächte von den Deutschen so rigoros einschüchtern lassen würden. Dass das alte Europa, die freie Welt, von den Nazis erobert und unterdrückt werden könnte. Er wollte nicht glauben, dass eine Gefahr für ihn und die Seinen bestand. Unruhig war Freud im Zimmer auf und ab gestiefelt, hatte eine Zigarre nach der anderen geraucht.

Erst der Aufmarsch auf dem Heldenplatz vor wenigen Tagen hat ihn eines Besseren belehrt: Alles, jeder Platz, jeder Straßenzug, ist in einem Meer von schwarz-weiß-roten Fahnen ertrunken. Die Polizeikräfte haben schussbereit gestanden, das Gesicht der Menge zugewandt.

Siebzig Jahre in derselben Stadt, mehr als vierzig Jahre im selben Haus. Es hat Zeiten gegeben, da hat er mit Wien gehadert, es sogar aufrichtig gehasst. Aber sooft er die Borniertheit seiner Landsleute auch verflucht hat, in keiner anderen Stadt möchte

Freud beerdigt liegen als hier in Wien, auch jetzt noch, wo alles wie ein böser Traum scheint.

Sollen sie doch kommen, die Nazis, und ihn mitnehmen. Erschlagen zu werden ist auch eine Todesart. Nur für Anna, ihre Tochter, muss die Flucht sein. Freud hat die Hoffnung, dass sie noch viel für die Psychoanalyse erreichen kann. Wenn sie doch alle erst in Sicherheit wären und irgendwann auch einmal wieder Frieden in Europa herrschte.

*

Am liebsten hätte er Freud seine Bilder natürlich in einer Ausstellung präsentiert. Aber da Zweig und er wissen, dass Freud ungern oder gar nicht ausgeht, haben sie beschlossen, dass er, Dalí, das Werk mitbringt, um es ihm direkt vor Ort zu zeigen. Es heißt *Die Metamorphose des Narziss* und greift den griechischen Mythos des Jünglings auf, der sich in sein eigenes Spiegelbild verliebt.

Die Geschichte von Narziss ist schnell erzählt: Müde vom Eifer der Jagd lässt der Jüngling Narziss sich an einer Quelle nieder. Kein Vogel, kein Tier, kein Ast hat das Wasser je getrübt. Als Narziss sich über die Quelle beugt, um seinen Durst zu stillen, erblickt er im Wasser sein eigenes Spiegelbild, und da geschieht es: Kein Verlangen nach Ruhe, nach Schlaf kann Narziss je wieder davon abbringen, sich an sich selbst sattsehen zu wollen. Immer unwirscher wird er bei dem Versuch, den zu erhaschen, den er erblickt. Aber sooft er mit den Armen ausholt, der andere tut es ihm gleich. Irgendwann erkennt Narziss, dass er es selbst ist, da im Wasser, doch nicht einmal in diesem Moment gelingt es ihm, sich von seinem Spiegelbild zu befreien. Immer heftiger wird darum seine Verzweiflung, sein Sehnen. Narziss zerreißt sein Hemd, schlägt sich gegen die Brust, doch es hilft alles nichts. Er vergeht, innerlich wie äußerlich. Er weiß, es gibt einen Ausweg: Nur der Tod kann seinen Schmerz noch lindern. Zuletzt sinkt sein ermattetes Haupt ins Gras.

Dalí hat den Mythos in seinem Bild verarbeitet. Die eine Hälfte der Leinwand zeigt einen surrealistisch verfremdeten Narziss, wie er sich über sein Spiegelbild beugt; die andere Hälfte zeigt dieselbe Szene, nun sieht Narziss aber verwandelt aus – wie eine riesige Hand, die ein angeknackstes Ei umklammert, aus dem eine Narzissenblüte entspringt.

Dalís künstlerische Technik besteht darin, Verbindungen zwischen Dingen herzustellen, die sich mit dem bloßen Verstand nicht erkennen lassen. Optische Täuschungen und Mehrfachbilder sind eine Spezialität von ihm. Mit ihnen will er zum Ausdruck bringen, was er »kritische Paranoia« nennt: eine Methode, um von den ausgetretenen Pfaden der Rationalität abzuweichen, die Welt neu zu sehen. Die Verdoppelung von Figuren ist dabei ein imaginatives Spiel mit der Bedeutung der eigenen Existenz.

Als Freud das Bild in der Hand wägt, wird Dalí mulmig zumute. Vielleicht ist es doch ein Fehler gewesen, Freud zu besuchen und sich dem Urteil seines Übervaters zu stellen. Wenn Freud wüsste, wie viele Nächte er, Dalí, in den letzten Jahren seinetwegen wach gelegen hat. Sein Wunsch, Kontakt aufzunehmen, war irgendwann so groß geworden, dass er eines Tages sogar begann, imaginäre Gespräche mit Freud zu führen. Diese Wahnvorstellungen wiederum gingen einmal so weit, dass Dalí fantasierte, Freud wäre mit ihm aufs Zimmer im Hotel Sacher gekommen und hielte dort die langen, bauschigen Vorhänge mit Armen und Beinen umklammert. Wenn er, Dalí, nicht aufpasst, landet er am Ende selbst noch auf der Couch.

Die Vereinigten Staaten kommen für Freud als Exilland nicht infrage: zu geistlos. Frankreich scheidet für Martha und Anna aufgrund der Sprachbarriere aus. London, England dagegen ist ideal! Es gibt Verbindungen bis in die allerhöchsten diplomatischen Kreise, wichtig vor allem für die Visa-Frage. Auch sein englischer Verleger Leonard Woolf, Mann der berühmten Schriftstellerin Virginia Woolf, die es bisher immer abgelehnt hat, sich von ihm, Freud, analysieren zu lassen, lebt in der Hauptstadt des britischen Königreichs. Nun heißt es: Koffer packen. So schnell wie möglich weg von hier.

Die bequemste Art, um von Wien nach London zu gelangen, ist mit dem Orient-Express. Nie zuvor ist das Morgenland näher an das Abendland herangerückt. Der »König der Züge« verbindet nun schon seit 1883 Istanbul und Paris und gilt als luxuriösester Zug der Welt. Besonders der Speisewagen ist für seine Ausstattung berühmt: das Weiß der Tischtücher, die kunstvoll gefalteten Servietten, das Funkeln der Gläser, der Topas des Weißweins, der Rubin des Rotweins, das reine Kristall des Wassers in den Karaffen und die silbernen Helme der Champagnerflaschen. Kein Wunsch, der unerfüllt bleibt, während draußen die Landschaften, die Berge, Flüsse und Städte im Eiltempo vorüberziehen.

Am 4. Juni 1938 ist es schließlich so weit: Freud, seine Frau Martha, Tochter Anna, Chow-Chow-Hündin Lün, Haushälterin Paula Fichtl und Josefine Stross, seine Ärztin, verlassen die Berggasse 19, um Österreich den Rücken zu kehren. Und weil selbst ihre beiden Autos schon längst von den Nazis beschlagnahmt worden sind, müssen zwei Taxis her, um Familie und Gepäck zum Westbahnhof zu schaffen. Zwanzig schwere Koffer. Die

Möbel, die Antikensammlung, die Bibliothek und der berühmte Diwan, auf dem Freud seine Patienten behandelt hat, sollen per Schiff hinterherreisen. Sperrgut.

Als der Zug pünktlich um 15.14 Uhr unter dröhnend tiefem Schnaufen den Wiener Westbahnhof verlässt, will sich keine Erleichterung im Abteil einstellen. Bis zur Überquerung der deutsch-französischen Grenze bei Kehl am Rhein gilt es, wachsam zu bleiben.

*

Was hat Dalí denn erwartet? Zum ersten Mal und sehr spät im Leben erfährt Freud hier in London leibhaftig, was es heißt, ein internationaler Star zu sein. Selbst die Taxifahrer kennen schon seine Adresse: »Oh, it's Dr. Freud's place.« Überall in dem Haus stehen Blumenbouquets herum. Dazu kommt die Schar von Autografenjägern, die sich täglich einstellen, Narren, Verrückte und Fromme, die Traktate und Evangelien schicken und sich wer weiß was von ihrem Idol erhoffen. Und er, Dalí, muss sich eingestehen, dass er für Freud letztlich auch nur einer dieser Plagegeister ist.

Auch an dem Magazin, einem Mitbringsel, zeigt Freud keinerlei Interesse. Der Alte starrt ihn bloß mit leeren Augen an, ohne das Heft auch nur in die Hand zu nehmen, geschweige denn einen Blick in den Artikel zu werfen, den Dalí darin über die Paranoia verfasst hat. Dalí versucht noch, Freud die Schrift schmackhaft zu machen, indem er ihm erklärt, dass es sich nicht um eine der üblichen Abschweifungen handelt, sondern um einen Artikel mit aufrichtigen wissenschaftlichen Ambitionen. Irgendwann blättert er für Freud sogar zur betreffenden Seite, deutet mit dem Finger darauf und wiederholt mehrmals den

Titel des Artikels. Doch noch im selben Moment merkt er, wie sein inneres Feuer langsam, aber sicher von der Gleichmütigkeit Freuds erstickt wird.

Freud traut ihnen, den Surrealisten, nicht über den Weg, so viel ist klar geworden. Es beruht auf einem Vorbehalt, den Freud schon länger pflegt. Stefan Zweig hat ihm, Dalí, bereits davon erzählt, dass André Breton, der Anführer der Surrealisten, im Jahr 1921 eines Tages unangemeldet vor Freuds Tür erschien. Freud soll versucht haben, den ungebetenen Gast abzuwimmeln. Der beleidigte Breton fühlte sich daraufhin bemüßigt, einen Artikel zu verfassen, in dem er Freud als alten, rabiaten Mann in einer schäbigen, heruntergekommenen Praxis abstempelte. Die Spannung zwischen den beiden wurde nicht geringer, als Breton schließlich Freud sogar vorwarf, Teile seiner Traumtheorie von ihm geklaut zu haben. Spätestens da war der Eklat perfekt.

Dalí und die Surrealisten mögen Freud zum Schutzpatron erkoren haben. Freud jedoch will davon offenkundig nichts wissen. Vermutlich hält er sie allesamt für verrückt. Oder betrunken. Oder beides. Als Dalí sich von Freud verabschiedet, ist er sich plötzlich gar nicht mehr so sicher: Geschieht das gerade wirklich, oder träumt er das alles doch nur? Wie auch immer, wenigstens umarmt Freud diesmal keine Vorhänge.

*

Mit diesem Empfang hat er nicht gerechnet: Als der Zug um Punkt 10.12 Uhr in den Pariser Gare de l'Est einfährt, wartet bereits eine Schar von Journalisten und Fotografen auf dem Bahnsteig, um ihn, Freud, den Vater der Psychoanalyse, in der Freiheit zu begrüßen.

Grell leuchtet das Blitzlichtgewitter auf, als Martha, Anna,

Freud selbst und Hündin Lün die wenigen Stufen vom Waggon herabsteigen. Irgendwo in dem Gewimmel müssen auch Sohn Ernst und Neffe Harry, Marie Bonaparte, die Prinzessin von Griechenland und Dänemark, sowie der amerikanische Botschafter in Frankreich, William Bullitt, stecken, um sie offiziell in Empfang zu nehmen. Doch in dem heillosen Chaos sind sie zunächst nicht zu entdecken. Immer wieder werden Freud und die Seinen von Kameraobjektiven umringt, die ihnen den Weg versperren. Ihre Ankunft ist das Weltpresseereignis des Tages. Dabei ist Paris doch nur eine Zwischenstation. Schon am Abend soll die Reise weitergehen.

An Schlaf war während der neunzehnstündigen Fahrt nicht zu denken. Immer wieder kreisten Freuds Gedanken um die Berggasse, den Ort, an dem alles begonnen hatte. Er konnte sich wieder genau daran erinnern, wie er dort an seiner *Traumdeutung* gearbeitet hatte, dem ersten grundlegenden Werk der Psychoanalyse. Und obwohl das Buch, mit dem sich der Begriff der menschlichen Seele für immer verändern sollte – Träume galten jetzt als symbolisch verkleidete Wunscherfüllungen –, bereits im November des Jahres 1899 erschienen war, hatte Freud es damals auf den Beginn des neuen Jahrhunderts, 1900, vordatieren lassen. Das Erscheinungsdatum war als Ansage zu verstehen: als Abrechnung mit dem alten Zeitalter und zugleich als Aufbruch in eine neue Ära.

Den Tag werden sie auf dem Anwesen von Marie Bonaparte verbringen, der Urenkelin eines Bruders des französischen Generals und späteren Kaisers Napoleon I. Die Prinzessin ist selbst seit einigen Jahren als Psychoanalytikerin tätig. Sie hatte sich 1925 einer Behandlung durch Freud unterzogen, nachdem sie ein Leben lang unter Frigidität, sexueller Lustlosigkeit, gelitten hatte. Der Liebesakt war für sie nur eine Pflichtübung gewesen. Auch in ihrem Fall hatte sich Freuds These bestätigt, wonach die Ursachen in der Kindheit verborgen lagen. Seither forschte Marie Bonaparte selbst zur weiblichen Sexualität und setzte alles daran, die Werke von Freud ins Französische zu übertragen.

Bei der Prinzessin kann die österreichische Exilgesellschaft für einen Moment durchatmen und Kraft schöpfen, bevor die Reise in den späten Abendstunden weitergeht. Weiter Richtung London, Ankunft, 6. Juni 1938, 9.10 Uhr, Victoria Station. Wenn alles nach Plan läuft, wird der Nachtzug bereits kurz nach Mitternacht in Dunkerque im Bauch der Fähre verschwinden und in den frühen Morgenstunden, kurz nach Sonnenaufgang, mit Blick auf die weißen Kreidefelsen von Dover wieder an Land kriechen.

Freud weiß, dass ihre Flucht aus Nazi-Österreich ein Abschied für immer ist. Er ist zu alt, zu krank und zu schwach, um noch auf eine Rückkehr in die Heimat hoffen zu dürfen. So schnell wird sich die Gefahr, die von Hitler und seinen Allmachtsfantasien ausgeht, auch nicht bannen lassen. Und selbst wenn: Es wäre ein Irrtum zu glauben, man könne rückgängig machen, was gerade vor aller Augen in der Welt geschieht. Es werden Narben bleiben, tiefe Wunden. Was immer aus dem Schlummer der Jahrhunderte da geweckt worden ist, es fängt gerade erst an zu wüten.

*

So richtig schlau ist Dalí nicht aus dem geworden, was ihm der alte Mann mit auf den Weg gegeben hat. In der klassischen Kunst, meinte Freud, sei er stets auf der Suche nach dem Unbewussten. Seine, Dalís, Bilder, veranlassten ihn hingegen, eher

154

nach dem Bewussten zu suchen. So hört sich kein Lob an, schon gar nicht in den Ohren eines überzeugten Surrealisten. Dalí sieht darin nichts anderes als eine zwar überaus diplomatisch formulierte, aber nichtsdestoweniger vernichtende Kritik. Aber er kann es verschmerzen: Die Kunst ist der Theorie inzwischen offenbar weit vorausgeeilt.

Während des Besuchs in der Elsworthy Road hat Dalí auch eine Zeichnung angefertigt, die Freud im Profil zeigt. Hier die hohe Denkerstirn, die kleinen runden Brillengläser, da die hohlen, eingefallenen Wangen. Wenn man das Bild recht betrachtet, erinnert Freuds Kopf an eine Schnecke. Ja, an eines dieser Spiraltiere. Ganz anders als die Schädelform Raffaels, die achteckig wie eine Gemme war, oder jene Leonardos, die, wenn man genau hinsah, einer Nuss glich. Man kann jedenfalls nicht behaupten, dass Freud auf dem Bild gesund aussieht. Wie auch? Freud trug bei ihrem Treffen eine schwere Prothese im Mund. Er litt schon seit Jahren an Gaumenkrebs.

Je länger Dalí die Zeichnung jetzt in seinem Atelier betrachtet, desto mehr glaubt er, noch etwas anderes auf dem Bild erkennen zu können. Mit einem Mal wird ihm klar, was er da sieht: Der Tod steht Freud ins Gesicht geschrieben.

Basel 1949:
Der Mut zur Öffentlichkeit

Hannah Arendt und Karl Jaspers
stellen die Frage nach der Schuld

Es ist kaum zu glauben, aber sie ist doch wieder hier, in der Stadt, aus der sie vor siebzehn Jahren floh. Berlin, die ehemalige Hauptstadt des Deutschen Reiches, ist in diesem Februar 1950 nicht wiederzuerkennen: von Spandau bis Neukölln eine einzige Trümmerwüste. Ob Lützowufer, Potsdamer Platz, Leipziger Straße, Friedrichstraße oder Alexanderplatz: Nur die Namen der Straßen und Plätze sind noch geblieben. Wenige Menschen, ein ungeheuer weit ausgebreitetes Dorf. Am unheimlichsten kommen Hannah Arendt aber die Statuen der alten Siegesallee im verwüsteten Tiergarten vor – Gespenster auf leerem Feld.

Karlsbad, Genf, Paris, später New York. Das sind die Stationen auf Arendts Flucht aus Europa gewesen, nachdem die Nazis 1933 an die Macht gekommen waren und sie als Jüdin sich dazu verurteilt sah, das Land von einem Tag auf den anderen zu verlassen. Als »Flüchtling« will sie jedoch nach wie vor nicht bezeichnet werden. Niemand will das. Als solcher hatte bis dahin schließlich nur gegolten, wer aufgrund seiner Taten oder seiner politischen Anschauungen gezwungen war, anderswo Zuflucht zu suchen. Zwar hatten auch sie, die von den Nazis Verfolgten

157

und Entrechteten, in der Fremde Zuflucht suchen müssen. Aber sie hatten sich vorher ja gerade nichts zuschulden kommen lassen, und die meisten von ihnen hegten nicht einmal im Traum politische Ansichten, die man radikal finden konnte. Und doch sind sie seither Flüchtlinge, ob sie wollen oder nicht, jedenfalls keine »Neuankömmlinge« oder »Einwanderer« oder »Amerikaner deutscher Sprache«. Es ist besser, diese Realität anzuerkennen, als sie ständig zu leugnen.

Im Auftrag der Jewish Cultural Reconstruction Inc. ist Arendt bereits im November 1949 nach Europa gereist, um von den Nazis konfiszierte Bücher jüdischer Herkunft in deutschen Bibliotheken aufzuspüren und nach Amerika oder Israel zu bringen. Keine leichte Aufgabe: Infrage kommen Judaica und Hebraica aller Art, Bücher, Handschriften, Thorarollen, Zeremonialobjekte, ausnahmslos alle Kulturgüter, die aus den Ausweichlagern, aus Stollen, Schlössern und anderen Depots nach Kriegsende nach Deutschland zurückgeflossen oder aus den Beständen der alten Institute ohne jede Restitutionsabsicht übernommen worden sind. Es ist anzunehmen, dass sich jüdische Kulturschätze noch vielfach in den öffentlichen Sammlungen und Archiven befinden. Museumsleiter und Galeristen, Konservatoren und Bibliothekare, Archivare und Funktionäre: Sie alle sind daran beteiligt gewesen, jüdischen Kulturbesitz zu plündern und zu zerstören. Bisher sind nur Bruchteile der großen Sammlungen der einstigen jüdischen Gemeinden und wissenschaftlichen Einrichtungen an ihre rechtmäßigen Besitzer zurückgefallen. Wo es keine Erben mehr gibt, sollen die Bestände an Institutionen wie die Jewish National and University Library gehen, um im Sinne der ehemaligen Eigentümer der Kontinuität und Erneuerung des Judentums zu dienen.

Unbestechliche Denkerin: Nach siebzehn Jahren des Exils kehrt Hannah
Arendt nach Deutschland zurück.
Trotz der Ausflüchte vieler will sie
das Vertrauen in die Menschen
nicht aufgeben.

Wiesbaden, Frankfurt, Heidelberg – einige Stationen liegen
bereits hinter Arendt. Zeitweilig ist sie jeden Morgen in einer
anderen Stadt aufgewacht und hat Termine mit Ministern und
hohen Beamten bis spät in die Nacht hinein gehabt. Wo sie
jedoch auch hinkam, mit wem sie auch sprach: Überall dieselben
Reaktionen, dieselben Ausweichmanöver, dieselbe Gleichgültigkeit, mit der sich die Menschen durch die Trümmer bewegten
und einander Ansichtskarten von Kirchen und Marktplätzen
schrieben, die gar nicht mehr existierten.

Es ist erschreckend, wie schnell nach der Währungsreform
der Alltag in Deutschland zurückgekehrt ist. Während sich das
Land äußerlich wie innerlich bis zur Unkenntlichkeit verändert
hat, benehmen sich viele so, als ob seit 1932 nichts geschehen
wäre. Und sie suchen Ausflüchte. Einmal begegnete Arendt
einer Frau, die meinte, die Russen hätten mit einem Angriff auf
Danzig den Krieg begonnen – und das war nur das gröbste von

vielen Beispielen. Schwer zu sagen, ob es sich dabei um eine absichtliche Weigerung zu trauern handelte oder um echte Gefühlsunfähigkeit. Hoffnungsloser aber noch als die Ansichten jener Dame erscheint Arendt, dass viele Deutsche allen Ernstes glauben, dieses Misstrauen gegenüber den Fakten gehöre zum Wesen der Demokratie, dass jeder das Recht habe, auch erfundene Tatsachen in Meinungen zu verwandeln.

Nur die Berliner sind anders. Unverändert, großartig, menschlich, humorvoll, klug, blitzklug sogar. Vor allem mit ihrem Chauffeur, einem zwanzigjährigen Burschen, hat sie dicke Freundschaft geschlossen. Der Junge ist redselig und gibt am laufenden Band Kommentare von sich, während er sie von einem Termin zum nächsten kutschiert. Ganz Berliner Schnauze.

Als sie einmal an einem übermäßig großen Stalin-Plakat im Osten der Stadt vorbeikommen – »Ostzone, können Sie gleich erkennen, da hängt so viel Quatsch rum« –, sagt er, die Deutschen hätten ja schon mal 'nen großen Freund des Volkes gehabt, und das hier – Blick auf die Trümmer – habe der seinem geliebten Volk hinterlassen. Niemand, absolut niemand, den Arendt bisher in Deutschland getroffen hat, hat die Trümmer so direkt mit Hitler in Beziehung gebracht. Und als sie wenig später – ebenfalls im Ostteil der Stadt – an einer Filiale der Handelsorganisation vorbeifahren, vor der die Waren breit ausliegen, obwohl kein Mensch etwas kaufen kann, weil ja keiner das Geld hat, woher denn, legt der Bursche nach: Sehen Sie, das ist die Schande von Berlin! Man zeigt den Leuten alles, und dann können sie es nicht kaufen. Auch das erlebt Arendt auf ihrer Reise zum ersten Mal: dass jemand versteht, was für ein Skandal die blühenden Geschäfte in diesem Trümmerfeld sind.

Zwei Päckchen Zigaretten wollte Arendt dem Jungen an

jenem Abend geben, als sie erledigt vor ihrem Hotel aus dem Wagen stieg. Für die Überstunden. Gute Frau, da nicht für!

Auf ihrer Reise hat Arendt über die Weihnachtsfeiertage auch Station in Basel gemacht. Karl Jaspers, ihr einstiger Doktorvater, führt dort mit seiner Frau Gertrud inzwischen ein zurückgezogenes Leben. Mit seinem Traktat *Die Schuldfrage* hat Jaspers unmittelbar nach dem Krieg eine heftige Diskussion in Deutschland ausgelöst. Das Buch ging aus einer Vorlesung hervor, die er im Wintersemester 1945/46 an der Universität Heidelberg hielt – ausgerechnet, könnte man meinen, hatte die sich 1933 doch als erste Hochschule zur »nationalsozialistischen Universität« erklärt. Aus dem liberalen Geist von einst, der mit so bedeutenden Namen wie denen von Max Weber, Ernst Troeltsch und Karl Mannheim verbunden war, war damit über Nacht ein seelenloses Gespinst geworden.

Auch Jaspers hatte sich damals auf der Liste unter den unerwünschten Namen wiedergefunden, weil seine Frau aus einer jüdischen Familie stammte, und seinen Posten an der Universität schließlich räumen müssen. Erst war ihm das Lehren, dann auch das Publizieren verboten worden. Sooft ihn die Heidelberger Nazi-Größen auch anhielten, sich von seiner Frau scheiden zu lassen, um wieder ans Katheder zu dürfen, Jaspers blieb ihr treu. Bis zuletzt hatten Gertrud und er Gift bei sich getragen, in der ständigen Erwartung, »abgeholt« zu werden. Trotzdem war Jaspers in Deutschland geblieben. Es gab da eine Anhänglichkeit an Bevölkerung und Land, der er sich nicht entziehen konnte.

∗

Es ist noch immer dieselbe Alte Aula, in der Karl Jaspers spricht, auch wenn sich die Zeiten inzwischen geändert haben. Der Krieg mag vielleicht vorbei sein, aber die Aufarbeitung dessen, was in den letzten zwölf Jahren geschehen ist, hat gerade erst begonnen. »Die geistige Situation in Deutschland« heißt die Vorlesung, die er in diesem Wintersemester 1945 an der Universität Heidelberg hält. Der Hörsaal ist bis auf den letzten Platz gefüllt.

Als im Sommer 1945 überall in den Städten und Dörfern die Plakate mit den Bildern und Berichten aus Buchenwald, Dachau und Bergen-Belsen, aus Gardelegen, Nordhausen und Ohrdruf hingen, war das Entsetzen groß. In unübersehbar großen Lettern stand dort geschrieben: »Diese Schandtaten: Eure Schuld!« Es bedurfte keines Hinweises, wer hier sein Urteil verkündete. Es genügten die Bilder, auf denen die vergasten, verkohlten, ausgemergelten und wie Klafterholz aufgeschichteten Leichen aus den Lagern zu sehen waren. Die gesamte Welt, so schien es, erhob Anklage gegen die Deutschen. Mit ausgestrecktem Finger schrie sie: »Ihr seid mitverantwortlich für diese grausamen Verbrechen! Ihr habt ruhig zugesehen und es stillschweigend geduldet. Das ist Eure große Schuld.«

Karl Jaspers hält die moralische Kollektivverurteilung des deutschen Volkes freilich weder für politisch sonderlich klug noch für philosophisch einigermaßen haltbar. Man kann nicht ein ganzes Volk moralisch zur Rechenschaft ziehen. Moralisch beurteilen lassen sich immer nur die Handlungen eines Einzelnen, nie aber die einer Gruppe oder eines Kollektivs. Ein Volk kann demnach nicht schuldig oder unschuldig sein, nicht sittlich oder unsittlich gehandelt haben – das kann immer nur für jeweils Einzelne gelten.

Doch es geht Jaspers in seiner Vorlesung nicht darum, den Alliierten vom Katheder herab Ratschläge zu erteilen. Nichts läge ihm ferner. Wichtiger ist für ihn die Frage, wie sich die Deut-

Innerer Ankläger: Ausgerechnet an der Universität, die ihn einst hinausgeworfen hat, stellt Karl Jaspers 1945 die Frage nach der Schuld. Jeder ist aufgerufen, eine Antwort zu finden.

schen nun verhalten: Ob es ihnen gelingt, sich selbst kritisch zu durchleuchten. Nicht die »Anklage von außen« ist deshalb das Thema, über das er vor seinem Auditorium sprechen möchte. Darüber haben sie als Deutsche sowieso nicht zu befinden. Das ist Sache der Sieger und nicht der Besiegten. Was jetzt zählt, ist die »Anklage von innen«.

Jaspers ist einer der wenigen akademischen Lehrer, die sich dem Wagnis der Öffentlichkeit stellen und dafür von den alliierten Besatzungsmächten auch die Erlaubnis erhalten haben. Das geistige Orientierungsbedürfnis unter denen, die vor Kurzem noch an das Wort vom Endsieg glaubten, ist jedenfalls hoch. Es mangelt in diesem ersten Nachkriegswinter an vielem in Deutschland, vor allem aber am Miteinander-Reden und Aufeinander-Hören, an gedanklicher Beweglichkeit und an Kritikfähigkeit. So der Eindruck Jaspers'. Wahrheit, dieser hehre und in den vergangenen Jahren zuschanden gekommene Begriff, ist nicht durch vorschnelle Behauptungen zu erlangen, sondern nur in der methodischen Arbeit, im Prüfen und Abwägen und in der Besonnenheit der Vernunft zu erringen. Und deshalb hat er, Jaspers, sich auch sofort bereiterklärt, an die Universität zurückzukehren, die ihn nach der Gleichschaltung 1933 vor die Tür gesetzt hatte.

Jaspers sucht nach Worten der Verständigung, aber die Worte, die er in der Heidelberger Aula findet, sind nichtsdestotrotz eindeutig: Auch wenn man nicht ein ganzes Volk zur Rechenschaft ziehen kann, so ist doch letztlich niemand darunter ohne Schuld. Nur die Art und Weise, wie man schuldig geworden ist, unterscheidet sich. Kaum jemand ist freilich bereit, sich nach verlorenem Krieg samt Kapitulation, nach Gefangenschaft, Hunger und Entbehrung der Frage nach seiner Schuld zu stellen. Wenn Jaspers ins große Rund blickt, kommt es ihm manchmal vor, als rede er zu Gespenstern.

*

Arendt erinnert sich gern an die Weihnachtstage 1949 in Basel bei Jaspers: Wie gut es tat, in das Gespräch zurückzusinken, das scheinbar trotz allem keinen Moment zwischen ihnen aufgehört hatte. Sie konnten die Fäden sofort wieder aufnehmen. Und zu erzählen gab es nach all den Jahren, in denen sie, Arendt und Jaspers, sich nicht gesehen hatten, einiges.

An einem der Baseler Abende kamen sie auch auf Martin Heidegger, Arendts einstigen Lehrer in Marburg, zu sprechen. Jaspers hatte Heidegger das letzte Mal im Mai 1933 gesehen, als der unter dem Jubel der Studenten in Heidelberg einen Vortrag über die »Universität im neuen Reich« hielt. Seit ebendieses Reich untergegangen war, hatte Heidegger gekniffen und sich für seine politische Haltung weder entschuldigt noch eine Form von Reue gezeigt. Und obgleich Jaspers schon damals im hohlen Klang von Heideggers Sätzen eine bedrohliche Gewalt spürte, hatte er nicht aufhören können, ihn in Schutz zu nehmen. Er hatte gehofft, es würde nur eine Phase sein, die irgendwann vorbeigeht.

Arendt hatte Jaspers damals deutlich genug gesagt, wohin das alles führe, bevor sie das Land verließ. Er aber hatte die Gefahr unterschätzt und war dem Rat Platons gefolgt, in solchen Zeiten, in denen ein Unwetter auf den Einzelnen niedergeht, sich besser unterzustellen und bescheiden zurückzuziehen. Jaspers hatte die direkte Konfrontation mit Heidegger auch deshalb gescheut, weil er bis zuletzt an eine Erneuerung der Universität geglaubt hatte, an einen Ausweg aus der Mittelmäßigkeit, in die der Geist hinabgesunken war. Eine tiefe Melancholie hatte ihn in jenen Tagen gefangen gehalten, eine Traurigkeit, die seine Urteilskraft vernebelte, ihn lähmte und daran hinderte, etwas gegen Heidegger zu unternehmen.

Das alles stand ihm nun klar vor Augen, die Schuld, in die er verstrickt war. Aber auch Arendt musste an diesem Abend, als sie sich nach dem Essen – es gab irgendeinen Gemüseauflauf – zu einem Gläschen Orangenlikör zurückgezogen hatten, etwas loswerden, und so erzählte sie Jaspers von ihrer Affäre mit Heidegger, damals als Studentin in Marburg. Wozu noch schweigen? Und alles, was Jaspers nun darauf zu antworten wusste, war, dass er, Jaspers, sich keinen traurigeren Menschen als Heidegger vorstellen könne, der dort auf seiner Hütte im Schwarzwald sitze, allein, während sie, seine ehemaligen Freunde, hier zusammensäßen und ihn und seine Lügen durchschauten.

*

Wenn es um Schuld geht, unterscheidet Jaspers in seiner Vorlesung vier Arten: die kriminelle Schuld, die politische Schuld, die moralische Schuld und zuletzt die metaphysische Schuld. Während die kriminelle und die politische Schuld von außen – zum einen als Wille des Gesetzes, zum anderen als Wille der Siegermächte – herangetragen werden, erwachsen die moralische und die metaphysische Schuld aus dem Inneren des Menschen. Über strafbare Verbrechen kann der Richter entscheiden, über politische Haftung der Sieger, über moralische Schuld aber nur das eigene Gewissen, ganz zu schweigen von der metaphysischen Schuld, über die letztlich nur Gott sein allmächtiges Haupt wiegen darf.

Jaspers ist sich im Klaren darüber, dass seine Gedankengänge durchaus eine Gefahr in sich bergen. Jeder Versuch, die Schuld in Schubladen zu packen, kann als Einladung verstanden werden, sich von ebendieser Schuld zu befreien: Die kriminelle Schuld betrifft nur einige wenige und, wenn überhaupt, nur die Nazi-Oberen. Die politische Schuld ist vieldeutig und am Ende eine Frage von Macht. Und wenn die moralische Schuld nur eine Angelegenheit des eigenen Gewissens ist, so wird man mit dem eigenen Gewissen schon irgendwie fertig. Ganz zu schweigen von der metaphysischen Schuld, die ohnehin nur der spleenige Gedanke eines übergeschnappten Philosophen sein kann. Solcherlei Selbstentlastungen sind jedenfalls landauf und landab von den Deutschen zu hören.

Jaspers weiß das. Und doch hat er Vertrauen. Obgleich man ihn schon als »Landesverräter« beschimpft hat. Demut ist gefragt und eine rückhaltlose Prüfung des eigenen Gewissens: Wo habe ich falsch gehandelt, falsch gedacht, falsch gefühlt? Jeder ist aufgerufen, nach der eigenen moralischen Schuld zu fragen. Mag es auch eine Kollektivverurteilung nicht geben, so hat doch jeder Einzelne Schuld auf sich geladen. Insofern tragen alle gemeinsam die Haftung dafür, dass sie es zu 1933 haben kommen lassen. Dass sie gesehen haben, wie ihre jüdischen Mitbürgerinnen und Mitbürger geplündert, deportiert und ermordet wurden, und doch nicht laut dagegen protestierten, sondern den Mund hielten. Es ist ein radikaler Gedanke, den Jaspers gefasst hat, aber dennoch wahr: Wer immer es vorgezogen hat, am Leben zu bleiben – mit der schwachen, wenn auch zutreffenden Begründung, dass der eigene Tod nichts an der Situation als solcher geändert hätte –, hat eine moralische Schuld auf sich geladen.

*

Während sie in Berlin ist, hat Arendt auf ihrer Reise zum ersten Mal das Gefühl, nach Hause zu kommen. Sogar der ostpreußische Dialekt, den sie schon so lange nicht mehr gesprochen hat, kommt ihr, als sie ihn bei alten Freunden hört, wieder über die Lippen. Doch sosehr ihr die Stadt und ihre Menschen auch gefallen, die Arbeit geht nur schleppend voran.

Gerade in technisch-organisatorischer Hinsicht gestaltet sich die Restitution der jüdischen Kulturgüter schwieriger als gedacht. Keiner kann in der Kürze der Zeit in die große Menge an fraglichen Kisten hineinkriechen und nachsehen, ob sich darin wohl etwas Wertvolles verbirgt. Es handelt sich um eine Aufgabe von Jahren, wenn nicht gar Jahrzehnten. Hinzu kommt, dass kaum einer sinnvoll, geschweige denn verlässlich Auskunft erteilen kann. Viele ehemalige Angestellte der Institutionen sind nicht aus dem Krieg zurückgekommen. Von »cultural reconstruction«, einer Form der Rückgabe und des kulturellen Wiederaufbaus, kann unter diesen Bedingungen jedenfalls nicht die Rede sein.

Arendt weiß aber auch: Es gibt ein Misstrauen, das genauso blind ist wie blindes Vertrauen. Man kann sich auf den Standpunkt stellen, dass alle lügen, alle etwas verbergen und keiner guten Willens ist. Doch selbst wenn dem so wäre: Arendt kann und will nicht auch noch das letzte bisschen Vertrauen drangeben, das sie hat, denn ohne jedwedes Vertrauen auf das bereitwillige Entgegenkommen eines anderen Menschen wären nicht nur das gemeinsame Gespräch, sondern ausnahmslos alle zwischenmenschlichen Beziehungen am Ende. Es ergäbe dann schlicht keinen Sinn mehr, von Person und Moral, von Freiheit und Verantwortung zu sprechen. Wenn überall nur der Verdacht regierte, wäre alle Hoffnung verloren.

Sechs Tage wird Arendt in Berlin bleiben. Dann geht es zunächst zurück nach Wiesbaden, wo sich das Hauptquartier der JCR befindet. Viel Zeit bleibt Arendt nicht mehr für ihren Field Report. Schon Mitte März legt die *Queen Mary* aus dem französischen Cherbourg ab – ihr Rückfahrticket in die Vereinigten Staaten.

Zuvor möchte sie in Berlin aber auf keinen Fall das neue Stück von Bertolt Brecht verpassen, das seit seiner Deutschlandpremiere vor einem Jahr große Erfolge feiert: *Mutter Courage und ihre Kinder*. In Amerika hatte sie bereits die Inszenierung von Brechts *Leben des Galilei* mit Charles Laughton in der Hauptrolle gesehen – und war begeistert gewesen.

Arendt hatte Brecht schon in der Vergangenheit gegen Stimmen verteidigt, die in ihm nur den kommunistischen Kaderdichter erkennen wollten. Das war grober Unfug. Im Gegensatz zu vielen anderen seiner Generation hatte Brecht nie in den Chor des Mitleids eingestimmt. Brecht war rebellisch gegen die Tradition und konnte so herrlich zynisch sein. Gegen den Drive seiner

Dramen und frühen Balladen war alles andere irrelevant, bloße Literatur. Was für andere das Gefühl bedeutete, zu einer verlorenen Generation zu gehören, war laut Brecht viel allgemeiner und umfassender zu verstehen: als Leben in finsteren Zeiten.

Im letzten Jahr haben Brecht und seine Frau Helene Weigel angekündigt, ein eigenes Haus zu gründen, im Osten der Stadt, direkt am Schiffbauerdamm. Früher fuhr Brecht, der Autoliebhaber, einen Wagen, auf dem er vorne eine dreieckige Fahne aus grobem Leinen befestigt hatte. Darauf gedruckt: *Brecht*. Schon bald würde es ein Theaterhaus geben, auf dem der Name seiner Truppe prangte: das *Berliner Ensemble*. Arendt glaubt, dass es die größte kulturelle Leistung im Deutschland der Nachkriegszeit werden könnte. Ein wichtiger Aktivposten im Kampf um das kulturelle Klima im Land.

*

Ein Zurück zur Vergangenheit kann es nicht geben, so viel ist klar. Auch die Universität, das geistige Leben, steht in diesem Wintersemester 1945/46 vor einem Neubeginn. Einem seiner ehemaligen Schüler, Herrn Golo Mann, der gerade bei einer vom US-Militär verwalteten Radiostation arbeitet, hat Jaspers kürzlich seine Rede zur »Erneuerung der Universität« ins Gerät diktiert, die er auch bei der feierlichen Wiedereröffnung der Heidelberger Universität am 15. August 1945 gehalten hat. Der Sohn des Literaturnobelpreisträgers war plötzlich und unangemeldet vor der Tür gestanden. Tüchtiger Kerl!

Jaspers kennt noch die alte Heidelberger Universität, an der der berühmte Philosophiehistoriker Kuno Fischer seine gefürchteten Vorlesungen hielt. Nichts und niemand durfte den gelehrten Geist mit dem roten Baumwollschnupftuch stören. Als eines

Tages Straßenarbeiten vor der Villa des Herrn Ordinarius für Lärm sorgten, war es dem Meister zu viel. Er rief vom Balkon hinab, dass, wenn der Krach nicht sofort aufhöre, er, Kuno Fischer, in einer Stunde die Stadt verlasse. Für immer! Die Arbeiten wurden daraufhin eingestellt, verschoben, bis der Philosoph, der Stolz Heidelbergs, in die Ferien ging.

Solch professoraler Dünkel ist für Jaspers Geschichte. Die Universität muss sich neu erfinden, politisch werden. Nichts erschiene ihm fataler, als am Alten kleben zu bleiben, noch einmal dem Pathos zu verfallen, wonach nun alles endlich gut und herrlich werde und die Menschheit einer vortrefflichen Zukunft entgegensehe. Die alte Welt, der auch er sich innerlich zugehörig fühlt, die Welt der Überlieferung, ist vergangen. Sie ist so gründlich vergangen, dass ein vor kaum mehr als hundert Jahren verstorbener Goethe inzwischen dem antiken Dichter Homer näher zu stehen scheint als einem heutigen Schriftsteller wie Thomas Mann. Die Geschichte, die sich mit Goethes Namen verbindet, der Glaube an den Adel des Menschen, klingt nur noch wie ein Märchen aus fernen Zeiten.

Man muss nur nach Weimar und Frankfurt schauen: Die Goethe-Häuser liegen hier wie dort in Schutt und Asche. Ob der nun öffentlich diskutierte Wiederaufbau des Frankfurter Goethe-Hauses eine angemessene Reaktion auf die Zäsur sein kann? Jaspers hegt da seine Zweifel. Zwar war das Inventar – wie auch in Weimar – rechtzeitig ausgelagert und so in Sicherheit gebracht worden, aber das neue Haus wird nun einmal nicht mehr das alte sein, auch wenn die Tapeten und Stuckaturen, die Schnitzereien und Raumfluchten wieder erkennbar sind und die wundersame Hüsgen-Uhr im Vorsaal zur zweiten Etage wieder schlägt.

Immerhin: Man spricht und debattiert wieder miteinander.

Und das ist doch ein Anfang. Die politische Freiheit hat in Deutschland nur dann eine Chance, wenn das, was passiert ist, gründlich durchleuchtet wird.

*

Arendt ist glücklich, endlich wieder zurück in den Staaten zu sein. Die Tage an Deck der *Queen Mary:* Zeit zum Relaxen. Noch immer spuken ihr die Bilder aus Deutschland im Kopf herum. Was sie auch weiterhin nicht begreifen will, ist vor allem diese Gleichgültigkeit, die sie beobachtet hat. Diese strikte, ja brutale Weigerung, sich dem tatsächlich Geschehenen zu stellen. Es ist die Dummheit der Menschen, die Arendt rasend macht.

Noch vor ihrer Reise nach Europa hat Arendt ein Buch abgeschlossen, an dem sie unmittelbar nach dem Zweiten Weltkrieg zu arbeiten begann. Damals, als nach all den Jahren des Aufruhrs und des Grauens endlich ein wenig Ruhe einkehrte, vermochte sie zum ersten Mal die Fragen zu artikulieren und auszuloten, die sie schon lange begleitet hatten: Was war da eigentlich geschehen? Warum war es geschehen? Wie konnte es geschehen? Die Arbeit, die, wenn alles gut läuft, bereits im kommenden Jahr in englischer Sprache erscheint, soll nicht nur ein Werk über die Ursprünge des Nationalsozialismus sein, sondern zugleich eine Geschichte und Theorie des Totalitarismus enthalten. Es geht darin also um die Voraussetzungen, welche die totale Herrschaft in Nazideutschland und in der Sowjetunion möglich gemacht haben. *Elemente und Ursprünge totaler Herrschaft* soll die Studie heißen.

Wann immer Arendt ins Denken gerät, will sie keine Vorschläge machen und schon gar kein politisches Programm unterbreiten. Ihr Anspruch ist bescheidener – und zielt zugleich auf mehr. Arendt traut den Menschen, ihren Zeitgenossen, etwas zu und will sie zum eigenständigen politischen Urteilen befähigen. Nicht anders, als Kant es mit dem Wahlspruch der Aufklärung *sapere aude* getan hat, will auch Arendt die Art des Denkens verändern. Die Menschen sollen wieder in die Lage versetzt werden, das um sie herum wirbelnde Chaos der Meinungen, das Wirrsal der Glaubenssätze selbst zu durchschauen. Für Arendt besitzt der Gedanke, dass irgendetwas so oder so kommen *musste,* keine Gültigkeit. Es gibt vielmehr immer eine Alternative, und diese Alternative heißt: Urteile selbst! Der Berliner Taxi-Junge hat dieses Geschäft glänzend beherrscht.

Arendt ist geschafft, ziemlich sogar. Die Reise nach Europa war aufreibend. Wenn der Field Report fertig ist, könnte sie Ferien brauchen, eine Auszeit, weg von allem. In Berlin hat man ihr angeboten, ein Semester an der Hochschule für Politik zu lehren. Ernst Tillich, der Neffe des Theologen Paul Tillich, der zu ihrem engsten New Yorker Freundeskreis gehört, hatte sie mit ins Seminar genommen. Und als Arendt sagte, well, warum nicht, das könne man sich überlegen, man wisse nie, kam eine halbe Stunde später schon, höchst amtlich, das Angebot einer regulären Professur. So gut hatte sie Tillichs Studenten offenbar gefallen, dass diese sie gar nicht mehr nach Amerika zurückgehen lassen wollten.

Doch so einfach ist es nicht. Sosehr sie Berlin und die Berliner liebt – eine dauerhafte Rückkehr nach Deutschland ist für Arendt ausgeschlossen.

West-Berlin 1955:
Die Macht der Medien

Gottfried Benn und Theodor W. Adorno
gehen auf Sendung

Dafür, dass ihm die Radiosache nicht liegt, ist Gottfried Benn schon ziemlich oft auf Sendung gegangen. Nicht nur zahlt der Rundfunk ein anständiges Honorar, das sich im Vergleich zum Salär für den Abdruck eines Gedichts schon fast wie eine Stargage ausnimmt. Man erreicht auch ein größeres Publikum. Die Resonanz, die man für einen Auftritt in einer Radiosendung bekommt, ist enorm. Und das schmeichelt Benn.

Heute, an diesem 14. November 1955, hat ihn ein Brief von Theodor W. Adorno erreicht, in dem der Frankfurter Philosoph vorschlägt, man könne sich doch für ein Streitgespräch im Süddeutschen Rundfunk verabreden. »Über engagierte und reine Kunst« solle das Thema lauten. Langweilig, einfallslos, findet Benn. Schon hundertmal durchgekaut. Abgesehen davon hat er als überzeugter Vertreter einer reinen Kunst überhaupt kein Interesse, sich mit dem, was da als »engagierte Kunst« firmiert, zu beschäftigen. Benn hält es lieber mit einem Wort des französischen Impressionisten Edgar Degas: *Il faut décourager les arts.* Aktivismus und Kunst, das geht nicht zusammen.

Natürlich hat er, Benn, die Schriften Adornos studiert. Vor

Unverbesserlicher Modernist: In früheren Zeiten galt Gottfried Benn als einer der größten Expressionisten. Nach seinem Engagement für das Hitler-Regime versucht er in der Adenauer-Zeit wieder ins Rampenlicht zu kommen.

allem dessen Aufsatz »Der Artist als Statthalter« über Paul Valéry und Degas hat ihm – er muss es gestehen – nicht nur gefallen, sondern ihn geradezu überwältigt. Ein Satz darin ist Benn unvergesslich geblieben, und dieser Satz lautet: »Der Vollmensch stirbt aus.« Ganz seine Meinung. Der ungeteilte Mensch, wie ihn die großen Denker der Antike, Platon und Aristoteles, noch kannten, ist in der heutigen Zeit zerrissen, von sich selbst entfremdet und zu einem austauschbaren Zahnrad im Getriebe der Routinen degradiert worden. Da saß er nun, der moderne Mensch, im Büro und fristete sein Angestelltendasein bis ans Ende aller Tage.

Darüber ließe sich ein Gespräch zustande bringen, das wäre ein Thema, bei dem ein Avantgardist wie er zur Höchstform auflaufen könnte. Dafür braucht es Haltung, es braucht Größe.

Stattdessen hat er erst kürzlich mit Heinrich Böll und Reinhold Schneider, seinen beiden Schriftstellerkollegen, im Funkhaus des WDR in Köln über die Frage diskutiert: »Soll die Dichtung das Leben bessern?« Mein Gott, wie banal muss alles immer sein!

✳

Vielen Hörern gilt der Philosoph Theodor W. Adorno als Radiovirtuose. Hier will ein Satz auch nach drei Nebensätzen noch kein Ende nehmen, da wird das Reflexivpronomen nachgestellt, typisch mal wieder, und dann darf eine Rinderkraftbrühe – auch übers Essen philosophiert er gerne – keine einfache, klare Rinderkraftbrühe sein, nein, sie heißt *Consommé*. Es vergeht wirklich keine Woche, in der man im Rundfunk nicht dem gespreizten Ton des Herrn Professor Adorno begegnet, der seine Sätze druckreif ins Mikrofon diktiert.

Das Radio ist für Adorno nicht irgendein Medium. Kein Intellektueller oder Schriftsteller ist so häufig im Rundfunk zu hören wie der führende Kopf vom Frankfurter Institut für Sozialforschung, der als einer der schärfsten Kritiker der restaurativen Adenauer-Politik gilt. Ob als Redner oder Diskutant: Adorno nutzt jede Gelegenheit im Rundfunk, die sich ihm bietet, um mit dem von ihm so entschieden propagierten kritischen Denken auch die demokratische Kultur in Deutschland zu hinterfragen. Deshalb ist er aus dem amerikanischen Exil doch zurückgekommen. Adorno will mitanpacken beim intellektuellen Wiederaufbau des Landes. Der Rundfunk kommt da wie gerufen: Während man im Hörsaal allenfalls einige Hundert Zuhörer erreicht, können es im Radio schon mal einige Zehntausend sein. Je mehr, desto besser: Der geistige Nachholbedarf ist schließlich gewaltig.

So, wie Adorno die Sache sieht, fehlt es einer demokratischen Kultur in Deutschland im Grunde an allem. Soweit sie vorhanden ist, dient sie nur dem Zweck, die unsagbaren Verbrechen, die sich zwischen 1933 und 1945 ereignet haben, zu vertuschen. Denn auch heute, zehn Jahre nach Kriegsende, lassen sich noch immer Überbleibsel des Nationalsozialismus in der jungen Demokratie finden. Richter, Professoren, ranghohe Politiker – überall haben sich die alten Eliten neue lukrative Posten verschafft. Nach dem Früher hat schon bald niemand mehr gefragt. Man war froh genug, dass es wieder voranging. Ob die repräsentative Demokratie in Deutschland deshalb mehr als eine importierte Staatsform ist, die man akzeptiert, weil sie wirtschaftlichen Wohlstand verspricht, muss sich in der Zukunft erst noch zeigen. Zumindest er, Adorno, hegt noch erhebliche Zweifel daran, dass die Menschen hierzulande die Demokratie als ihre eigene Aufgabe begreifen.

Es ist deshalb kein Zufall gewesen, dass Adorno seinen ersten Radiobeitrag für den Hessischen Rundfunk 1950 unter den Titel »Auferstehung der Kultur in Deutschland« stellte. Seine Ausführungen gipfelten damals in der Behauptung, die Bildung im Nachkriegsdeutschland habe bisher ausschließlich die Funktion erfüllt, »das geschehene Grauen und die eigene Verantwortung vergessen zu machen und zu verdrängen«. Die Vergangenheit aufzuarbeiten heißt für Adorno damals wie heute, immer wieder auf jenes »Leiden« zu stoßen, das sich überhaupt nicht in Worte fassen lässt. Wer über die Vergangenheit spricht, darf über den unbewältigten Rest nicht schweigen. Gerade geschwiegen wird in Deutschland aber lautstark und selbstzufrieden. Und damit muss Schluss sein!

Die Botschaft, die Adorno im Rundfunk verbreitet, ist jeden-

Sturer Aufklärer: Theodor W. Adorno unterzieht das abendländische Denken einer Fundamentalkritik. Es bedarf nach der moralischen Katastrophe von Auschwitz nicht weniger, sondern mehr Aufklärung.

falls klar: Die Vergangenheit darf nicht beschwiegen, sie muss aufgearbeitet werden. Dem vielfach zu beobachtenden Bedürfnis, einen Schlussstrich unter die Vergangenheit zu ziehen, erteilt er eine Absage. Von einer historischen »Stunde null«, einem Neuanfang, kann folglich auch keine Rede sein. Adorno wird nicht aufhören, den Finger immer wieder in die Wunde zu legen.

Vielleicht rührt daher auch seine Idee, gerade Gottfried Benn, der sich gewiss nicht um den Widerstand gegen das Hitler-Regime verdient gemacht hat, um ein Streitgespräch im Radio zu bitten. Es war im letzten Sommer, als sie beide sich auf den Hochschulwochen für staatswissenschaftliche Fortbildung in Bad Wildungen zum ersten Mal begegnet sind. Benn sprach dort über die »Probleme der Lyrik«, eine Neuauflage eines Vortrags von 1951, den er seinerzeit vor Professoren und Studenten an der Universität Marburg gehalten hatte; Adorno selbst war mit einem Referat »Zur Einführung in die neue Musik« angerückt. Adorno mischte sich unter die Zuhörer und folgte den kühlen, nüchternen Worten, mit denen Benn das »Gemachtsein« von Gedichten sezierte. Und auch wenn Benn es nicht für nötig hielt, zu Adornos eigenem Vortrag am nächsten Tag zu erscheinen, war er, Adorno, schwer begeistert von diesem unverbesserlichen Modernisten.

Nun also hat Adorno Alfred Andersch vom Süddeutschen Rundfunk und dessen Kollegen, den jungen Dichter Hans Magnus Enzensberger, darauf angesetzt, ein Wortgefecht zu arrangieren. Es soll eine der ungewöhnlichsten intellektuellen Begegnungen der jüngeren Radiogeschichte werden und ihr kurzes Tête-à-Tête in Bad Wildungen wiederaufgreifen: Der größte deutsche Lyriker trifft den größten deutschen Denker. Streiten – das ist für eine junge, noch unerfahrene Demokratie doch ein Anfang.

∗

Benn hängt der Geruch des Außenseiters, des politisch Zweideutigen an, und er weiß, er wird ihn bis an sein Lebensende nicht mehr loswerden. Daran können auch das Bundesverdienstkreuz 1. Klasse, das ihm 1952 verliehen worden ist, sowie der Georg-Büchner-Preis im Jahr zuvor nichts ändern. Nach den Jahren des Publikationsverbots unter den Nazis stand und steht es auch in der jungen Bundesrepublik nicht gut um seine Person.

Seine Rundfunkreden von 1933 – »Der neue Staat und die Intellektuellen«, »Antwort an die literarischen Emigranten« und »Zucht und Zukunft« – sind den literarischen Kreisen in Erinnerung geblieben. Gerade Thomas Mann war es, der Benn namentlich einen jener Intellektuellen genannt hatte, die sich vor der Geschichte prostituierten. Zumindest stand es so in den Tagebuchauszügen, die der *Sonntag* vor einigen Jahren publiziert hatte. Benns Name tauchte dort in einer Reihe mit denen von Eduard Spranger, Alfred Bäumler, Rudolf Bindig und Hanns Johst auf – allesamt Schriftsteller, Intellektuelle und Philosophen, die Hitler geistig den Weg bereitet hatten, eine Nachbarschaft, aus der Benn unbedingt austreten wollte.

Benn steht unter Zugzwang. Während sich die einen fragen, warum er nicht endlich Ruhe gibt oder zumindest reif und milde wird, wie es sich für seine bald siebzig Jahre ziemt, halten ihn die anderen für senil: in seiner Jugend, damals, als er mit seinem Debüt *Morgue* im Berliner Westen für einiges Aufsehen gesorgt hatte, vielleicht ganz interessant, heute jedoch eine Karikatur seiner selbst, ein Dichter von gestern, der nicht den Anstand aufbringt zu schweigen.

So unliebsam ihm das Gewese um diese Radiosache mit dem Herrn Professor Adorno ist, Benn könnte, wenn er klug ist, Kapital daraus schlagen. Angesichts der Gefahr, gegenüber Emigranten wie Heinrich und Thomas Mann, Anna Seghers und Alfred Döblin, die nach Jahren des Exils nach Europa zurückgekehrt sind, ins Hintertreffen zu geraten, bietet jeder Auftritt eine Chance, Glaubwürdigkeit zurückzuerlangen. Auch wenn der Rundfunk etwas Vulgäres an sich hat, allenfalls tauglich für seichte Abendunterhaltung, und auch wenn die Masse der Hörer für Literatur nicht reif ist, könnte das Streitgespräch mit Adorno ihm vielleicht doch zu etwas nütze sein.

Benn will den Brief von Adorno fürs Erste noch unbeantwortet lassen. Er muss nachdenken, wie am besten in der Sache zu verfahren sei, schließlich ist Adorno nicht irgendwer. Da will eine Reaktion, auch eine Absage, gut überlegt sein. Für heute ist die Schreibarbeit jedenfalls getan, Zeit, das Haus zu verlassen. Hut, Mantel, Schal. Man kann nicht warm genug eingepackt sein, jetzt im November. Wohl eine alte Angewohnheit aus der Kriegs- und Bombenzeit, in der man stets alles bei sich haben musste. Weit hat es Benn nicht, nur einmal ums Eck, in die Dramburg, seine Schöneberger Stammkneipe.

*

Der Gedanke, nach Europa zurückzukehren, sobald die Zeit dazu reif war, ist für Adorno selbstverständlich gewesen. Gewiss, da gab es vier Wochen im Sommer 1940, in denen er zweifelte, ob er überhaupt jemals zurückkehren könnte, ein Zustand, der bis an die äußerste Grenze der physischen Auflösung ging. Aber von dem Augenblick an, als klar war, dass London nicht fällt, sondern der Luftschlacht um England standhält, hatte Adorno seine ursprüngliche Überzeugung wiedergewonnen: Hitler war nicht Europa, und deshalb würde er, Adorno, nach dem Krieg so bald wie möglich nach Deutschland zurückkehren.

Wenn Adorno sich an seine ersten Erlebnisse nach der Rückkehr aus dem kalifornischen Exil erinnert, muss er an seine Ankunft in Paris denken. Als er in einem Taxi zum ersten Mal über die Place de la Concorde knatterte, erschütterte ihn nicht nur das Auto mit seiner schlechten Federung. Adorno spürte vielmehr den europäischen Boden, die Unebenheiten, ganz physisch. In den nächtlichen Gassen der französischen Hauptstadt hatte er auch nach langer Zeit wieder das Echo seiner eigenen Schritte vernommen.

So ein Sound war in Amerika nie zu hören gewesen. Wenn man nach einer Einladung zum Diner spät zurück nach Hause musste, nahm man natürlich den Wagen. Der Gedanke, zu Fuß zu gehen, war geradezu abwegig gewesen. In jenem Moment, als er in Paris seine Schritte in den engen, gepflasterten Gassen widerhallen hörte, hatte Adorno etwas verstanden: Der Unterschied zwischen Paris, der Metropole, und dem bayerischen Nest seiner Kindheit, Amorbach, wo man genau solch ein Echo vernehmen konnte, war viel geringer als der Unterschied zwischen Paris und New York. Beides war Europa.

In Europa schien – trotz aller Verheerung – das Leben noch nicht ganz von seiner Sinnlichkeit entkernt worden zu sein. Das Leben lebte noch. Als Adorno einmal, kurz nach seiner Rückkehr nach Deutschland, im Winter 1949, spätnachts in eine alte, unversehrt gebliebene süddeutsche Stadt kam, wusste er gar nicht, wie ihm bei der Ankunft im Hotel geschah: Hoteldirektor, Oberkellner, Oberkoch, Köchin und Küchenjunge, sie alle standen – trotz der fortgeschrittenen Stunde – da, bereit, ihre Gäste zu verköstigen, und fielen über die Gesellschaft her mit Sätzen wie: *Befinden die Herrschaften einige Austern? Oder etwas Hummer, die Herrschaften, angenehm? Oder etwas frischer Kaviar?* Es war eine Situation, wie man sie eigentlich nur aus dem Märchen kannte; nur schien es Adorno, als sei in diesem Moment das Märchen in Erfüllung gegangen: die Utopie, dass Menschen einander begegnen und sich Glück schenken.

Solch eine Erfahrung wäre in der völlig versachlichten amerikanischen Society undenkbar gewesen. Schon der Begriff der »Erfahrung« ließ sich kaum von der einen in die andere Sprache übertragen; *experience* meinte jedenfalls etwas anderes. Und so hatte die Emigration nicht nur zu einem Bruch mit der Kontinuität des eigenen Lebens geführt. In Amerika hatte das Schlagartige, Jähe und Abrupte, das mit der ungeheuren Technifizie-

181

rung des Landes zusammenhing, auch etwas Bedrohliches für die eigene Existenz bekommen. Wie einschneidend dieser Verlust der Unmittelbarkeit der Erfahrung war, merkte Adorno allerdings erst wieder in Frankfurt, als er entdeckte, dass ein Rehbraten in Rahmsoße, wie er ihn in seiner Kindheit genossen hatte, mehr an Wiedergutmachung bedeuten konnte als alles, was sonst unter diesem Titel geschah.

Noch im Exil hatte Adorno mit einer Sammlung von Aphorismen begonnen: konzentrierte, bis zum Äußersten verdichtete Reflexionen, Leuchtfeuer in der Nacht. Es war seine Art, die Erfahrungen des Exils zu verarbeiten. Er nannte das Brevier am Ende *Minima Moralia. Reflexionen aus dem beschädigten Leben.* Denn die Beschädigungen, die nicht nur das zwanzigste Jahrhundert, sondern das abendländische Denken insgesamt hinterlassen hatten, waren in der Tat groß. Ob Totalitarismus, Kulturindustrie oder kapitalistische Warenwelt: In allen Bereichen des Lebens witterte Adorno eine Tendenz zur völligen Sinnentleerung, die die Chance auf Humanität unterhöhlte. Was immer an der Gesellschaft einmal gut und anständig war, trug heute den Kern des Zerfalls in sich.

*

Benn kann sich keinen interessanteren Gesprächspartner als Adorno vorstellen, so viel ist klar. Allerdings muss er zugeben, dass Adorno ihm dialektisch weit überlegen und daher gefährlich ist. Er, Benn, müsste sich enorm einarbeiten, um einem Gespräch gewachsen zu sein. Adorno beherrscht viel mehr Material, hat sowohl wissenschaftlich als auch ästhetisch mehr Expertise. Und schon allein deshalb verspürt Benn keine Lust, sich ihm zu stellen.

Benn mag es nicht und hat es eigentlich noch nie gemocht, mit der Welt in Kontakt zu treten. Schon gar nicht im Rundfunk. Radio, das ist leichte Kost, weit unter seinem Niveau. Er ist schließlich Schriftsteller, kein Sprachsteller. Und den Ruf, den er sich über die Jahre erarbeitet hat, kann und will er sich unmöglich von diesem krächzenden Apparat ruinieren lassen. Nichts kann jedenfalls für das Programm einer reinen Kunst schädlicher sein, als ständig vor dem Zeitgeist einen Kratzfuß zu machen. Zwar lässt auch er sich gerne von Jazz berieseln. Und er hört sogar täglich die RIAS-Nachrichten, um auf dem Laufenden zu bleiben. Aber alles in allem ist das Radio doch etwas für Menschen wie jene Kumpel, die abends mit ihm zusammen in der Kneipe sitzen, mit ihren müden, abgekämpften Visagen über dem Tresen hängen und noch eine Runde Skat kloppen.

Bei einem Radioereignis macht Benn allerdings eine Ausnahme – und das ist der Sport. Vor allem das Boxen. Benn vergleicht den Künstler gerne mit einem Faustkämpfer, der von seinem Ehrgeiz nicht lassen kann: Sein Stolz zwingt ihn, immer wieder in den Ring zu steigen. So kämpft er und gewinnt; so kämpft er und verliert. Bis zum bitteren Ende.

Einen dieser großen Boxkämpfe hat Benn vor dem Radiogerät verfolgt und seither nicht wieder vergessen: Hein ten Hoff gegen Jersey Joe Walcott, Pfingsten 1950 in Mannheim, 25 000 Menschen vor Ort und er, mit der Zigarre, allein vor der Kiste: Über zehn Runden geht der Kampf, ten Hoff kann nicht nur mithalten, er bedrängt den Amerikaner Walcott sogar. Der ist immerhin Weltranglistenzweiter und hat Joe Louis, den *Brown Bomber*, in seiner Karriere gleich zweimal auf die Matte geschickt. Ten Hoff landet immer wieder gute Schläge, duckt sich, beißt die Zähne zusammen, tänzelt. Viele sehen den deutschen Schwergewichtschampion, der während des Kriegs in Hamburg von einem Metzgermeister trainiert wurde, den »Gentleman im Ring«, den »Ringästheten«, wie er von seinen Fans genannt wird, sogar vorn, doch am Ende fällen die offiziellen Punktrichter ihr Urteil einstimmig. Ein irrer Fight. Benn war danach völlig aufgelöst, klitschnass. Schnörkelloser und sachlicher im Stil, und ten Hoff hätte der neue Max Schmeling werden können.

Benn zündet sich eine Juno an. Solange der Herr da drüben sich noch ein Bier bestellt, braucht er sich keine Vorwürfe machen, wenn er auch noch eines zischt. Hier in der Dramburg kann Benn unbehelligt von den Wechselfällen des Schicksals an seinem Tisch hocken, nah an der Heizung, seine Zigaretten rauchen und für einen Moment das Gefühl haben, in einer windstillen Ecke der Geschichte verschwinden zu können.

*

Bis zur Veröffentlichung der *Minima Moralia* 1951 war es ein weiter Weg gewesen. Sieben Jahre waren vergangen, seit Adorno die ersten Skizzen in seinem Tagebuch notiert hatte. Spröde, bitter, oft genug überheblich. Es war ein scharfer Ton, den Adorno in seinen Aphorismen anschlug.

Vielen seiner Erstleser galt das Buch nicht nur als zu schwierig. Es war obendrein die offen zur Schau gestellte moralische Überlegenheit der darin enthaltenen Kritik, die sie abstieß. Thomas Mann, der das Buch kurz nach dem Ende des Zweiten Weltkriegs seinem Verleger Gottfried Bermann-Fischer in New York ans Herz legte, ging wenige Monate später schon auf Distanz zu seinem Nachbarn aus dem kalifornischen Exil, dem er immerhin entscheidende Einsichten für seine laufende Arbeit am *Doktor Faustus* verdankte. Zwar hörte Mann nicht auf, Adorno weiter in seinem Publikationsanliegen zu unterstützen, dem Buch selbst bescheinigte er nun aber »etwas ›Ätzendes‹, Überscharfes, Überintellektuelles«. Und auch Bermann-Fischer, der Verleger, konnte schließlich seinen inneren Widerstand gegen Adornos »Superklugheit« nicht überwinden. Das Buch blieb ungedruckt in der Schublade und damit in seiner intellektuellen Sprengkraft zunächst verkannt.

Als die *Minima Moralia* dann aber 1951 im frisch gegründeten Suhrkamp-Verlag erschienen, waren sie das Buch der Stunde. Eine nachwachsende Generation erkannte in den Aphorismen das intellektuelle Rüstzeug, um die desolate Situation, in die sich die deutsche Nachkriegsöffentlichkeit hineinmanövriert hatte, wortmächtig anzuprangern. Die bürgerliche Gesellschaft, die den Nationalsozialismus in Deutschland nicht nur nicht verhindert, sondern sogar begünstigt und, mehr noch, erst ermöglicht hatte, war gerade dabei, wieder Fuß zu fassen. Adornos Buch war nun eine überaus lautstarke Warnung davor, sich fortan in Sicherheit zu wiegen. Und dieser Weckruf kam gerade unter den Studenten an.

Im Zentrum der *Minima Moralia* steht eine Kritik der Aufklärung. Dieses Anliegen teilen sie mit der bereits 1947 erschienenen *Dialektik der Aufklärung*. Aufklärung, die in ihrem Geltungsdrang weder gebremst noch auf bestimmte Erkenntnisfelder eingeschränkt wird, so lautete eine Haupteinsicht von Adorno und seinem Mitstreiter Max Horkheimer, hat die Tendenz, sich in ihr Gegenteil, die Mythologie, zu verkehren. Sie wird blind und schlägt um in eine Herrschaft über ihre eigenen emanzipatorischen Potenziale. Vom Versprechen der Aufklärung, den Menschen zu befreien, bleibt dann nur die endlose Steigerungslogik des wissenschaftlich-technischen Denkens übrig, die der

Vernunft nicht nur den Raum zur Entfaltung nimmt, sondern sie im falschen Glauben wiegt, tatsächlich frei zu sein. Und genau gegen diese Art von hartnäckiger Täuschung will Adorno auch mit seinen *Minima Moralia* Einspruch einlegen.

Adornos Kritik an der Aufklärung ist insofern doppelbödig, als sie allen Verunglimpfungen zum Trotz am Versprechen der Aufklärung festhält. Nicht die Aufklärung selbst ist demnach das Problem, sondern die gesellschaftliche Ordnung, die sich in ihrem Fahrwasser ausgebreitet und die Überzeugung vertreten hat, alle Welträtsel ließen sich durch wissenschaftlich-technischen Fortschritt auflösen. Dass dem nicht so ist, darüber gilt es Adorno zufolge aufzuklären. Wenn der Begriff der Vernunft noch irgendeine Bedeutung haben soll, muss es gelingen, die Aufklärung von ihren fatalen Lebenslügen zu erretten. Andernfalls droht ein erneuter Rückfall in die Barbarei. Es bedarf nach der moralischen Katastrophe von Auschwitz nicht weniger, sondern im Gegenteil *mehr* Aufklärung, um zu verhindern, dass Ähnliches sich noch einmal wiederholt. Und Adorno wurde und wird nicht müde, gerade im Radio für diese Aufklärung zu werben.

Gewiss: Auch der Rundfunk ist Ausdruck einer Massenkultur und steht als solcher unter Ideologieverdacht. Massenkultur hat mit einer Kultur der Massen nichts zu tun. Sie ist vielmehr ein Produkt der Kulturindustrie, ein gezielter Versuch, alle Tätigkeiten des Menschen, sogar die Kunst, zu einer Ware zu machen. Jeder Mensch kann heute Musik im Radio hören. Aber angesichts der Macht, die hinter der Schlagerindustrie steht und für die es ein weltbewegendes Ereignis ist, wenn die Sängerin Isepise »Rosen in Hawaii« singt, ist kaum noch jemand bereit und in der Lage, im Trommelfeuer der Hitparaden den vergeistigten Klängen der Kompositionen zum Beispiel eines Arnold Schönberg zu folgen.

Und dennoch kann man den Rundfunk weder ignorieren noch verdammen. Adorno hält sich für alles andere als einen ausgemachten Defätisten. Mag einem die Massenkultur auch nicht gefallen, so lässt sich mit etwas Geschick und Esprit auch die Kritik am Selbstbetrug der Massen ins Herz der Kulturindustrie selbst installieren. Der Philosoph Georg Wilhelm Friedrich Hegel hat einmal von der »List der Vernunft« gesprochen und damit gemeint, dass sich die Geschichte ungeachtet ihrer vermeintlichen Rückschritte auf ein Ziel, die Freiheit aller Menschen, zubewegt. Und es gibt für Adorno kaum eine gewieftere von der Vernunft ersonnene List als ein gut gemachtes Radiogespräch.

*

Weit ist der Weg in die Dramburg, seine Stammkneipe, auch heute nicht. Bis vor zwei Jahren hat Benn in seiner Wohnung in der Bozener Straße 20 noch seine Praxis für Haut- und Geschlechtskrankheiten unterhalten. Aber das Geschäft lief irgendwann schlecht, und es gab kaum noch Patienten. Hin und wieder kamen Prostituierte vom Strich am Bayerischen Platz. Das reichte immerhin als Auskommen. Benn mochte sie. Sie waren bescheiden, zahlten in bar und machten nicht viele Umstände. Dann war Schluss. Sechsunddreißig Jahre Arbeit als Schriftsteller und Arzt, das musste genügen, die Pensionsansprüche waren gesichert.

Es ist noch gar nicht so lange her, dass die Stadt Berlin ein Feld aus Ruinen, Schlamm und Trümmern war. Eine Zeit ohne Hoffnung. Es mangelte am Nötigsten, an Kohle und Gas zum Heizen. Von Zigaretten und Kaffee ganz zu schweigen. Auf zwei

Hungerwinter folgte die zähe Zeit der Blockade. Von zwölf Uhr mittags bis zum nächsten Morgen um neun kein Strom. Nachts fand er, Benn, keinen Schlaf, denn die alliierten Transportflugzeuge flogen direkt über Schöneberg hinweg. Zwar konnte er 1948 durch die Publikation seiner *Statischen Gedichte* schon wieder erste Erfolge verbuchen – Gottfried Benn, der große Expressionist, zurück auf der literarischen Bühne, die Goldenen Zwanziger, wer wünschte sich nicht, sie mögen wieder da sein –, aber er selbst fühlte sich am Ende.

Es war nicht nur ein düsteres Befinden gewesen, das ihn überkam, sobald die Stadt damals im stromlosen Dunkel versank. Die Zeit selbst war müde, resigniert, erschöpft. Sosehr die Menschen auch versuchten, wieder aufzubauen, was ihnen verloren gegangen war: Benn wurde das Gefühl nicht los, dass es vorbei war mit der Geschichte. Natürlich würde es noch Veränderungen geben, einzelne kleinere Epochenverschiebungen, völlig sang- und klanglos trat das Reptil »Geschichte« nun mal nicht ab. Aber wirklich Neues, so glaubte er, war in Zukunft nicht mehr zu erwarten. Was blieb, waren Zyklen, war das Rechnen mit Beständen. Auf einen moralischen Fortschritt, was immer man seit der Aufklärung darunter verstanden hatte, war jedenfalls kein Verlass.

Heute nun, an diesem 17. Januar 1956, zwei Monate nach dem Brief von Adorno, hat zu Benns eigener Überraschung Alfred Andersch vom Süddeutschen Rundfunk angerufen. Adorno hat das geplante Gespräch zwischen ihnen abgesagt. Aus welchen Gründen er sich entschieden hat, einen Rückzieher zu machen, weiß Benn nicht. Aber es ist ihm im Grunde auch egal. Eine Entscheidung ist gefallen, und ihn selbst trifft keine Schuld. Selbst wenn es zu einem Gipfeltreffen gekommen wäre, hätte er, Benn, vermutlich im letzten Moment einen Schwäche-anfall vorgetäuscht, um aus der Situation wieder herauszukom-men. Er ist einfach zu alt, um aus seinen Zeitgenossen noch schlau zu werden.

Benn drückt die Zigarette im Aschenbecher aus und kippt den letzten Schluck Schultheiss hinunter. Ohne die anderen Gestalten in der Kneipe eines Blickes zu würdigen, verlässt er die Dramburg. Er würde morgen wiederkommen. Wie jeden Tag.

Dritter Teil

Walze

Olympia 1962:
Die Sehnsucht nach der Antike

Martin Heidegger und Friedrich Hölderlin
retten den Planeten

Schon der kleinste Funke genügt, um das Pulverfass zum Explodieren zu bringen. Im Osten die Sowjetunion, im Westen die Vereinigten Staaten, beide bis an die Zähne bewaffnet. Nach der gescheiterten Invasion in der Schweinebucht im vorigen Jahr, bei der kubanische Exilanten mit verdeckter Unterstützung der CIA versucht haben, die Revolutionsregierung unter Fidel Castro zu stürzen, steht die Welt an der Schwelle zu einem Atomkrieg. Die Nerven liegen blank. Auf Kuba. Oder anderswo. Es kann jederzeit losgehen.

Martin Heidegger hält sich an der Reling fest. Die Ägäis schwankt. In seinem Leben ist er bisher wenig gereist, und wenn, dann nicht sehr weit. Schon gar nicht nach Griechenland. In das poetische Reich Hölderlins, das Ursprungsland der Philosophie. Zu den Anfängen der Frage nach dem Sein. Auf seinen Lektüreausflügen hat er diesen heiligen Boden freilich schon oft betreten. Jetzt hat er sich allerdings noch nicht von Bord getraut.

Angesichts der atomaren Bedrohung muss die Versenkung in die griechische Inselwelt anderen vielleicht als sonderbares Hobby erscheinen. Ihm, Heidegger, nicht. So unzeitgemäß das

Bei Platon zu Hause: Martin Heidegger kennt Griechenland bislang nur aus seinen Büchern. Das soll sich ändern! Im antiken Denken ist der Kosmos noch im Gleichgewicht.

Denken der Griechen auch sein mag, in Wahrheit ist nichts zeit-gemäßer als die Fragen, die Parmenides und Heraklit, Platon und Aristoteles an den Kosmos als lebendigen Ursprung von allem gerichtet haben. »Kosmos«, das bedeutet ursprünglich »Zier«. Nicht als auferlegte Zutat verstanden, sondern als Reich-tum, den es zu bewahren gilt. Nicht der Mensch ist demnach Maß und Mitte der Schöpfung. Auch wenn er sich mit dem Finger auf dem Atomknopf heute zum Nabelpunkt macht. Es ist der Kosmos selbst, sein leuchtend-loderndes Feuer, von dem Heraklit sagt, dass es das Maßvolle und Maßlose in einen ewigen Kreislauf des Lebens einschließt. An ihn gilt es sich zu halten.

Wenn nur das Rumoren der Schiffsmotoren nicht wäre! Schon seit Tagen findet Heidegger auf der *MS Jugoslavija* keine Ruhe. Korfu, die erste Station auf ihrer Fahrt, strich grußlos an ihnen vorbei, ohne dass er, Heidegger, auf den Gedanken verfal-len wäre, seinen Posten auf dem Oberdeck zu räumen. Während sich Elfride, seine Frau, die Zeit im Liegestuhl mit Landschaftsaquarellen vertreibt, gesellt sich zuweilen Erhart Kästner zu ihm, ein Kollege, der die gemeinsame Wallfahrt zu den Antiken gar nicht erwarten konnte. So gespannt war der Wolfenbütteler Bibliothekar auf die Reise mit dem verehrten Meister gewesen. Aber schon nach wenigen Sätzen laufen ihre Gespräche regelmäßig ins Leere. Auch über Kästners Zeit in Griechenland während des Krieges, seinen damaligen Jubel über die Rückkehr der arischen Rasse ins Südland, versucht man lieber zu schweigen. Dann und wann taucht ein Delfin auf, rot versinkt die Sonne im Meer.

Das Schiff, mit dem sie von Venedig aus gestartet sind, nimmt nun Kurs auf Ithaka und die heiligen Stätten von Olympia. Doch auch nur der Gedanke, an Land zu gehen und die antiken Ruinen zu besichtigen, stimmt Heidegger verdrießlich: Das hier ist nicht *sein* Griechenland. Es sind nicht die Gestade, nach denen sich Hölderlin gesehnt hatte.

∗

Das Letzte, woran er sich erinnern kann, ist ein Schlag auf den Hinterkopf. Es ging alles so schnell.

Als Friedrich Hölderlin am 2. Juli 1802 zu Hause bei seiner Mutter in Nürtingen ankommt, ist er nicht wiederzuerkennen. Abgemagert, lange Haare, zotteliger Bart. Ohne Koffer und Habseligkeiten. So steht er da. Noch immer benommen, kaum ansprechbar. Ein Wrack.

Nach Griechenland, auf die Peloponnes wollte Hölderlin reisen. Dorthin, wohin ihn die Götter riefen. Von früher Jugend an hatte er in seinen Vorstellungen lieber an den Küsten Ioniens und Attikas gelebt als in den Wüsten der deutschen Provinz. Es war sein Traum, einmal wirklich dorthin zu gelangen. Zurück in die Jugend der Menschheit, zurück in die Arme der wandel-

Dichter mit Fernweh: Während um ihn herum die Moderne anbricht, sehnt sich Friedrich Hölderlin zurück an die Gestade der griechischen Inselwelt.

losen, stillen und schönen Natur. Kein Preis erschien ihm dafür zu hoch.

Und eines Morgens im Mai 1802 hatte es ihn, Hölderlin, tatsächlich fortgerissen. Es war noch gar nicht lange her, dass er von Stuttgart aus in Bordeaux angekommen war, erst Anfang des Jahres. Aber er musste es tun. Jetzt oder nie. Hölderlin quittierte seine Stellung als Hofmeister beim dortigen Weinhändler und Hamburger Konsul Daniel Christoph Meyer. Wenn es sein musste, dann machte er sich eben zu Fuß auf nach Griechenland, einmal quer durch Europa, schnurstracks über die Alpen.

Das ist der Plan gewesen. Und jetzt steht er da, in der Küche, vor seiner Mutter, und kann sich kaum mehr erinnern, wie er hierhergekommen ist.

*

Was muss er auch ausgerechnet nach Griechenland? Hat etwa Hölderlin es nötig gehabt hierherzureisen, um seinen *Hyperion* zu schreiben? Sind Hegel oder Nietzsche hierhergepilgert, um sich an den ewigen Quellen der Philosophie zu laben? Selbst Johann Joachim Winckelmann, der großen Altertumsforscher, hat, als man ihm eine Reise in das Land der Griechen anbot, dankend abgelehnt. Er wünsche zwar durchaus, die Ruinen von Athen wenigstens einmal im Leben gesehen zu haben, lässt er verlauten. Noch entscheidender aber sei für ihn, der Nachwelt ein schweres und gewichtiges Werk zu hinterlassen.

Genau in diesem Sinne hatte auch er, Heidegger, in seiner 1936 erschienenen Schrift *Ursprung des Kunstwerks* erklärt, wie wenig man den Werken der Griechen näherkomme, wenn man sie am Ort ihres Wirkens aufsuche. Die Welt, in der sich das Dichten und Denken der Antiken ereignet hatte, war schließlich zerfallen. Es gab daher keinen Grund, an die heiligen Stätten zurückzukehren, die für den Eingeweihten nur Enttäuschung bedeuten konnten.

Dass Martin Heidegger sich in diesem Frühjahr 1962 entschieden hat, allen Bedenken zum Trotz nun doch auf die Reise nach Griechenland zu gehen, hat er seinem Famulus Erhart Kästner zu verdanken. Kästner ist ein glühender Verehrer seiner Philosophie, es gibt keine Schrift Heideggers, die er nicht mehrmals gelesen und tagelang im Kopf mit sich herumgetragen hat. Neben seinem Amt als Direktor der Herzog August Bibliothek in Wolfenbüttel, der einst große Namen wie Gottfried Wilhelm Leibniz und Gotthold Ephraim Lessing vorstanden, ist Kästner Schriftsteller, ein ganz passabler obendrein, wie Heidegger findet. Kästner hat dafür gesorgt, dass ihm vor einigen Jahren die Ehre zuteilwurde, als Philosoph in die West-Berliner Akademie der Künste aufgenommen zu werden. In der Berliner Akademie der Wissenschaften hatte man ihn nicht gewollt. Und auch was diese Reise betrifft, hat sich Kästner wieder mächtig für ihn ins Zeug gelegt.

Schon einmal, vor sieben Jahren, waren die beiden Griechenlandfreunde drauf und dran gewesen, eine Expedition auf die Peloponnes zu unternehmen. Kästner hatte bereits alles in die Wege geleitet: Fahrpläne und Landkarten herangeschafft, Plätze im Nachtzug gebucht und die Schiffskabinen reserviert. Doch dann trat ein, was alle immer befürchtet hatten.

Heidegger machte einen Rückzieher. Seine Hemmungen waren zu groß, zu mächtig war das Bild, das er vom Land der Griechen in der Seele hütete, zu gewaltig dementsprechend die Angst, enttäuscht zu werden von der obszönen Wirklichkeit eines touristischen Kreuzfahrtdampfers, der sich durch eine Kette griechischer Inseln hindurcharbeitet. Heideggers Frau Elfride hatte damals in einem Brief an Kästner versucht, den Entschluss ihres Mannes unter allerlei Vorwänden zu rechtfertigen: In den vierzig Jahren, die sie verheiratet seien, sei er nicht einmal ohne sie ins Ausland gereist. Und dann erst die Aufdringlichkeit des Reisebetriebs, ganz zu schweigen von der Hitze. Philemon und Baucis – oder Platzangst? Wie auch immer, die Entscheidung war gefallen: Heidegger kannte die griechische Welt aus seinen Büchern – und dabei sollte es bleiben.

Und nun hat er die Reise doch angetreten. Hat dem Drängen Kästners nachgegeben. Sich überreden lassen. Einmal müsse man das Leuchten der olympischen Götter mit eigenen Augen gesehen haben, hat ihm Kästner in seinen Briefen immer wieder eingebläut. Heidegger ahnt bereits, dass das ganze Unternehmen ein riesiger Fehler war.

*

Ende Mai 1802 bricht Hölderlin aus Bordeaux auf. Mitte Juni ist er schon in den Schweizer Alpen. Er besucht den Bieler See: Der von ihm so sehr verehrte Jean-Jacques Rousseau hat sich hier, auf der Île Saint-Pierre, seinen Träumereien hingegeben. Urwüchsig und romantisch ist die Gegend. Mit Felsen und Wäldern, die bis an das Wasser heranreichen. Dann und wann ein Adler, zwitschernde Singvögel, tosende Wildbäche. Sonst nichts.

Es gab keinen Ort, der Rousseau glücklicher machte, der seine Sehnsucht nach Einkehr und Stille in einer Welt, die mit jedem Tag feiner, gewandter und gebildeter wurde, mehr befriedigen konnte. Rousseau glaubte nicht, dass Kunst und Wissenschaft – das, was die Leute gemeinhin »Kultur« nannten – zur moralischen Besserung der Gesellschaft beitrugen. Das Gegenteil war der Fall: Die natürliche Ordnung der Dinge wurde durch das Grundübel der menschlichen Zivilisiertheit bis zur Unkenntlichkeit entstellt.

Zum Glück gab es Orte, an denen man die ursprüngliche Verbindung zur Natur noch erfahren konnte. Orte wie den Bieler See, an denen man die Stille wie reife Heidelbeeren am Wegrand pflückte. Rousseau hätte Jahre, ja eine ganze Ewigkeit an diesem See verbringen können, ohne einen einzigen Augenblick Langeweile zu verspüren. Oft warf er sich in einen Kahn und ruderte bis zur Mitte des Sees. Dort streckte er sich der Länge nach im Boot aus, die Augen gen Himmel gerichtet, und ließ sich stundenlang vom Wasser hin und her treiben, in tausend Träumereien versunken, die ihm hundertmal mehr Vergnügen bereiteten als alles, was er bis dahin von den sogenannten Freuden des Lebens genossen hatte. Insgesamt sechs Wochen lebte Rousseau in dem einzigen Haus auf der Insel. »Retour à la nature!«, »Zurück zur Natur!«, das war sein Wahlspruch.

Auch Hölderlin möchte sein Glück versuchen. Ein Gott ist der Mensch, wenn er träumt, ein Bettler hingegen, wenn die Begeisterung hin ist und er anfängt zu grübeln. Hölderlin hat niemandem von seinen Griechenland-Plänen erzählt. Keiner seiner Freunde weiß, auf welche Bahn sich sein Gestirn begeben hat. Seiner Mutter hat er das letzte Mal im Frühjahr geschrieben. Auch sie weiß nichts, noch ahnt sie etwas. Er ist auf sich allein gestellt, niemand kann ihm hineinreden. »Eines zu sein mit Allem, das ist Leben der Gottheit, das ist der Himmel des Menschen«, hat er in seinem Briefroman *Hyperion* geschrieben. Wäre doch gelacht, wenn er nicht bald genau dort auf dem Olymp ankommt.

*

Der Lärm des Autobusses, der sie vom Hafen hinauf zur Altis, dem heiligen Hain von Olympia, bringen soll, ist ohrenbetäubend. Jedes Mal, wenn der Fahrer einen Gang höher schaltet, stöhnt der Bus wie unter entsetzlichen Schmerzen auf.

Wenn Heidegger jemals eine Vorstellung von Olympia hatte, dem Ort, an dem sich das ganze Griechenland an heißesten Sommertagen zum friedlichen Fest der Wettkämpfe versammelte und seine höchsten Götter feierte, dann sah der Aufstieg dorthin sicher anders aus. Er hätte besser auf dem Schiff bleiben sollen. In sicherer Entfernung. Bei seinen Büchern. Mit Flößen und alten Booten hat man sie heute Morgen zum Ufer übergesetzt und in den Bus verfrachtet. Jetzt reihen sich armselige Häuser an geschmacklose Tourismusquartiere. Maulesel, mit Kisten und Säcken beladen, stehen am staubigen Straßenrand und kauen ihr kärgliches Futter. Andere trotten störrisch ihres Wegs.

Schon bei der Abfahrt aus Venedig hatten Heidegger Zweifel

überkommen. Zweifel, ob er nicht besser daheim in Freiburg geblieben wäre. Zweifel, ob nicht alle Bemühungen, die Vergangenheit zum Sprechen zu bringen, zum Scheitern verurteilt seien. Das gesichtslose venezianische Hotel, in das sie geraten waren, hatte obendrein denselben dekadenten Verfall ausgestrahlt wie die ganze Stadt. »Hundert tiefe Einsamkeiten bilden zusammen die Stadt Venedig«, hatte Nietzsche einmal über die »Königin der Meere« geschrieben. Davon konnte nun wahrlich keine Rede mehr sein. Marode, bröckelnde Fassaden. Venedig, ehedem eine der prachtvollsten Republiken Europas, war zum Objekt der Tourismusindustrie verkommen, zum Reizbild von Schriftstellern, zum Tummelplatz internationaler Kongresse und Kunstausstellungen. Von der großen Tradition war nichts mehr zu spüren. Und trotzdem klackerten überall die Fotoapparate.

Heideggers Zweifel sind seither nicht weniger geworden. Es war Leichtsinn gewesen, das Geschenk von Kästner anzunehmen. Nichts, aber auch gar nichts will zu den Schilderungen passen, die er, Heidegger, aus den Gesängen Homers kennt. Schon als sie das erste Mal auf Ithaka, der Heimat des Helden Odysseus, von Bord gegangen sind, wollte sich nichts in das harmonische Bild einer griechischen Landschaft fügen. Einen solchen Ort können Zeus und seine olympischen Heerscharen unmöglich bewohnt haben.

Auch ihre Kabine auf der *MS Jugoslavija* hat sich als veritabler Schwindel erwiesen: Statt der versprochenen Aussicht aufs Meer stapeln sich vor ihrem Fenster die Rettungsboote. Vom uralten Wellengang, seinen ewigen Gesetzen – keine Spur. Undenkbar, dass Odysseus in diesen Gefilden zehn lange Jahre hin und her geirrt sein soll.

Verschwunden ist er, der Kosmos der Griechen, die ganzheitliche Betrachtung des Menschen. Was heute »Welt« heißt, ist das unübersehbare Gewirr einer technischen Apparatur, die den Zugang zum Wesen der Dinge versperrt. Der Mensch des zwanzigsten Jahrhunderts vermag kaum noch die Frage nach dem Sein zu stellen, die am Anfang der Philosophie gestanden hat. Das Dasein weiß nichts mehr von sich und seinem Aufenthalt auf diesem Planeten. Wo sprechende Natur ist, sieht es nurmehr stumme Objekte, bloße Ressourcen. Über den gigantischen Fortschritt der letzten Jahrzehnte ist der Mensch heimatlos geworden. Und es lässt sich kaum absehen, wie er je wieder heimisch werden könnte.

Die Quittung kommt jetzt: Die kürzlich erfolgte Stationierung amerikanischer Atomraketen in der Türkei ist ein Fanal. In seinem Vortrag »Die Frage nach der Technik« hat er, Heidegger, bereits in der Mitte der Fünfzigerjahre davor gewarnt, dass die Technik dem Menschen zu entgleiten droht, je mehr er sie in seine Gewalt zu bekommen versucht. Die Bedrohung geht dabei gar nicht so sehr von der Technik selbst aus, sondern vom trügerischen Schein, der Mensch könne diese restlos unter seine Kontrolle bringen und sich damit zum einzigen Herrn über die Erde erheben. Von wegen! Das Atomzeitalter macht sich gerade bereit, die letzte Epoche in der Geschichte der Menschheit zu werden.

*

Hölderlin ist gerne alleine unterwegs. Und eigentlich hat er auch gar keine Lust auf Gesellschaft, als er schon nah an der italienischen Grenze in einem Wirtshaus ankommt. Aber da ist es schon zu spät und ein sonderbarer Kauz hat sich zu ihm an den Tisch gesetzt.

Der arme Teufel beklagt sich, dass sein Geld kaum mehr für

eine Suppe reiche, und da es Hölderlin am Geld nicht mangelt, lädt er den Mann auf eine Rinderkraftbrühe ein. Es stellt sich heraus, dass es ein Schneider aus Konstanz ist, der nach Genua möchte, um seinen Bruder aufzusuchen. Und wie er so erzählt, ist Hölderlin erstaunt, wo dieser Mann schon überall gewesen ist: Er kennt die Boulevards von Paris wie seine eigene Westentasche, hat alle Weinhäuser in Neapel besucht, mit dem Militär ist er hierhin und dorthin gezogen, und nun ist er mal wieder abgebrannt und bietet ihm offenbar seine Dienst an.

Hölderlin will gerade noch abwehren, er ist gewohnt, seinen Tornister selbst zu tragen. Im nächsten Moment hat der Schneider schon seinen Sack geschultert, und bereits am kommenden Morgen, als draußen die Dämmerung anbricht, sind sie gemeinsam auf dem Bergpass angelangt.

Ihr Ziel ist Reichenau, jener Ort, an dem sich Vorder- und Hinterrhein treffen. Das Wetter ist schlecht, kalt und windig, je höher man steigt, desto dichter wird der Nebel. Als sie die Rheinschlucht erreichen, kann man kaum noch die Felsabbrüche erkennen. Irgendwo hier muss der Weg sein. Unter ihnen der reißende Fluss, um sie herum: das große Nichts.

Jeden Augenblick kann ein Unwetter losbrechen. Nebel, Sturm, Schneegestöber. Das Wetter kann in dieser Gegend von einem Moment auf den anderen umschlagen. Mit Mühe und Not gelangen sie zur Hängebrücke. Schritt für Schritt tasten sie sich voran, zwischen sich ein Seil, um sich nicht zu verlieren. Sie schaffen es. Und je weiter sie wieder herabkommen, desto heiterer und freundlicher wird das Wetter. Von den Bergen blitzen die beschneiten Gipfel. Alpenpanorama. Es scheint, als wäre nichts gewesen. Irgendwann gelangen sie zu einer kleinen Lichtung und legen einen Stopp ein. Da geschieht es.

Ehe Hölderlin weiß, was vor sich geht, liegt er schon auf dem Boden. Niedergestreckt. Bewusstlos. Im dunklen Efeu. Am Ende einer langen Reise.

*

Als der Reisebus nach einer gefühlten Ewigkeit zum Halten kommt, will sich bei Heidegger noch immer keine echte Freude einstellen. Vor ihnen erstreckt sich die Ausgrabungsstätte von Olympia. Trümmer, Mauern und Treppen bedecken die weitläufige Höhe. Hier die Ruinen des Tempels des Zeus, da die Überreste des Heratempels. Wie zufällig hingewürfelt verteilen sich die Säulentrommeln über dem Platz. Vom Tempelbezirk führt ein gewölbeartiger Gang zum Stadion, dem eigentlichen Schauplatz der Spiele.

Alle vier Jahre trafen sich hier einst die besten Athleten des Landes, um an fünf aufeinanderfolgenden Tagen ihre Wettkämpfe und Wagenspiele auszutragen. Vor der Bildsäule des Zeus leisteten sie einen Eid darauf, dass sie sich keine Unredlichkeit und keinen Frevel zuschulden kommen lassen wollten. Es sollte fair zugehen. Da waren die Laufwettbewerbe, dann der Fünfkampf, die Ring- und Faustkämpfe und die Pferderennen. Ein Sieg stellte die höchste Gunst dar, die Zeus einem Menschen in seinem Leben gewähren konnte. Mit nichts als einem Kranz aus Ölzweigen wurden die Sieger geehrt. So feierlich aufgeladen war das Ganze, dass selbst der Spott des griechischen Komödiendichters Aristophanes, Zeus sei ein Geizhals und habe den Siegern der ihm zu Ehren veranstalteten Spiele nichts Besseres zu bieten als Gestrüpp, nicht verfing. Vor und nach den Hellenen gab es jedenfalls kein Volk, dem die freie und volle Entwicklung der menschlichen Kräfte – der körperlichen wie auch der geistigen

Anlagen – derart wichtig war, wichtiger war als aller Besitz der Welt.

Von all dem ist nichts zu spüren, als die Reisegruppe das Stadionfeld beschreitet. Die Menge der Besucher, die seit den frühen Morgenstunden merklich angestiegen ist, stört nicht dadurch, dass sie die Wege und Plätze versperrt. Sie droht vielmehr durch ihr ständiges Kommen und Gehen, in das man selbst einbezogen wird, das soeben Erfahrene zu einer banalen Angelegenheit herabzusetzen. Vor den Kameras der Touristen ist alles nur »Ding«.

Schwer zu glauben, dass in dieser wüsten Landschaft der Festort des Griechentums gewesen sein soll. Dass von hier aus die Zeitrechnung der Olympiade gestiftet wurde, die auch für die anderen griechischen Wettkampfstätten in Delphi, Korinth und Nemea galt. Dass auf diesem Sandplatz Menschen zu Helden ausgerufen wurden. Es waren deutsche Ausgrabungen, die Olympia 1875 wieder ans Tageslicht brachten. Die Wiederentdeckung glich einer Sensation. Die sumpfige Landschaft am Fuße des Kronoshügels, in der das griechische Heiligtum verschüttet lag, war so gut wie unberührt. Alles war versteckt und aufbewahrt unter einer mächtigen Schlammdecke, die der Fluss Alfios, wenn er über die Ufer trat, jahrhundertelang über den Boden der Altis gewälzt hatte. So notwendig und höchst verdienstvoll die Ausgrabungen aber sein mochten – auch Heidegger hegt daran keinen Zweifel –, keine archäologischen Beschreibungen, keine historischen Erklärungen können das dereinst Gebaute, das Gedachte und Geweihte, wieder zum Leben erwecken. Das alte Band zwischen den Göttern und Menschen ist schon vor vielen Jahrhunderten zerrissen.

Auch Hölderlin, so erzählt man sich, habe einmal versucht,

auf die Peloponnes zu gelangen. Weiter als bis in die Schweizer Alpen sei der Dichter allerdings nicht gekommen. Von einem Landstreicher sei er auf Höhe der Rheinschlucht beinahe erschlagen und all seiner Habseligkeiten beraubt worden. Der Überfall habe sich angeblich am 22. Juni 1802 ereignet, also genau an jenem Tag, an dem in Frankfurt Hölderlins große Liebe, die Bankiersgattin Susette Gontard, an den Röteln starb. Als Diotima hat Hölderlin ihr in seinem *Hyperion* ein literarisches Denkmal gesetzt.

Niemand weiß, ob die Geschichte stimmt. Auch, ob Hölderlin auf seinem Marsch über die Berge noch einem anderen Südreisenden begegnet ist: dem Dichter Johann Gottfried Seume, der erst im Dezember 1801 vom sächsischen Grimma aus ins sizilianische Syrakus aufgebrochen war, ebenfalls zu Fuß, und sich zu ebenjener Zeit an demselben Ort auf seiner Rückreise befand, ebenfalls von einem Wanderer begleitet, der sich als Schneider aus Konstanz ausgegeben haben soll. Nicht unwahrscheinlich, dass es sich um denselben Schurken handelte, der Hölderlin eins über den Schädel gegeben hatte.

Erst als die Reisegruppe am Mittag schließlich in der Nähe der Altis im hohen Gras unter einem alten Baum lagert, kommt Heidegger ein wenig zur Ruhe. Von der Schiffscrew haben sie eine Lunchbox mitbekommen, belegte Sandwiches, aber niemand hat Hunger. Wegdösen. Schmetterlinge, die die Stille vernehmlich machen. Eine vage Ahnung der Stunde des Pan.

Mykene, Knossos, Delphi. Für einen Moment lässt sich vergessen, wie viele Stationen auf ihrer Reise noch vor ihnen liegen.

Weimar 1970:
Wettlauf zum Mars

Johann Wolfgang von Goethe
muss repariert werden

Von alledem darf nie jemand erfahren. Äußerste Vorsicht ist geboten. Schon bei der Ausbettung des Sarges haben Unbekannte an der Tür gerüttelt. Die provisorische Drahtverriegelung hat aber zum Glück gehalten.

Die Restauratoren haben sich im Schutz der Dunkelheit auf den Weg zum Historischen Friedhof begeben. Jegliches Aufsehen beim Betreten und Wiederverlassen der Fürstengruft ist unbedingt zu vermeiden. Schließlich ist der Tote, den man schon kurz darauf auf einem Handkarren hinter sich herzieht, nicht irgendwer, und schließlich soll niemand von »drüben« auf die Idee verfallen, man wolle sich hier eine Trophäe für den Sozialismus zurechtbasteln. Es gilt schlicht, vom Alten zu retten, was zu retten ist.

Der Zustand des Leichnams ist besorgniserregend. Bereits sieben Jahren zuvor hatte man den Sarg heimlich geöffnet und war zu einem einhelligen Urteil gelangt: zu luftig, zu feucht. Die innere Bleiauskleidung hatte durch einen gewaltsamen Eingriff in der Vergangenheit Schaden erlitten. Seitdem war Sauerstoff in den Sarg eingedrungen und hatte den Mumifizierungsprozess unterbrochen. Nur die Totenruhe weiter stören wollte man damals nicht. Ein Fehler, wie sich nun herausstellt. Entweder man konserviert den Leichnam jetzt, oder man läuft Gefahr, dass in zehn, zwanzig Jahren die Reste vollends vermodert und zerfallen sein würden. Hilfe! Goethes Leiche fängt an zu schimmeln.

Weit haben es die Sargträger nicht. Nur die Allee hinunter, über die Straße und durch den Poseckschen Garten. Sie bringen ihn in die Restaurationswerkstatt des Museums für Ur- und Frühgeschichte. Dort wollen die Präparatoren das Skelett von allen weichen Geweberesten befreien, nur die kahlen Gebeine sollen übrig bleiben. Angst vor einer Entweihung des Klassikers hat man nicht.

Die Mazeration, auch »Auslagen« genannt, ist ein übliches Verfahren in der Anatomie. Mit den sterblichen Überresten von Schiller ist man 1959 zum 250. Todestag des Jubilars auf dieselbe Weise verfahren. Auch damals natürlich geheim. Und auch jetzt ist es wichtig, die Sache unter Verschluss zu halten. Schon aus Gründen der Diplomatie. Zwar hat sich das Verhältnis zwischen Ost und West merklich entspannt, seit der Chef der westdeutschen Regierung, Willy Brandt, von Willi Stoph, dem Vorsitzenden des Ministerrates der DDR, am 19. März 1970 in Erfurt zum ersten deutsch-deutschen Gipfeltreffen begrüßt worden ist, aber wer Hand an nationale Heiligtümer legt, muss darauf gefasst sein, einen Sturm der Empörung zu riskieren. Entspannungspolitik hin oder her.

Man hat freilich keine Wahl: Es ist höchste Zeit zu handeln. Auch der Lorbeerkranz, der noch immer auf Goethes Kopf sitzt, soll bei der Gelegenheit repariert werden.

*

Beim Jupiter: Lange brütete Goethe über dem Geheimnis von Schillers Schädel. Jetzt machen sich Wissenschaftler über seine Gebeine her.

Im Haus am Frauenplan herrscht Streit: Während Schwiegertochter Ottilie um den Wunsch der Weimarer weiß, sich von ihrem Dichterfürsten persönlich zu verabschieden, ist der Kanzler Friedrich von Müller als offizieller Testamentsvollstrecker strikt dagegen: Goethes Tod hat schon für genug Aufsehen gesorgt, es soll nicht noch mehr Trubel geben. Den Leichnam vor aller Augen *en parade* auszustellen, kommt daher nicht infrage.

Seit Goethe das Zeitliche mit dem Ewigen getauscht hat, stehen die Räder am Weimarer Hof still. Der Staat ist ohne Minister, der Hof ohne Spielmeister, das Theater ohne Direktor, das Land ohne seinen großen Sohn. Weimar, das war er. Und weil es mit ihm, Goethe, jetzt vorbei ist, muss es wohl oder übel auch mit Weimar vorbei sein. Das letzte Band zwischen einer schönen Vergangenheit und den Tagen der Gegenwart ist zerrissen. Weimar, der Musenhof, wird zurück in das Nichts fallen, aus dem es Goethe einst zu den höchsten Höhen des Geistes emporgehoben hat.

Was zu erwarten, was zu befürchten war, musste einmal geschehen. Nun hat die Stunde geschlagen, und es liegt an den Verbliebenen, das Erbe zu sichern. Das Gedenken an ihn, den großen Dichter. Schon bald werden sich von allen Seiten Verleger melden, um Kapital aus dem geistigen Schatz zu schlagen, den es erst noch zu heben gilt. Allein der zweite Teil des *Faust* ist ein Vermögen wert. Zwar gibt es einen bestehenden Vertrag mit Cotta, aber auch diese Bedingungen sind verhandelbar. Jeder Schritt will wohl überlegt sein.

Und darum gilt: Bloß nichts anrühren! Alles steht unter Kanzler von Müllers strengster Aufsicht. Zur Not muss man auch Ottilie und die beiden Kinder, die Enkel Walther und Alma, ausquartieren und die Räume verriegeln. Gut möglich, dass hier schon bald ein Goethe-Museum eingerichtet wird. Das Wohnhaus am Frauenplan soll im Großen und Ganzen unangetastet bleiben, damit auch zukünftige Geschlechter die Chance erhalten, einen Schimmer von diesem Jupiter zu erhaschen, der das Universum nach allen Seiten hin abgeschritten ist, während andere nur im Staube wühlten. So schmerzlich der Verlust auch in diesen Tagen ist, es gibt keinen Grund zur Trauer: Dankbar muss man vielmehr staunen über den Reichtum, den Goethe der Welt hinterlassen hat.

Und schon deshalb will Kanzler von Müller die ungestüme Menge nicht in die heiligen Hallen vorlassen. Bahrte man den Toten auf, müsste der untere Hausflur hergerichtet und Polizei zur Aufsicht bestellt werden. Eine Bestattung im engsten Familienkreis früh am Morgen soll es sein, alles andere gäbe nur ein unwürdiges Schauspiel ab.

∗

Man vermutet, dass die Kantenbeschläge in den letzten Kriegstagen beschädigt wurden, als die Särge von Goethe und Schiller um ein Haar in die Luft gesprengt worden wären. Zumindest stellt sich bei der Mazeration des Leichnams heraus, dass insgesamt fünf Hand- und Fußknöchelchen fehlen. Und es kann eigentlich nur in den Wirren jener Tage geschehen sein, dass sie jemand unbemerkt entwendet hat.

Es ist eine unfassbare Geschichte, die man sich erzählt: Aus Furcht vor der Zerstörung durch alliierte Bomben waren die beiden Särge von Goethe und Schiller auf Anordnung des Thüringer Gauleiters, Fritz Sauckel, des Weimarer Polizeipräsidenten sowie mit Zustimmung der Schatullverwaltung der Großherzoglichen Familien im Dezember 1944 nach Jena verfrachtet worden. Dort, in einem Sanitätsbunker, sollten sie sicher sein. Für den Fall, dass die amerikanischen Truppen weiter nach Thüringen vorrückten, war der Befehl aus Weimar dennoch eindeutig. Die Nationalheiligtümer sollten unter keinen Umständen in die Hände des Feindes fallen. Lieber wollte man selbst nachhelfen und die Sarkophage in die Luft jagen, als sie dem Gegner als Trophäe zu überlassen.

Dass am Ende nichts dergleichen geschah, hatte man einem Arzt aus Jena, einem Dr. Werner Knye, zu verdanken, der sich der Order widersetzte, die beiden Dichtersärge mithilfe seiner Adjutanten in einen abgelegenen Raum hievte und dort unter Medikamenten, Verbandsmaterial und allerlei anderem Tüll verbarg. So jedenfalls fanden sie die Amerikaner vor, als sie im April 1945 in Jena einrückten: gut versteckt, unter Kisten und Säcken, obenauf Goethe, unten Schiller. Die großen goldenen Lettern, die auf dem oberen Sarg prangten, konnte man zuerst nicht lesen, weil die Inschrift zur Wand hin lag.

Irgendwann in dieser Zeit, in der Goethe und Schiller zurück an ihren angestammten Platz nach Weimar gebracht wurden, muss der Sarg Goethes geöffnet worden sein. Anders können sich die Präparatoren das Fehlen der Knöchelchen nicht erklären.

*

Schon den ganzen Vormittag über, von acht bis dreizehn Uhr, sind Menschen in das Haus am Frauenplan geströmt. Hinten zur Gartenpforte herein, durch das Büstenzimmer, die Haupttreppe in die Vorhalle hinab und schließlich durch die Haupttür am Frauenplan wieder hinaus. Am Eingang wie am Ausgang warten Wachen, die Logistik ist bis ins kleinste Detail durchdacht. Ottilie hat sich gegen den Kanzler von Müller durchgesetzt. Auch Wieland, auch Carl August, den Herzog, hatte man seinerzeit aufgebahrt. Die Welt hatte ein Recht darauf, sich gebührend von ihrem Goethe zu verabschieden.

Da liegt sie also, die sterbliche Hülle, auf dem Paradebett, nicht im Geringsten entstellt. Auf dem Kopf sitzt ein Lorbeerkranz, um den Verstorbenen her auf Kissen Orden, Ehrendiplome, der goldene Kranz, den ihm seine Geburtsstadt Frankfurt zum siebzigsten Geburtstag verliehen hat, oberhalb des Bettes ein heller Marmoraltar, Insignien eines Dichterlebens. Es ist kaum zu glauben, dass hier ein Verschiedener ruht, scheint es doch, als ob er sich jeden Augenblick wieder aufrichten könnte. Jetzt ist sie endgültig da, die große Leere.

Auch Kanzler von Müller will immer noch nicht wahrhaben, was geschehen ist. Wer könnte sich überhaupt daran gewöhnen, Goethe nicht tätig, produktiv und in tausenderlei Arbeiten verstrickt zu sehen? Die Brust wirkt nach wie vor mächtig und breit, hinter der Stirn scheinen noch einige Gedanken zu funkeln. Ein

vollkommener Mensch liegt da, das letzte sichtbare Erkennungs-
zeichen einer Epoche, die so bald nicht wiederkehrt. Wie ein
böser Traum erscheint dem Kanzler in diesem Moment die
Menge, die sich nun schon seit Stunden ihren Weg am Auf-
gebahrten vorbei bahnt.

Als sich der Trauerzug schließlich mit dem luftdicht verschlossenen Sarg um siebzehn Uhr zur Fürstengruft in Bewegung
setzt, läuten überall in Weimar die Glocken.

*

Über alles haben die Restauratoren genauestens Protokoll geführt: den Zeitpunkt der Sargöffnung, die Vermessung des
Leichnams, die konservatorischen Maßnahmen, mit denen man
die weichen Gewebereste von den Knochen entfernte, den lädier-
ten Lorbeerkranz künstlich verstärkte und das gereinigte Skelett
schließlich wieder zurück in den Sarg legte. Mehrere Dutzend
Fotografien sind während der Arbeit entstanden. Ein Bild zeigt
den Leichnam Goethes unmittelbar vor der Mazeration.

Schon deshalb dürfen die Akten niemals das Licht der
Öffentlichkeit erblicken. Es gibt schließlich die berühmten Ge-
mälde *Goethe in der Campagna* von Johann Heinrich Tischbein,
Goethe als Dichter und Künstler vor dem Vesuv von Heinrich
Christoph Kolbe, es gibt die Büsten von Christian Daniel Rauch
oder Friedrich Tieck, es gibt die Silhouetten mit Zopf und ohne
Zopf, mit und ohne steifen Rücken, und es gibt die Zeichnung
von Friedrich Preller, die er von Goethe auf dem Totenbett angefertigt hat. In all diesen Abbildern ist Goethe verewigt, als
Dichter, Naturforscher, Staatsminister und Weltbürger. Wenn es
in diesen Zeiten noch eine auratische Erscheinung gibt, dann
ihn. Einer wie er kann einfach nicht schimmeln, darf es nicht.

In diesem Sinne hatte schon die Totenrede, die der Oberhofprediger Johann Friedrich Röhr damals in der Kapelle der Fürstengruft zur Beerdigung des Dichterfürsten hielt, unter den Trauergästen für Empörung gesorgt: Die Art und Weise, wie Pastor Röhr über die irdische Vergänglichkeit und das körperliche Gebrechen sprach, mit denen auch der unsterbliche Goethe seinen Anteil an der Natur bezahlte, ging vielen seiner Anhänger gegen den Strich. Es durfte nicht den allerkleinsten Makel geben, wenn im allzu Flüchtigen der irdischen Dinge überhaupt noch etwas Bestand haben sollte. Und es musste doch etwas geben, an das man sich im reißenden Strom der Zeit klammern konnte.

In den 138 Jahren, die seither vergangen sind, ist aus einem deutschen Flickenteppich ein geeintes Deutsches Reich und zuletzt ein geteiltes Deutschland geworden. Zwischen Deutschland und Frankreich gab es wieder Krieg und im Zarenreich eine Revolution, und der Ururenkel des Großherzogs Carl August von Sachsen-Weimar-Eisenach, Wilhelm Ernst, die »Reitpeitsche«, floh bei Nacht und Nebel aus Weimar, als Arbeiter- und Soldatenräte im ganzen Land das Ruder übernahmen und Deutschland für wenige Jahre eine Republik wurde. Hitler unterwarf Europa, am Wannsee beschloss man, die europäischen Juden zu vernichten, Preußen wurde zerschlagen, zwei amerikanische Atombomben detonierten in den japanischen Städten Hiroshima und Nagasaki, und nicht mehr lange, und die Menschen werden zum Mars fliegen und zurück. Der ewige Friede, den Kant der weltbürgerlichen Weisheit in Aussicht gestellt hat, lässt aber noch immer auf sich warten, und unterdessen raucht man Marlboro oder Juwel.

Um 16.15 Uhr, so steht es später im Abschlussbericht, den die

Restauratoren dem Direktor der Nationalen Forschungs- und Gedenkstätten der Klassischen deutschen Literatur in Weimar als Akte übersenden, hat am 20. November 1970 die Wiedereinbettung der sterblichen Überreste Johann Wolfgang von Goethes begonnen. Um 21.30 Uhr lassen die Restauratoren die Tür zur Fürstengruft hinter sich ins Schloss fallen und gehen auseinander, als wäre nichts gewesen.

Der Anbruch einer neuen Zeitrechnung: Vier Tage bevor das Riesenrad im ukrainischen Prypjat in Betrieb gehen soll, kommt es am 26. April 1986 im nahegelegenen Atomkraftwerk Tschernobyl zum Super-GAU. Auf der ganzen Welt schlagen die Strahlungsdetektoren Alarm.

Intermezzo 1986:

Eine Wolke zieht nach Westen

Es kommt nicht oft vor, dass Cliff Robinson so früh unterwegs ist. Aber er hat heute schlecht geschlafen und ist dann viel zu zeitig aufgestanden. Vielleicht braucht er doch einmal Urlaub, eine kleine Auszeit, Wald, Blockhütte, Einsamkeit. Mechanisch hat er die Zahnbürste kreisen lassen und dabei Grimassen im Spiegel geschnitten. Dann ist er in seinen Volvo gestiegen und ins Kernkraftwerk Forsmark gefahren.

Um in den Sicherheitsbereich zu seinem Arbeitsplatz zu gelangen, muss Robinson einen Strahlungsdetektor passieren, reine Routine. Am Morgen dieses 28. April 1986 ist er tatsächlich der erste Mitarbeiter. Und zumindest in diesem Moment, als er den Pförtner mit einem Nicken begrüßt, ist er irgendwie einverstanden mit seinem holprigen Start in die Woche.

Robinson hat gerade erst sein Studium abgeschlossen, Kernphysik, und ist mit seinen neunundzwanzig Jahren im Vergleich zu anderen Kollegen noch jung. Forsmark ist eine Chance, und er hat sie ergriffen, weil ihn Atomenergie fasziniert. Man kann sie nicht sehen, nicht greifen, nicht fühlen. Radioaktivität ist unsichtbar, lautlos und ohne Geschmack. Und dennoch hat sie ein solches Potenzial, eine solche Kraft. Mehr als alle anderen Energiequellen auf diesem Planeten zusammen.

Doch dann geschieht etwas, das sich niemand erklären kann: Als Cliff Robinson kurz vor sieben Uhr die Schleuse passiert, schlägt der Detektor auf einmal Alarm. Das kann nur ein Fehler sein. Ganz sicher. Etwas muss mit dem Detektor nicht stimmen. Er, Robinson, ist ja noch gar nicht in der Anlage. Normalerweise geht der Alarm nie los, nicht einmal, wenn er aus der Sicherheitszone rauskommt. Vielleicht ist die Alarmschwelle falsch kalibriert? Robinson versucht es noch einmal. Wieder ertönt der Alarm. Schließlich bittet ihn der Pförtner, es noch ein letztes Mal zu probieren. Und siehe da: diesmal kein Alarm, keine Sirene. Also muss der Detektor doch defekt sein. Robinson macht sich an die Arbeit.

Als später die anderen Mitarbeiter eintreffen und der Detektor auch bei ihnen anschlägt, wird man doch etwas unruhig in Forsmark. Man muss der Sache jedenfalls schnellstens auf den Grund gehen, bevor die Nachricht womöglich nach außen dringt und sich Panik unter der schwedischen Bevölkerung ausbreitet. Und womöglich nicht nur dort.

Denn eine atomare Havarie, so viel ist klar, würde nicht Halt machen vor Zäunen oder Ländergrenzen. Sie ließe sich überhaupt nicht stoppen. Würde Luft, Wasser, Tiere, Menschen kontaminieren. Die radioaktive Strahlung, die dabei freigesetzt würde, hielte sich fünfzig, hundert, zweihundert Jahre. Eine halbe Ewigkeit: kein Leben, nirgends.

Cliff Robinson führt den ganzen Tag über Messungen durch und überprüft die Anlagen. Man kann schließlich nicht vorsichtig und gründlich genug sein. Leckende Brennstäbe haben im zurückliegenden Winter bereits mehrmals zur Freisetzung kleinerer Mengen radioaktiver Strahlung geführt. Obgleich der Reaktor in Forsmark erst sechs Jahre alt ist. In der gesamten

Sicherheitszone kann Robinson allerdings nicht den kleinsten Anhaltspunkt dafür finden, woher die seit dem Morgen erhöhten Messwerte stammen könnten.

Erst als im Laufe des Tages auch aus anderen Kernkraftwerken in Schweden erhöhte Strahlenwerte gemeldet werden, verdichtet sich eine Theorie, die Robinson schon am Morgen gehabt hat: Was, wenn die Strahlung gar nicht aus Schweden, sondern aus dem Ausland kommt? Von drüben, jenseits des Eisernen Vorhangs? Der Wind weht heute aus Südosten. Die Theorie ist nicht unplausibel, denn inzwischen haben auch Stellen aus Finnland und Dänemark radioaktive Kontaminationen bestätigt. Sollte die Sowjetunion eine Atombombe gezündet haben? Oder hat sich dort womöglich in einem Kernkraftwerk ein Unglück ereignet, ein Art Supergau, und nun treten große Mengen Radioaktivität aus, die sich als unsichtbare Wolke auf die Reise machen, hierher zu ihnen nach Europa?

Die Abendnachrichten bringen schließlich Gewissheit: Es habe eine Havarie im Kernkraftwerk Tschernobyl, etwa einhundert Kilometer nördlich von Kiew, gegeben, heißt es in den Meldungen. Gerade mal vier Zeilen hat die sowjetische Nachrichtenagentur TASS über ihre Ticker laufen lassen. Aber Cliff Robinson weiß: Es kann nur die Hölle auf Erden sein.

Allein die Explosion muss gewaltig gewesen sein. Der ganze Himmel voller Flammen. Und dann der Ruß. Alles brannte. Entfesselt von der Wucht der Entladung und der Hitze aus dem zerborstenen Kern, muss die Wolke hoch in die Nacht aufgestiegen sein, bis zu einer Höhe von 1500 Metern, wo sie dann vom Wind erfasst wurde, der wohl aus Süd-Südost kam, und in nordwestlicher Richtung über die UdSSR auf die Ostsee zu trieb.

Keiner weiß, wie viele Stunden seit dem Unglück ins Land

gegangen sind, ohne dass etwas zum Schutz der Bevölkerung unternommen wurde. Sind Menschen bei dem Unglück ums Leben gekommen? Nicht einmal dazu gibt es Informationen. Stattdessen hat man offenbar auch in der sowjetischen Presse bisher versucht, die Havarie in Reaktorblock 4 zu verheimlichen. Sieht so also die neue Offenheit und Transparenz aus, die Michail Gorbatschow, der Generalsekretär des Zentralkomitees der Kommunistischen Partei, seitens der Staatsführung gegenüber der Bevölkerung in seinen Reformen anstrebt?

Seit die Erde existiert, haben sich immer wieder verheerende Naturkatastrophen ereignet: Überschwemmungen, Erdbeben, Vulkanausbrüche. Und natürlich hat es Hiroshima und Nagasaki gegeben, das kriegerische Atom. Aber dies hier, das friedliche Atom, ist anders. Dies hier läutet eine Epoche ein, in der schon ein einziger Unfall, ein einziger Fehler dazu führen kann, dass es bald gar kein Leben, gar keine Erde mehr gibt. Es bedarf gar keines Atomkriegs zwischen Supermächten, um die Welt in eine Wüste zu verwandeln.

Ab heute regiert nicht mehr die Vernunft. Es herrscht allein das Risiko, dass alles außer Kontrolle gerät. Die Geschichte ist von einem auf den anderen Tag aus dem Gleis gesprungen. Tschernobyl übersteigt nicht nur das Wissen, sondern auch die Einbildungskraft. Und tatsächlich wird man bereits wenige Tage später erhöhte Strahlenwerte in Japan, China, Indien, in den USA und in Kanada messen. Die Wolke breitet sich über den Globus aus. Äcker, Wälder, Grundwasser, nichts ist noch sicher.

Als Cliff Robinson an diesem Abend wieder in seinen Volvo steigt, ist es bereits dunkel geworden. Das Leben, das er bis gestern geführt hat, scheint in unendliche Ferne entrückt zu sein. Und es gibt keine Möglichkeit mehr umzukehren.

Ost-Berlin 1991:
Der Traum vom Jahre null

Christa Wolf und Jürgen Habermas
ringen mit dem Ende der Geschichte

Jürgen Habermas ist besorgt. Um die Literatur, die Philosophie, die Kunst, das kulturelle Erbe, das Land. Westdeutschland.

Gerade kommt er zurück von einer Reise nach Berlin, wo er auf Einladung der Schriftstellerin Christa Wolf bei einem Gesprächskreis in der Akademie der Künste Ost war. Dabei wurde über die Rolle der Intellektuellen nach und vor der deutschen Teilung gestritten. Er, Habermas, war neugierig auf den Abend gewesen, auch wenn er selbst nichts beitragen wollte. Nur zuhören oder von der Seitenlinie aus beobachten. Es ging hoch her.

Der Einladung in den Klubraum der Akademie der Künste am Robert-Koch-Platz war an diesem 21. November 1991 eine illustre Riege von Ost-Intellektuellen gefolgt: Bürgerrechtler wie Friedrich Schorlemmer oder Hans-Jürgen Fischbeck, Wolfgang Thierse, seit letztem Jahr Mitglied des ersten gesamtdeutschen Bundestages in Bonn, oder die Schauspielerin Jutta Wachowiak. Auch die West-Seite war prominent vertreten: Aus München war der Philosoph Dieter Henrich angereist, aus Frankfurt am Main kam der Literaturkritiker Lothar Baier, während der Publizist Peter Bender es aus West-Berlin nicht ganz so weit hatte.

Alle waren sie gekommen, um einen Vortrag von dem Medizi-
ner Jens Reich zu hören, einem Bürgerrechtler der ersten Stunde.
Und vermutlich wäre der Abend im Großen und Ganzen ruhig
verlaufen, hätte Reich nicht plötzlich und völlig unerwartet seine
Rede auf jenes Reizwort gebracht, an dem sich die westdeutschen Geister entzünden mussten.

Reich sprach von der Zeit der friedlichen Revolution 1989 als
einer ostdeutschen »Stunde null«. Er verwendete den Begriff
nicht anders, als es die Westdeutschen 1945 nach der beding-
ungslosen Kapitulation getan hatten, um ein für alle Mal einen
Schlussstrich unter die Vergangenheit zu ziehen. Und auch
heute, mehr als vierzig Jahre später, sollte wieder gelten: Nur wer
die Uhren zurück auf null stellt, weil er den »dicken Rucksack«
losgeworden ist, nur wer einmal »tabula rasa« macht, kann befreit aufspielen.

Jürgen Habermas, dem führenden Philosophen der alten
Bundesrepublik und ehemaligen Schüler Theodor W. Adornos,
geht das entschieden zu weit. Die Aufbruchstimmung seiner
Kollegen aus dem Osten kann er zwar verstehen, ihn beschlei-
chen allerdings Zweifel. Zweifel, ob die Rede von einem gänz-
lich unbefangenen, leichtfüßigen Neubeginn überhaupt zu-
lässig ist. Das alte Gepäck verschwindet schließlich nicht aus der
Welt, nur weil man glaubt, es ablegen zu können. Zweifel auch,
ob der Schulterschluss zwischen Ost und West nicht auf eine
fatale Gleichrangigkeit zwischen beiden Traditionslinien hinaus-
läuft. Und im Übrigen hat sich die internationale Diskussion um
das Ende des Kalten Krieges längst in eine andere Richtung
bewegt.

In den Vereinigten Staaten lehrt der Politologe Francis
Fukuyama gerade, dass der Sieg der liberalen Demokratien des

Der führende Philosoph der alten Bundesrepublik: Jürgen Habermas verteidigt die westliche Tradition der Aufklärung. Eine ostdeutsche Stunde null kann und darf es nicht geben.

Westens über das kommunistische Regime im Osten das »Ende der Geschichte« eingeläutet habe. Fukuyama zufolge bestätigt der Fall der Berliner Mauer just das, was der Philosoph Georg Wilhelm Friedrich Hegel schon zweihundert Jahre zuvor vom Katheder der Berliner Universität herab gepredigt hat: Dass die Weltgeschichte nichts anderes als Fortschritt im Bewusstsein der Freiheit sei – ein Triumphzug, den wir in seiner Notwendigkeit zu erkennen haben. Für Fukuyama beginnt 1989 keine neue Geschichte. Die Geschichte endet vielmehr. Und zwar unter Beifall: Was sollte jetzt, nach einem Jahrhundert der Kriege, nach einem Exzess der Gewalt, der mit einem Sieg des Liberalismus über Faschismus und Kommunismus geendet hat, noch kommen?

Es geht aber noch um einen anderen Punkt, der an jenem Abend in der Akademie Habermas' Einspruch provoziert hat: Er hält die These von Reich nicht nur für falsch, sondern auch für gefährlich. Gefährlich deshalb, weil die Rede von einem Jahre null den Anschein erweckt, man könne in Deutschland jetzt wieder in den Jargon des Nationalismus zurückfallen, den man im Westen nach 1945 so mühsam erst losgeworden ist.

Dabei ist doch gerade er, Habermas, es gewesen, der mit seiner Diskursethik versucht hat, das aufklärerische Denken aus den Trümmern des Dritten Reiches zu bergen. Mit der Schrift *Strukturwandel der Öffentlichkeit* fing es 1962 an; und auch nach der 1981 erschienenen *Theorie des kommunikativen Handelns* ist für ihn noch nicht alles gesagt. Habermas' Theorie zeigt, dass wir nur dann ernsthaft argumentieren, ja miteinander streiten können, wenn wir zugleich unterstellen, das Gespräch, das wir führen, werde vom »zwanglosen Zwang des besseren Argumentes« regiert. Für einen Partikularismus, für jede Form des Nationalismus, ist in einer solchen universalistischen Ethik kein Platz. Ohne den »herrschaftsfreien Diskurs«, wie Habermas diese informelle Verabredung unter den Diskursteilnehmern nennt, ist im Übrigen auch eine Demokratie nicht denkbar.

Auch deshalb kann man jetzt unmöglich wieder auf Los zurückspringen. Die Intellektuellen im Osten des Landes mögen zu Recht das Gefühl haben, durch die Veränderungen der vergangenen beiden Jahre in eine Ausnahmesituation verwickelt worden zu sein. Aber das Wort von der »Stunde null« hat etwas Irreführendes, Unkontrollierbares. Es klingt, als müsse man wieder durch deutsches Sumpfgebiet hindurchwaten.

An jenem Abend in der Akademie sind diese und andere Fragen freilich nur angeklungen: Fragen von Herkunft und Prägung, einer historisch gewachsenen Mentalität. Dieter Henrich, Habermas' Professorenkollege und Freund aus München, hegt ganz andere Bedenken als er: Henrich sieht auch den Westen in die Bredouille geraten. Die westliche Anlehnung an die Vereinigten Staaten, die sehr viel Produktives gehabt habe, sei doch im

Grunde ebenfalls erzwungen gewesen, weil sie nur im Zusammenhang mit der gleichzeitigen Abwehr des Ostens zustande gekommen sei. Für Henrich hat es somit intellektuelle Befangenheiten diesseits und jenseits des ehemaligen Eisernen Vorhangs gegeben – Befangenheiten, die nun unweigerlich nachwirken.

Zurück am Starnberger See, beschließt Habermas, an Christa Wolf zu schreiben. Es ist keineswegs das erste Mal, dass sie einander begegnet sind: Bereits im Sommer des Jahres, am 16. Juni, war Wolf nach Frankfurt am Main gereist, um an einer Sitzung des »Kuratoriums für einen demokratisch verfassten Bund deutscher Länder« in der Paulskirche teilzunehmen. Das Kuratorium setzte sich aus Frauen und Männern aus Politik und Wissenschaft, den Künsten und der Publizistik zusammen. Man strickte an einem Verfassungsentwurf, der auf der Basis des Grundgesetzes auch Elemente des im Frühjahr 1990 ausgearbeiteten, im Einigungsprozess aber komplett unterschlagenen Verfassungsentwurfs des Runden Tischs enthalten sollte. Auch er, Habermas, war bei der Sitzung in Frankfurt zugegen, als Gast. In einem Beitrag für die *ZEIT* hatte er sich schon im Frühjahr 1990 für den Vorschlag des Runden Tischs eingesetzt und sich gegen den »Beitritt« der DDR zur Bundesrepublik nach dem in Paragraph 23 des Grundgesetzes festgelegten Verfahren ausgesprochen. In der Paulskirche, dem historischen Ort aller vergeblichen Demokratisierungsversuche, lernten er und Wolf sich schließlich kennen. Man war sich sympathisch.

Nach der Wiedervereinigung des Landes steht nun vermutlich bald auch die Vereinigung zweier Berliner Akademien auf der Tagesordnung. Und es ist keineswegs zu erwarten, dass darüber Einigkeit herrschen wird. Gerade von westdeutscher Seite sind die Bedenken mitunter jetzt schon gewaltig: Eine Fusion beider

Häuser, der Akademie der Künste West und ihres Pendants aus dem Osten, so ist von Kollegen zu hören, käme einem Verrat am Geist der Aufklärung gleich. Einer Verkrümmung der Seele. Und auch für ihn, Habermas, darf es kein Zurück hinter den aufrechten Gang der Vernunft geben.

*

Am 11. November 1991, zehn Tage bevor das Treffen in der Akademie der Künste Ost stattfindet, verabschiedet das sogenannte 20er-Gremium ein Neun-Punkte-Programm, in dem man sich ebenso offen wie offensiv zur Vereinigung mit der Akademie der Künste West zu einer »Vereinigten Akademie der Künste Berlin Brandenburg« bekennt. Dem 20er-Gremium gehören neben Heiner Müller als Präsidenten der Akademie langjährige Mitglieder wie Christoph Hein, Stephan Hermlin, Volker Braun und Christa Wolf an. Das Positionspapier geht auf Sebastian Kleinschmidt zurück, der über viele Jahre als Mitarbeiter am Zentralinstitut für Literaturgeschichte der Akademie der Wissenschaften der DDR gearbeitet und eben erst sein Amt als Chefredakteur der auch im Westen des Landes hoch angesehenen Literaturzeitschrift *Sinn und Form* übernommen hat. Man legt die Karten offen.

»Zeiten des Wandels sind Zeiten kultureller Intensität. Sind Zeiten der Prüfung und Selbstprüfung, des Lernens und neuer Ideen«, heißt es gleich im ersten Punkt des Positionspapiers, mit dem die Vertreter aus dem Osten ihre Kollegen aus dem Westen von der Idee einer gesamtdeutschen Kunstakademie überzeugen wollen. Es seien günstige Zeiten für die Kunst und das Denken, weil alles auf den Prüfstand komme. So wie das Haus am Robert-Koch-Platz geprägt sei von der Ostorientierung seines inzwischen nicht mehr existierenden Staates, lebe das andere am

Hanseatenweg von der Westanbindung seiner inzwischen auch nicht mehr so jungen Republik, setzt der zweite Punkt die Überlegungen fort. Sowjetische Literatur oder amerikanischer Pragmatismus? Doktor Schiwago oder John Rawls? Was liegt da näher, als das Beste aus beiden Hemisphären unter einem Dach zu vereinen? In der Kultur herrscht schließlich nicht das Gesetz des Beitritts.

Die Haltung des Positionspapiers ist klar und betrifft bei Weitem nicht nur die Frage nach einer Künstlersozietät. Genau wie die Akademie soll vielmehr auch das seit gut einem Jahr wiedervereinigte Land zu einer gesamtdeutschen Identität finden. Kein Wort von Ende. Mit einer doppelten Vergangenheit im Rückspiegel fängt die Geschichte gerade erst an.

*

Am Abend nach dem Paulskirchen-Konvent am 16. Juni 1991 ist Christa Wolf beim Ehepaar Habermas in dessen Frankfurter Wohnung in der Myliusstraße eingeladen. Die Myliusstraße liegt im Frankfurter Westend, nur ein paar Gehminuten von der Universität entfernt. Viele Professoren wohnen hier. Schmiedeeiserne Zäune, großzügige Villen. Der Kettenhofweg 123, in den Theodor und Gretel Adorno 1953 zogen, vier Jahre nachdem sie aus dem kalifornischen Exil nach Deutschland zurückgekehrt waren, befindet sich in unmittelbarer Nachbarschaft. Auch das Haus des Suhrkamp Verlags ist gleich um die Ecke.

Der Abend verläuft lebhaft und freundschaftlich. Es geht um Politisches wie auch Privates. Es ist Jahre her, da hatte Habermas' Tochter Judith Kontakt zu Wolf aufgenommen und ihr die Facharbeit geschickt, die sie damals am Gymnasium geschrieben hatte. Der Titel: *Das Weltbild der Christa Wolf.* Die Autorin hatte

Die Stimme aus dem Osten: Christa Wolf kämpft für eine Begegnung auf Augenhöhe zwischen beiden deutschen Staaten. Mit einer doppelten Vergangenheit im Rücken fängt die Geschichte gerade erst an.

ihr in einem Brief gedankt und geantwortet, es sei für eine Schülerin ihres Alters wohl gar nicht so ohne Weiteres möglich, »Weltbilder« aus ihrem, Wolfs, Werk herauszulesen. »Das Weltbild der Christa Wolf kann und soll nach ihrer eigenen Auffassung kein geschlossenes System sein«, so hatte es Judith Habermas am Ende ihrer Arbeit formuliert. An die Stelle der Religion in den Weltbildern von Schriftstellern, die zu anderen Zeiten gelebt hätten, trete bei Wolf eine »bewußte Zeitgenossenschaft«.

Auch leidige Themen kommen im Lauf des Abends zur Sprache, etwa der Sturm der Entrüstung, der ziemlich genau ein Jahr zuvor über Christa Wolf hereingebrochen ist. Sie erinnert sich nicht gerne an diese Zeit. Fühlt sich missverstanden, ungerecht behandelt.

Die Sache ist die: Mitten im deutschen Einigungsprozess erscheint im Sommer 1990 ihre Novelle *Was bleibt* und löst in den Feuilletons einen Literaturstreit aus, in dem es schon bald um viel mehr als nur Literatur geht. Man wirft ihr, Christa Wolf, vor, eine »Staatsdichterin« gewesen zu sein, die, als es darauf ankam, geschwiegen habe, nun aber, nach dem Untergang des sozialistischen Regimes im Osten, sich selbst zum Opfer stilisiere.

Die Geschichte der Novelle ist rasch erzählt: Eine Frau aus Ost-Berlin, Schriftstellerin, ist allein in ihrer Wohnung. Ihr Mann befindet sich nach einer Operation im Krankenhaus. Auf der Straße vor dem Haus sitzen drei Männer in einem Auto, wartend, Kaffee trinkend, Bockwürste kauend. Observierend. Tag und Nacht. Gespräche können innerhalb der Wohnung nicht mehr geführt werden, Telefonate geraten zur Farce. Ein bohrender innerer Monolog beginnt, eine Selbstbefragung über das eigene – vergangene wie gegenwärtige – Verhältnis zum Staat. Das ist die Situation: Nervosität, Angst, Schlaflosigkeit.

Als das Buch dann ab dem 5. Juni 1990 in den Buchhandlungen ausliegt, geht es längst um etwas anderes. Bereits vier Tage zuvor hat nämlich Ulrich Greiner einen Artikel in der *ZEIT* veröffentlicht, in dem er die Publikation des Buchs zum Anlass für eine ungemein scharfe Attacke auf die Autorin Christa Wolf nimmt. Von Selbstgerechtigkeit ist da die Rede – und mangelndem Feingefühl. Ein Großteil des Textes stamme aus dem Jahr 1979, überarbeitet worden sei er im Herbst 1989 – so hat es Wolf selbst als Postskriptum unter die Erzählung gesetzt. Und genau dieser »Herbst 1989« stifte Verdacht: Die Publikation, so Greiners Vorwurf, komme zu einem Zeitpunkt, an dem Christa Wolf nichts mehr zu befürchten habe, selbst aus der Partei sei sie inzwischen ausgetreten. Vor dem 9. November 1989 wäre die

Publikation dieses Textes eine Sensation gewesen und hätte vermutlich das Ende der Staatsdichterin Christa Wolf und ihre »Emigration« zur Folge gehabt. Jetzt aber, *danach*, sei die Veröffentlichung nur noch peinlich.

Im deutschen Feuilleton geht es daraufhin hoch her: Verteidigungen folgen auf Angriffe folgen auf Verteidigungen. Frank Schirrmacher von der *Frankfurter Allgemeinen Zeitung* stimmt am darauffolgenden Tag in den Abgesang auf eine moralisch unaufrichtige und literarisch ohnedies überschätzte Autorin ein. Und schon bald ist aus der Auseinandersetzung um ein Buch ein Stellvertreterstreit geworden, in dem es um die Abrechnung mit dem Erbe der 68er-Bewegung und einem Ende der deutschen Nachkriegsliteratur geht. Aus München werden sogar Stimmen von den Christsozialen laut, die fordern, der Stadtrat möge Christa Wolf den Geschwister-Scholl-Preis wieder aberkennen, den die Autorin 1987 für ihr Buch über das Reaktorunglück in Tschernobyl bekommen hat; *Störfall* heißt es – Aufzeichnungen eines Tages aus dem Frühjahr 1986, an dem die stündlichen Warnungen im Radio sich auf eigenartige Weise mit der förmlichen Explosion der Blüten an den Kirschbäumen auf dem Land in Mecklenburg kreuzen und wie nebenbei, als wäre es gar nicht so wichtig, eine individuelle Katastrophe geschieht.

Das Gespräch, das Wolf und Habermas an jenem Abend in Frankfurt führen, zieht sich bis weit nach Mitternacht. Auch ihn, Habermas, ärgern die Angriffe auf Wolf noch immer. Er kennt die Reflexe seiner westdeutschen Kollegen, weiß, wie selbstgerecht diese sein können. Als man sich verabschiedet, verspricht Wolf, sich für die Einladung alsbald zu revanchieren.

*

Christa Wolf ist froh, dass Jürgen Habermas ihr nach dem Treffen in der Akademie der Künste seine Bedenken geschrieben hat. Es zeigt, dass eine gegenseitige Verständigung auch über die bestehenden Differenzen hinweg gelingen kann. Ihn nach Berlin einzuladen, schien ihr nach dem unverhofften Beisammensein in Frankfurt eine willkommene und passende Gelegenheit zu sein, den Kontakt zu ihrem Kollegen aus dem Westen fortzuführen.

Wolf weiß um die Prägungen, die ihre Ost- und seine West-Sozialisation, das jeweilige Aufwachsen in und mit verschiedenen Büchern und Autoren mit sich gebracht haben, aber der Anfang zu einem Dialog ist gemacht. »Wie wenig doch sogar wir uns kennen, wie wenig wir voneinander wissen«, hatte sie im Sommer nach ihrer Rückkehr aus Frankfurt an Habermas geschrieben. »Das wird ein langer Prozeß, und ich werde mich bestimmt in Erinnerung bringen, um Sie nach Berlin in die Akademie einzuladen.«

Mit dem, was Habermas nun in seinem Brief ihr so weitschweifig ausgeführt hat, ist Wolf allerdings nicht einverstanden, auch wenn sie sein abschlägiges Urteil über eine vermeintliche ostdeutsche »Stunde null« teilt. Sie verwahrt sich nur gegen eine Sichtweise, die die westdeutschen Intellektuellen für die Emanzipierten und die ostdeutsche Intelligenzija für die letztlich doch in falschen Loyalitäten Befangenen hält.

Schon bei ihrem Gespräch in Frankfurt hatte Wolf den Eindruck, Habermas größte Befürchtung sei es, durch sie, die Intellektuellen aus dem Osten, auf eine Stufe der Auseinandersetzung zurückgeworfen zu werden, die die Westintellektuellen in seinen Augen bereits nach 1945 überwunden hätten. Und schon an jenem Abend kam es ihr einseitig vor, nur den Osten unter Zugzwang zu setzen, die Rollen zwischen offener und geschlossener

Gesellschaft so eindeutig zu verteilen. Auch der Westen sei in der Pflicht, sein Weltbild zu überprüfen, hatte sie Habermas in Frankfurt entgegnet. Vor Herausforderungen und Selbstbefragungen stünden die Intellektuellen hier wie dort.

Wolf will Habermas schreiben und versuchen, ihm die Situation im Osten zu erklären. Sie wird ihn fragen, ob nicht auch in der Orientierung am Westen eine Art von Verengung liege, wenn ihr der Zugang zur intellektuellen Herkunft des Ostens fehle, etwa zur modernen russischen Literatur. Ob nicht die kulturelle Befangenheit der beiden deutschen Teilstaaten überwunden werden könnte durch ein Drittes, das in Zukunft entsteht.

Christa Wolf hat sich entschieden, den Brief von Jürgen Habermas in einer Kopie an Lothar Baier zu schicken, zum internen Gebrauch. Baier wird beim dritten und letzten Klubabend der Reihe am 19. Dezember einen Vortrag halten, neben Dieter Henrich, der sich ebenfalls entschlossen hat, noch einmal nach Berlin zu kommen. »Wir haben unterschiedliche Geschichten, darauf sollten wir bestehen«, schreibt Christa Wolf in ihrem Brief an Jürgen Habermas, »und wir sollten anfangen, uns diese Geschichten zu erzählen.«

Frankfurt am Main 2003:
Das Versprechen von Europa

Susan Sontag kämpft für den Frieden

Sie weiß, wie der Krieg ist. Und sie weiß, wie unwirklich es ist, aus dem Krieg nach Hause zu kommen, in eine normale Stadt, am Flughafen in ein Taxi zu steigen – der übliche Verkehr, intakte Straßenzüge, Häuser, in denen Familien leben, unbeschädigte Dächer, Mauern ohne Einschusslöcher – und dann im Hotelzimmer den Lichtschalter anzuknipsen.

Für Susan Sontag sind diese Dinge nicht mehr normal. Sind es letztlich noch nie gewesen. Aber seit sie 1993, vor nunmehr zehn Jahren, nach Sarajevo fuhr, um vor Ort eines der absurdesten Theaterstücke des zwanzigsten Jahrhunderts, *Warten auf Godot* von Samuel Beckett, auf die Bühne zu bringen, während um sie herum, in ganz Jugoslawien, Granaten explodierten und es weder Nahrung noch Elektrizität, fließend Wasser oder funktionierendes Telefon gab – seitdem betrachtet sie die Geschäftigkeit der Menschen, die in New York, London oder Berlin einen Stadtbummel machen, in Lebensmittelläden vor vollgefüllten Regalen stehen, ein Restaurant betreten und die Speisekarte vorgelegt bekommen, endgültig mit anderen Augen.

Sontag kann sich noch genau an den Moment erinnern, als der Krieg in ihr Leben trat. In einer Buchhandlung im kalifornischen Santa Monica war sie als Zwölfjährige auf Fotografien der befreiten, zu Skeletten abgemagerten Häftlinge von Dachau und Bergen-Belsen gestoßen. Im Juli 1945 war das, Nazideutschland hatte gerade erst vor den Alliierten kapituliert. Seither war ihr Leben gespalten, es gab eine Zeit, bevor sie diese Bilder sah, und es gab die Zeit danach. Es war eine Art Offenbarung gewesen, die sie in zwei Hälften riss, eine Offenbarung von »Gottes-Abwesenheit«, so dachte sie später darüber. Die Wunde reichte tief. Nie zuvor und nie danach hatte sie so etwas Verstörendes gesehen.

Als Sontag damals von Sarajevo aus nach Deutschland kam, stellte sie verwundert fest, dass Günter Grass, Hans Magnus Enzensberger und all die anderen deutschen Schriftsteller und Intellektuellen dem Krieg auf dem Balkan mit Gleichgültigkeit zuschauten. Als es 1937 darum gegangen war, Europa vor der Franco-Diktatur zu retten, hatten sich noch Tausende Freiwillige in die Internationalen Brigaden der Spanischen Republik eingereiht, darunter auch namhafte Intellektuelle aus ganz Europa, wie André Malraux, Ernest Hemingway, George Orwell, Gustav Regler und Alfred Kantorowicz.

Nun dagegen: weit und breit niemand. All die Schriftstellerinnen und Schriftsteller, Künstler, Professoren und Wissenschaftler, die gemeinhin dafür bekannt waren, sich bei wichtigen öffentlichen Ereignissen und Gewissensfragen zu Wort zu melden, glänzten im Bosnienkonflikt durch Abwesenheit und schwiegen. Auch die westeuropäischen Mächte und die Vereinigten Staaten waren bei ihrer Entscheidung geblieben, nicht in der Region zu intervenieren. Dabei war dies der erste europäische Völkermord im zwanzigsten Jahrhundert, der von der Weltpresse verfolgt und allabendlich im Fernsehen kommentiert

Engagierte Intellektuelle: Während andere Schriftsteller durch Abwesenheit glänzen, bricht Susan Sontag 1993 nach Sarajevo auf, um sich ein Bild vom Krieg zu machen.

wurde. Sie, Sontag, konnte das nicht: rumsitzen und nur zusehen. Sie musste hinfahren und mit anpacken.

Dabei machte sie sich nichts vor: Als Ärztin oder, noch besser, Wasserbauingenieurin, wäre sie vor Ort nützlicher gewesen. Aber sie verstand sich nun einmal aufs Schreiben, darauf, Filme zu machen und am Theater Regie zu führen. Und Becketts Stück über das lange, aussichtslose Warten auf den seinen Figuren Wladimir und Estragon nur vage bekannten Godot schien ihr wie geschaffen zu sein für die Situation der belagerten Stadt Sarajevo: ausgeplündert, hungrig, niedergeschlagen und auf eine willkürliche Macht wartend, die sie rettet oder in Schutz nimmt. »Warten auf Godot«, das hieß für die Menschen in Sarajevo so viel wie »Warten auf Clinton«. Für Sontag, die auf dem Theater die Stellung hielt, hieß es auch oft nur »Warten auf die Requisiten«.

Das war die Realität, die Beckett mit seinem Stück bereits vor fünfzig Jahren vorweggenommen hatte. Und dieser Realität wollte sie, Susan Sontag, sich mit den Mitteln der Kunst stellen, selbst wenn sie sich und andere damit in Lebensgefahr brachte. Jederzeit konnten die Schauspieler und Zuschauer auf dem Weg zum Theater oder nach der Vorstellung auf dem Heimweg durch die Kugel eines Scharfschützen oder durch eine Granate verletzt oder getötet werden. Jederzeit konnte einer der Kronleuchter von der Decke herunterkrachen. Fassade, Foyer, Garderobe und Bar des Theaters waren bereits mehr als ein Jahr zuvor durch einen Granateneinschlag zerstört worden; die Trümmer lagen immer noch herum.

Einige hielten es deswegen auch für frivol, ausgerechnet hier und jetzt ein Stück aufzuführen. Das sei, als würde man fiedeln, während Rom brennt. Sontag fand den Vorwurf befremdlich. Als wäre das Darstellen von Verzweiflung unangebracht, nur weil die Leute wirklich verzweifelt sind. Für sie bewies ein solcher Einwand nur, dass diejenigen, die ihn vorbrachten, gar nicht verstanden, was in Sarajevo vor sich ging.

*

Und auch jetzt, zehn Jahre später, ist es wieder an der Zeit, hinzusehen. Die USA haben im Irak einen Krieg begonnen, der auf einer Lüge basiert. Einer offenkundigen dazu. Nichts hatten die Experten der UN-Rüstungskontrollkommission bei ihren Ermittlungen gefunden. Keinen einzigen Beweis. Saddam Hussein verfügte über keine biologischen oder chemischen Massenvernichtungswaffen, wie US-Außenminister Colin Powell behauptet hatte. Der Vorwurf war fingiert, um dem irakischen Präsidenten ein Ultimatum stellen zu können und die freie Welt vor die Entscheidung, auf welcher Seite sie in Zukunft stehen wollte. Für die Bush-Administration gab es nur zwei Möglichkeiten: dafür oder dagegen. *Tertium non datur.* Freiheit oder Unfreiheit. Alte oder neue Welt. Amerika oder Europa.

Wie sehr Sontag diese falschen Oppositionen hasst. Schon nach den Anschlägen vom 11. September hatte sie, bei aller natürlich berechtigten Trauer, kritische Töne angeschlagen. Nie war die Kluft zwischen dem, was geschehen war, und der Frage, wie es sich vielleicht begreifen und in Worte fassen ließe, größer als an jenem Tag in New York. Hier die monströse Dosis Realität, dort das selbstgerechte Geschwätz, die gefährlichen Floskeln der Politiker und Militärs. Es war erschütternd und deprimierend.

Sontag konnte nicht verstehen, warum niemand bereit war auszusprechen, was offensichtlich war, zumindest in ihren Augen: dass es sich nicht um einen feigen Angriff auf »die Zivilisation«, »die Freiheit«, »die Menschlichkeit« oder »die freie Welt« handelte, sondern um einen Angriff auf die selbsterklärte Supermacht dieser Erde, die USA. Trauer musste sein, unbedingt, aber Sontag wollte die Amerikaner zugleich davor warnen, aus dem Wunsch nach Rache in einen Hurrapatriotismus der nationalen Stärke zu verfallen. Amerika habe keine Angst, war nach den Anschlägen auf allen Sendern und Kanälen zu hören gewesen. Doch, entgegnete Sontag, Amerika hatte sehr wohl Angst. Und wie das Land Angst hatte. Nichts war in Ordnung. Und was immer man über jene sagen mochte, die das Blutbad angerichtet hatten, Feiglinge waren sie nicht gewesen.

Der Artikel, der wenige Tage später im Magazin *The New Yorker* erschien, enthielt mehr Sprengstoff als alles, was Sontag bis dahin veröffentlicht hatte. Viele empfanden den Ton als falsch, andere zeigten sich empört und geschockt darüber, wie Sontag, die sich am Tag der Anschläge in einer Suite im Hotel Adlon in Berlin aufgehalten hatte, dermaßen hasserfüllt auf ihr Land herabsehen konnte. Und auch Sontag selbst begann nun, an ihrem eilig heruntergetippten Artikel zu zweifeln. Vielleicht hätte sie besser nur die Drohgebärde der amerikanischen Rhetorik anprangern, aber nichts über die Terroristen schreiben sollen. Doch ihr Zorn auf den Präsidenten, auf George W. Bush, und darauf, dass Amerika von Leuten wie ihm regiert wurde, war einfach zu groß gewesen.

*

Die Welt scheint seit jenem Septembertag zerfallen zu sein. Zwar gibt es nun eine »Koalition der Willigen«, die die USA bei ihrem Feldzug gegen Saddam Hussein unterstützen. Aber Frankreich und Deutschland, das alte Europa, haben den Krieg abgelehnt und stattdessen die Fortsetzung der Waffenkontrollen befürwortet.

Sontag hat seit Langem eine enge Beziehung zu Deutschland und Europa. Es waren nicht nur jene Fotografien aus Bergen-Belsen gewesen, die sie schon früh an Europa und sein Schicksal banden. In Santa Monica begegnete sie als Kind auch den Flüchtlingen, die Hitler dorthin ins Exil getrieben hatte. Dorthin, unter den strahlend blauen Himmel Kaliforniens, hatte es Igor Strawinsky und Arnold Schönberg verschlagen, dort lebten Fritz Lang und Billy Wilder, Bertolt Brecht und Hanns Eisler. In einem Theater sah sie damals die Inszenierung von Brechts *Leben des Galilei* mit Charles Laughton in der Hauptrolle – und war begeistert. Viele dieser Berühmtheiten sollten später zu ihren Freunden werden, der Philosoph Herbert Marcuse etwa, der Theologe Paul Tillich und nicht zuletzt Hannah Arendt, die Sontag kennenlernte, als sie Mitte zwanzig war und nach New York zog.

Susan Sontag war vernarrt in diese klugen Köpfe. Eine der Fragen, die sie mit Merrill Rodin, ihrem Chicagoer College-freund, in jenen Tagen oft diskutierte, lautete: Wie viele weitere Lebensjahre für Strawinsky würden es rechtfertigen, dass sie, die beiden Teenager, er neunzehn, sie siebzehn, jetzt auf der Stelle starben? Zwanzig Jahre? Selbstverständlich. Aber das war zu einfach und schien ihnen noch kein hinreichender Beweis ihrer Bewunderung für den Komponisten zu sein. Strawinsky war jetzt siebenundsechzig. Dann würde er mindestens siebenundachtzig Jahre alt. Fünfzehn Jahre? *Well, certainly.* Wie war es aber mit zehn oder nur fünf Jahren? Jetzt wurde es schwieriger, sie begannen zu schwanken. Doch was waren schon ihr nichtssagendes Dasein und selbst das Leben, das sie einmal erwarten sollte, im Vergleich zu der Möglichkeit, der Welt soundso viele weitere Jahre Musik von Strawinsky zu schenken?

Merrill und sie einigten sich damals auf ein Minimum von vier zusätzlichen Lebensjahren. Um Strawinsky noch vier weitere Jahre zu geben, waren sie bereit, hier und jetzt zu sterben.

*

All diese Verbindungen zwischen der alten und neuen Welt stehen Susan Sontag an diesem Tag, an dem ihr der Friedenspreis des Deutschen Buchhandels in der Frankfurter Paulskirche verliehen werden soll, wieder klar vor Augen. Umso mehr bedauert sie die Abwesenheit des Botschafters der Vereinigten Staaten, der schon im Juni, gleich nach der Bekanntgabe der diesjährigen Preisträgerin, die Einladung ausgeschlagen und damit ihrer Ansicht nach mehr als deutlich zum Ausdruck gebracht hat, dass ihm an einer Bekräftigung des Unmuts seitens der Bush-Regierung ihr gegenüber mehr liegt als an seiner Diplomatenpflicht.

Es gab die Gegensätze zwischen Amerika und Europa auch schon vor der Zeit, als über den Krieg im Nahen Osten entschieden werden musste. Man kannte die Klischees: hier der amerikanische Pragmatismus, da der europäische Intellektualismus; hier die amerikanische Tatkraft, da der europäische Weltschmerz; hier der amerikanische Moralismus, da das europäische Kompromisslertum. Aber ist sie nicht als Schriftstellerin nach Deutschland eingeladen worden? Und vermag nicht gerade die Literatur all diese vermeintlichen Polaritäten infrage zu stellen? Gewiss, man kann sich voneinander abkapseln. Nur übersieht man dann, wie Europa und Amerika, abseits der Gegensätze, die es nun einmal gibt (warum auch nicht?), von jeher ineinandergeflossen sind. Wie sich ihre Kulturen und Literaturen, ihre Sprachen von Anfang an durchdrungen haben.

Was wäre ihr Schreiben, ihr Werk ohne die Begegnung mit den Büchern von Thomas Mann gewesen? Sontag liebt überhaupt die deutsche Literatur. Noch bevor sie sich für Bach, Beethoven, Schubert und Brahms interessierte, hatte es ihr Goethe angetan, der *Werther* vor allem, sie verschlang *Immensee* von Storm, Kafkas *Strafkolonie* natürlich – und dann den *Zauberberg* von Mann. In ihrer Aladinshöhle, dem Pickwick Bookstore auf dem Hollywood Boulevard, hatte sie das Buch gekauft; sie weiß sogar noch das Datum, es war der 11. November 1947. Genauso wie sie sich noch daran erinnert, dass sie bei Pickwick einmal erwischt wurde, als sie *Doktor Faustus* zu klauen versuchte.

Bereits in der ersten Nacht, die sie damals im Schein der Leselampe zubrachte, hatte ihr *The Magic Mountain* den Atem verschlagen. Das alte Europa erstand vor ihr, mit all seinen Reichtümern, all seinen Gespenstern, die gerade erst untergegangen waren. Aber dort, auf diesem Berg, in diesem Schweizer Sanatorium, mit diesen Figuren, die zugleich Ideen waren, und mit diesen Ideen, die zugleich Leidenschaften waren, kurz: mit Settembrinis humanitärem Elan und Naphtas schwermütiger Verachtung lebte Europa weiter. Zweimal hatte sie den Roman gelesen. Einmal sehr hastig und einmal laut, Wort für Wort.

Dann eines Tages griff ihr Freund Merrill zum Telefonbuch, da stand es: Thomas Mann, 1550 San Remo Drive. Mann war im Februar 1933 von Deutschland aus zu einer Vortragsreise aufgebrochen, von der er nicht mehr zurückkehren sollte: Amsterdam, Brüssel, Paris. Wagners Todestag jährte sich damals zum fünfzigsten Mal. Und während er, Mann, noch seine Rede über *Leiden und Größe Richard Wagners* hielt, begann man in Deutschland seine Bücher zu verbrennen. Daraufhin zog er zunächst in die Schweiz, dann nach Frankreich und schließlich in die Vereinigten Staaten. Hier galt er als »the greatest living man of letters«. Nur Lion Feuchtwanger verkaufte mehr Bücher.

Noch bevor sie Merrill von der Schnapsidee abbringen konnte, ihrem Idol einen Besuch abzustatten, hatte der schon zum Telefonhörer gegriffen, die Nummer gewählt und mit der Tochter des Hauses, Miss Erika Mann, einen Termin arrangiert. Mittwoch um vier zum Tee. *Goodbye.*

*

Die Straßen waren leer, als sie an jenem 28. Dezember 1949 mit ihrem Chevy nach Pacific Palisades einbogen. Vor ihnen lag der Ozean, in der Ferne Catalina Island. Die Sonne brannte und stach in den Augen.

Es war Katia Mann, die ihnen die Tür öffnete und sie ins Haus geleitete. Von der Empfangshalle ging ein langer Flur ab; sie folgten. Kurz vor der Treppe kam links eine Tür, dann noch einmal links, immer weiter, hinein ins Arbeitszimmer. Da war er: Thomas Mann saß auf der Couch, neben ihm ein großer schwarzer Hund, er selbst in hellem Anzug, Fliege, weiße Schuhe, eine Kornblume im Knopfloch, sehr beherrscht. Es war ein Schock: Thomas Mann sah genauso aus, wie Sontag ihn von den Fotos her kannte. Die Ähnlichkeit war frappierend. Als würde er gerade posieren.

Und was erzählt so ein Gott? Merrill und sie hatten sich Themen zurechtgelegt, hatten versucht, sich auszumalen, wie das Gespräch verlaufen könnte. Kurzes Nicken, dann ein Wort zur Begrüßung. Mann zündete sich eine Zigarette an und lehnte sich zurück; er bedeutete seinen Gästen, auf den beiden Stühlen Platz zu nehmen. Er sprach mit wenig Akzent, weniger, als Sontag vermutet hatte. Sie sah seine altersfleckigen Hände, die hervortretenden Venen, das spärliche Oberlippenbärtchen. Dann ging es los.

Seine Sprache war langsam und präzise, so langsam hatte sie noch nie jemanden sprechen gehört. Gletscherschwer wälzten sich seine Worte voran. Vielleicht sprach er deshalb so langsam, weil er annahm, sie würden ihn sonst nicht verstehen, schließlich waren sie Amerikaner, Kinder. Ein feierlicher, ein heiliger Ernst lag in der Luft. Die steifen Lehnen drückten im Rücken. Es klang schön, was er sagte. Wie ein Orakel.

Über das »Schicksal Deutschlands« sprach er, das »Dämonische«, den »Abgrund«, den »faustischen Pakt mit dem Teufel«. Die Interviewmaschine des Nobelpreisträgers, so schien es, war angesprungen. Fragen brauchten sie nicht zu stellen, das besorgte Thomas Mann schon selbst. Bauschan, sein Hund, war verschwunden, als wäre er nie da gewesen. Sontag hätte schwören können, dass er eben noch zu Füßen seines Herrn lag. Die Tür ging auf, Kekse wurden gereicht, ein Tablett mit Tee, die Tür ging wieder zu.

Sontag ließ nun ihren Blick durch den Raum schweifen: Da waren der Tisch, die Schreibgeräte, Tintenfass, Papiere und eine Schar kleiner Fotos in Silberrahmen, die sie nur von hinten sah. Bücher natürlich, zwei Regale voll, und ein signiertes Foto von F.D.R. an der Wand. Und in diesem Moment also, als sie in Gedanken durch das Zimmer ging und einige der schweren, in Leder gebundenen Ausgaben aus der Privatbibliothek zog, kam es ihr auf einmal merkwürdig vor, dass er überhaupt dasaß, vor ihr, leibhaftig. Was sie anging, hätte Thomas Mann ebenso gut tot sein können. Er war sowieso unsterblich.

*

Sie weiß nicht mehr, wie das Treffen damals endete, ob es Katia Mann war, die zur Tür hereinkam, oder ob Thomas Mann sagte, er müsse wieder an seine Arbeit. Sie weiß nur noch, dass sie enttäuscht oder vielmehr beschämt war. Von sich selbst. Der Thomas Mann, den sie kennengelernt hatte, hatte nichts als Sentenzen von sich gegeben, obwohl er es war, der Thomas Manns Bücher geschrieben hatte. Aber was hatte sie, das Mädchen aus der Neuen Welt, denn erwartet? Mann hatte ja auch keine Ahnung davon, wie weit die Welt eines Lübecker Gymnasiums, in der einst der vierzehnjährige Tonio Kröger den Hans Hansen umwarb, um ihn dazu zu kriegen, Schillers *Don Karlos* zu lesen, von der Welt eines Colleges im Mittleren Westen eigentlich entfernt lag.

Gewiss, es gab und gibt die Gegensätze zwischen Amerika und Europa, und sie will in ihrer Preisrede heute darüber sprechen. Sie will aber auch darüber sprechen, dass die Aufgabe der Literatur für sie darin besteht, Klischees zu hinterfragen und zu jedem Mythos mindestens einen Gegenmythos zu erzählen. Von Erfahrungen zu berichten, die Menschen in dem aufrütteln, was sie zu meinen, fühlen, denken glauben. Literatur, im großen Sinne, heißt, dem Gefängnis der Eitelkeit zu entkommen. Zumindest für sie. Literatur ist der Pass, der einem Zutritt in ein reicheres Leben gewährt. In die Sphäre der Freiheit.

Als Susan Sontag an diesem 12. Oktober 2003 ans Rednerpult der Frankfurter Paulskirche tritt, bleibt der Platz des amerikanischen Botschafters leer.

Graz 2011:
Der Stachel des Glücks

*Stéphane Hessel und Walter Benjamin nutzen
die Gunst der Stunde*

Stéphane Hessel hat es noch nicht verlernt: auf die Straße zu gehen, sich zu wehren, Protest zu zeigen. Es ist die letzte Gelegenheit, die Nachgeborenen teilhaben zu lassen an der Erfahrung, aus der sein politisches Engagement erwachsen ist: die Jahre des Widerstands gegen das deutsche Besatzungsregime in Paris, die Zeit der Résistance.

Und deshalb ruft Hessel den Demonstranten an diesem 16. Oktober 2011 auf dem Mariahilferplatz in Graz entgegen, dass es so nicht weitergehen könne. Es könne nicht sein, dass manche Menschen 200 Millionen Dollar im Jahr verdienten und ihnen selbst das noch nicht genug sei, während andere mit zwei Dollar am Tag auskommen müssten. Sie, die Jungen, sollten sich einmischen, sich nicht länger kleinmachen, sich hineinwerfen in den großen Strom der Geschichte.

Im Jahr zuvor hat Hessel einen Essay veröffentlicht, dreißig Seiten, nicht lang. Aber schon jetzt ist die Streitschrift mit dem Titel *Empört Euch!* mehr als zwei Millionen Mal verkauft worden und gilt gerade unter jungen und jüngsten Anhängern der weltweiten Occupy-Bewegung als eine Art Gründungsmanifest.

Vielen spricht der 94-jährige Untergrundkämpfer von einst aus der Seele.

Denn gerade die Empörung über die soziale Ungerechtigkeit ist es, die die Menschen in Graz, New York, Frankfurt und vielen anderen Städten weltweit auf die Straße treibt. Noch nie war die Kluft zwischen den Ärmsten und den Reichsten so groß. Noch nie war der Kampf um Geld, Macht und Einfluss so entfesselt. »We are the 99 percent«, skandieren die Aktivisten, die damit nicht nur deutlich machen wollen, dass sie faktisch in der Mehrheit sind, sondern auch, dass Vermögen und Kapital grundsätzlich zum Wohle der Gemeinschaft verteilt sein sollten, statt bloß dem Eigennutz weniger zu dienen. Sollte nicht jeder die Chance haben dürfen, sein Glück zu machen?

Es gibt verschiedene gute Geister, die Stéphane Hessel geprägt haben und die er wieder und wieder liest. Jean-Paul Sartre natürlich, der lehrt, dass jeder selbst für die Welt verantwortlich sei, in der er lebe. Dann Maurice Merleau-Ponty, bei dem er in Paris studiert hat. Dessen Überlegungen drehen sich um die konkrete Erfahrung des Leibes. Für Merleau-Ponty macht es einen Unterschied, ob sich der Mensch nur als körperhaftes Objekt versteht – oder ob er sich in all seiner leiblichen Präsenz erfährt. Aber auch frühere Denker haben Hessel auf seinem Weg begleitet: an erster Stelle Georg Wilhelm Friedrich Hegel, der die Freiheit des Menschen stufenweise in der Geschichte voranschreiten sieht.

Über allen diesen gewiss großen und nach wie vor unerreichten Köpfen schwebt für ihn aber noch ein anderer: Walter Benjamin. Er war ein Freund seines Vaters, Franz Hessel, gewesen und hatte mit diesem zusammen damals, in den Goldenen Zwanzigerjahren, Marcel Prousts *À la recherche du temps perdu*

Vom Glück verfolgt: Ein Leben lang hat Stéphane Hessel das Schicksal herausgefordert. Mit seinem Gerechtigkeitsfuror will er auch die neue Generation anstecken.

ins Deutsche übersetzt. Anders als bei Hegel schreitet die Geschichte Benjamin zufolge nicht stetig voran, sondern häuft unablässig Trümmer auf Trümmer. Der Fortschritt ist ein Sturm, der jederzeit die Kraft zur Zerstörung in sich trägt.

*

Zum Glück hat die warme Küche noch nicht geschlossen. Und zu ihrem Glück ist auch noch ein Tisch auf der oberen Terrasse frei, mit Blick auf den Vieux Port, den alten Hafen. Im Vorbeigehen haben sie die Plätze erspäht und sich quer durch die Etagen des Restaurant Basso gearbeitet, bis vor zur Balustrade.

Da sitzen sie nun also: Walter Benjamin, Hannah Arendt und ihr Mann Heinrich Blücher. Versprengte, Ausgewiesene, Heimatlose, die in Marseille auf das nächste Schiff warten, das sie gen Westen bringen soll, raus aus Europa, in die USA, an einen sicheren Ort.

Alles drängt in diesem Herbst 1940 nach Marseille. Seit die

Deutschen im Juni in Paris einmarschiert sind, operiert das amerikanische Emergency Rescue Committee von der französischen Hafenstadt aus. Ziel des Committee ist es, so vielen verfolgten Intellektuellen wie möglich die Ausreise in die Staaten zu ermöglichen. Koordiniert wird es von Varian Fry, einem jungen Journalisten aus New York, der Geld auftreibt, gefälschte Pässe organisiert und nach Fluchtrouten Ausschau hält. Auch Benjamin, Arendt und Blücher hoffen, bald ihr Ticket in die Freiheit zu lösen.

Benjamin und Arendt sind sich nach der Flucht aus Paris bereits vor ein paar Wochen in Lourdes im Vorland der Pyrenäen begegnet. Lourdes ist voll von Flüchtlingen gewesen. Dort, an der spanischen Grenze, hatten sie die Zeit zugebracht, abgewartet, von morgens bis abends Schach gespielt, Zeitungen gelesen, sofern es welche gab, und täglich die Unglücksbotschaften aus dem Radio empfangen, bevor sie sich schließlich auf den Weg nach Marseille machten – Arendt früher als er, um sich auf die Suche nach ihrem Mann zu begeben. Schon dort, in Lourdes fühlte sich Benjamin erschöpft, angegriffen. Es schien, als ob er mit jedem Tag schwächer, lebensärmer würde. Die dauernde Ungewissheit, was der nächste Tag oder auch nur die nächste Stunde bringen würde, war für ihn schwer zu ertragen.

Marseille wiederum ist früher voller Leichtigkeit gewesen. Benjamin hat die Stadt vor Jahren einmal im Haschischrausch durchstreift. Alles hell, besucht, belebt. Wie ein Wanderer, der durch die Nacht dahinzog, ist er sich damals vorgekommen. Im Hafen lagen die Boote vor Anker, und er hatte sie, wie er am Kai an ihnen entlangschritt, alle der Reihe nach mit Vornamen angesprochen. Nur an der *Aero II*, die ihn an den Luftkrieg erinnerte, war er gruß los vorübergegangen.

Sicher, er hätte schon viel früher gehen können, von Paris nach New York, wohin es auch Theodor W. Adorno und etliche seiner Kollegen vom Frankfurter Institut für Sozialforschung verschlagen hat. Zumal er, Benjamin, bereits im Jahr zuvor, gleich nach Kriegsausbruch, wie so viele deutsche Exilanten für wenige Wochen interniert wurde. Der Überfall der Deutschen auf Polen ließ den französischen Behörden keine Zeit, nach der Gesinnung der Hitlergegner zu fragen. Die Mächte der Finsternis waren schließlich auf dem Vormarsch.

Eine Flucht aus Frankreich und damit aus Europa hat Benjamin dennoch bis zuletzt nicht in Erwägung gezogen. So wenig, wie er 1933 daran gedacht hatte, Berlin zu verlassen. Um es dann doch Richtung Paris zu tun, weil ihn Freunde, Gretel Adorno vorneweg, dazu überredeten. Noch zum letzten Jahreswechsel 1939/40 hat Benjamin seinen Benutzerausweis in der Bibliothèque Nationale verlängern lassen. Er musste arbeiten, schreiben. Und nichts in der Welt konnte ihm einen Ort wie die Pariser Bibliothek ersetzen, die er für sein großes Projekt, das *Passagen-Werk,* brauchte: eine Urgeschichte des neunzehnten Jahrhunderts, die im verhangenen Licht der Pariser Passagen auftauchte. Alles andere, seine eigene Person eingeschlossen, war dagegen belanglos.

Und auch an diesem 23. September 1940, während er hier mit Arendt und Blücher über die nächsten Schritte der Flucht befindet und darüber streitet, ob den Deutschen die Landung in England gelingen werde, ob der Pakt zwischen Hitler und Stalin von Dauer sei, kreisen Benjamins Gedanken wieder manisch um ein Manuskript, das er in seiner Ledertasche bei sich trägt. Während er das umfangreiche *Passagen-Werk* in Paris versteckt hat, ist dieses lose genug, um es mit auf die Reise zu nehmen: Es sind

Vom Unglück heimgesucht: Walter Benjamin hat die Hoffnung auf den rechten Augenblick nie aufgegeben. Seine Theorie der Geschichte läuft gegen den Fortschritt Sturm.

seine Thesen *Über den Begriff der Geschichte*. Ein schmales Konvolut, unvollendet wie so vieles, das er in den zurückliegenden Jahren zu Papier gebracht hat. Der Krieg und die totale Zerstörung, die er mit sich brachte, haben Benjamin dazu veranlasst, Gedanken niederzulegen, die er schon Jahrzehnte bei sich verwahrt, ja, wenn er ehrlich ist, sogar vor sich selbst verheimlicht hat.

In achtzehn knappen, bis zum Äußersten verdichteten Thesen – eher ein auf Spaziergängen eingesammelter Strauß wilder Gräser als eine strenge Sammlung von Leitsätzen – entwirft Benjamin das Bild einer Geschichte, die rücksichtslos gegen das Glück des Einzelnen vorgeht. Die Geschichte ist stets eine Geschichte der Sieger. Und daran wird sich auch so lange nichts ändern, wie man sich nicht von dem Gedanken verabschiedet, dass der Lauf der Welt nur eine Richtung kennt, nämlich hin zum Fortschritt. Wer die Geschichte anders erzählen will, muss sie deshalb umkrempeln und als eine der Besiegten denken.

Arendt und Blücher haben Benjamin vorgeschlagen, die Reise via Lissabon gemeinsam zu unternehmen und dafür den geeigneten Augenblick abzuwarten. Zurzeit herrscht noch zu viel Durcheinander auf den Konsulaten, den Bahnhöfen, in der Hafenverwaltung und den Reisebüros. Tag für Tag machen neue Geschichten von Fluchtversuchen die Runde, von Fantasiebooten und Fabelkapitänen, von Visa für Länder, die auf keiner Karte zu finden sind, und von Pässen aus Staaten, die es gar nicht gibt. Man ist es gewohnt, durch Flüsterpropaganda zu erfahren, welcher todsichere Plan an diesem Tag wieder wie ein Kartenhaus in sich zusammengekracht ist.

Benjamin hat das ewige Ausharren satt. Er will nicht mehr abwarten und sich – weil seine Transitvisa für Spanien und Portugal schon bald auslaufen – schon am nächsten Tag mit einer kleinen Gruppe jüdischer Flüchtlinge über einen alten Schmugglerpfad weiter nach Westen durchschlagen. Über die Berge, die Pyrenäen. Erst Spanien, dann Portugal und schließlich über den Atlantik in die freie Welt. Zumindest auf dem Papier sieht es wie ein Spaziergang aus. Nicht zu gehen, also weiter hier an Ort und Stelle zu verweilen, wäre in seinen Augen jedenfalls viel riskanter.

Er bittet Arendt, das Manuskript an sich zu nehmen. Für den Fall, dass ihm die Flucht nicht gelingt, dass er nicht durchkommt und nach Frankreich zurückgeschickt wird, zu den Deutschen, ins Lager, soll Arendt seine *Geschichtsphilosophischen Thesen* Adorno übergeben, den er zu seinem Nachlassverwalter bestimmt hat. Es gibt nichts, keinen Tod, vor dem sich Benjamin mehr fürchtet, als dass diese wenigen Blatt Papier im Sturm der Geschichte verloren gehen.

Unten vom Hafen dringt das Tuten einer Schiffssirene. Der

Kellner kommt und bringt das Essen. Austern. Auf dem Tisch steht noch eine halbe Flasche Cassis. Ein Stück Eis schwimmt im Glas. Es ist Zeit, sich in die Ewigkeit hineinzutafeln.

*

Eigentlich hat er immer Glück gehabt. Von Anfang an. Nicht weil da nicht auch die Gefahr gewesen wäre. Sondern gerade weil sie da war – und er ihr stets entkommen ist.

Schon in jungen Jahren hat Hessel einmal beinahe sein Leben verloren. Er kann sich noch gut an das Drama erinnern, es passierte am 20. Oktober 1925, seinem achten Geburtstag. Er stand auf der Plattform der Straßenbahn, zusammen mit seiner Mutter, der Wind pfiff ihm um die Ohren. Und wie immer, wenn sie ihr Ziel, die Haltestelle Val-de-Grâce, erreicht hatten, sprang er mit einem Satz vom Wagen, direkt auf den Boulevard Saint-Michel. Und da geschah es: Ein Auto, das in dem Moment vorbeifuhr, erfasste ihn. Gebrüll, ein entsetzlicher Schrei. Er war fest überzeugt, dass dies sein Ende sei. Dann aber tauchte er auf der anderen Seite des Wagens wieder auf, lediglich mit einer paar Kratzern auf der Stirn. Unversehrt und triumphierend stand er da. *Tout va bien, maman!* Es war wie ein Augenzwinkern des Schicksals, ein geheimes Einverständnis aus jenen Tagen der Kindheit, das er seither nie in Abrede gestellt hat.

Der Schutzengel, der damals seine Hände im Spiel hatte, sollte Stéphane Hessel ein Leben lang begleiten. Er war zugegen, als Hessel nach dem Durchbruch der Deutschen im Sommer 1940 mit dem Fahrrad in ein Artilleriefeuer geriet (er hatte sein Feldtagebuch mit Gedichten und Betrachtungen im vorigen Quartier vergessen und wollte es dort holen). So dicht gesät die Salven auf beiden Seiten der Straße auch niedergingen, Hessel

252

gelangte durch die Einschläge und Explosionen leichter als durch einen Regenschauer. Seine Feuertaufe.

Er war zugegen, als Hessel kurze Zeit später in Kriegsgefangenschaft geriet, entwischte und schon bald dank der Hilfe von Varian Fry und seinem Committee über Südfrankreich nach London fliehen konnte.

In einem kleinen Hotel in Marseille traf Hessel dabei auch Walter Benjamin wieder. Benjamin warf einen verzweifelten Blick auf ihre Epoche. Sein Deutschland – dem er vor wenigen Jahren noch mit seinen Briefanthologie *Deutsche Menschen* eine »Arche« gebaut hatte, ein rettendes Schiff, als die Sintflut hereinbrach – war zu einem Monstrum mutiert, das umso grauenerregender war, je mehr es ein fleißiges und diszipliniertes Volk für seine Zwecke mobilisierte. Amerika flößte ihm, Benjamin, kein Vertrauen ein. Was sollte er jenseits des Atlantiks tun, wenn er tatsächlich dorthin gelangte? Er, Hessel, hingegen sprach Benjamin Mut zu und erinnerte ihn daran, dass auch die Blumen ihr Haupt immer wieder nach der Sonne wenden, so wenig Licht es auch gibt. Glück war eben etwas Ansteckendes. Man musste versuchen, so viel wie möglich davon in sich aufzunehmen, abzuspeichern, dann konnte man auch andere Menschen damit versorgen.

Der Schutzengel war auch zugegen, als Hessel sich in England General Charles de Gaulle und dessen Streitkräften, den *Forces françaises libres,* anschloss. Hessel konnte es kaum erwarten, als Spion für die Résistance zu kämpfen.

Er war zugegen, als Hessel sich eines Nachts, es war Ende März 1944, mit einem Lastensegler im Département Cher absetzen ließ, um als Geheimagent Verbindung zu den französischen Nachrichtennetzen aufzunehmen. Die Pariser Avenuen in jenem

Frühjahr waren von blühenden Jacaranda-Bäumen gesäumt gewesen.

Er war zugegen, als Hessel von der Gestapo geschnappt und in ein Lager gebracht wurde – Thüringen, Weimar, Buchenwald –, wo es ihm gelang, die Identität eines an Typhus gestorbenen französischen Häftlings anzunehmen und so ganz knapp der Hinrichtung zu entkommen.

Er war zugegen, als Hessel abermals fliehen konnte, abermals aufgegriffen wurde und abermals seinen Häschern entkam – diesmal aus dem Lager in Mittelbau-Dora, wo Hitlers Geheimwaffen V-1 und V-2 hergestellt wurden, die angeblich England in die Knie zwingen und Deutschlands Sieg garantieren sollten.

Nach dieser letzten Flucht gelangte Hessel wieder zurück in das inzwischen von den Alliierten befreite Paris, zu seiner Frau Vitia, seinen beiden Jungen und seiner Tochter. Just am 8. Mai, an dem Churchill den Sieg in Europa verkündete, am *Victory in Europe Day*, fuhr Hessels Zug um fünfzehn Uhr im Gare du Nord ein. Endlich, der Krieg war vorbei.

Schließlich war der Schutzengel auch zugegen, als Hessel 1946 nach der Aufnahme in den diplomatischen Dienst der Französischen Republik Referent von Henri Laugier wurde, dem stellvertretenen Generalsekretär der frisch gegründeten Vereinten Nationen. In dieser Funktion wurde er Mitglied der Kommission, die eine allgemeine Erklärung der Menschenrechte ausarbeiten sollte. Das Glück holte Stéphane Hessel allem Anschein nach immer wieder ein.

*

Hier sind sie nun also gelandet, nach ihrer Flucht über die Berge. In einem kleinen, schäbigen Hotel, in einem unbedeutenden spanischen Grenzort namens Portbou. An alles hatten sie gedacht: In aller Frühe, kurz nach vier Uhr, waren sie aufgebrochen, hatten sich unter die Bauern gemischt, die sich auf ihren Weg in die Weinberge machten. Nach zehn Stunden Auf- und Abstieg im Gebirge waren sie schließlich angekommen. Sie hatten das Einreisevisum für die USA in der Tasche, ebenso Transitvisa für Spanien und Portugal. Das Einzige, was ihnen fehlte, war ein Ausreisevisum für Frankreich.

Ohne ein solches Visum aber, so hat man auf der Polizeistation klargemacht, ist es staatenlosen Personen wie ihnen nicht gestattet, durch Spanien zu reisen. Eine neue Verordnung, die erst vor Kurzem in Kraft getreten ist. In Marseille wusste noch niemand davon. Im Allgemeinen haben die spanischen Grenzposten bis dahin nicht nach dem französischen Ausreisestempel gefragt, es muss sich also um eine dieser Bestimmungen handeln, die man sich von Zeit zu Zeit als Schikanen ausdenkt. Offenbar will man es sich mit dem neuen Regime in Vichy nicht verderben. Was sollen sie, die hier Gestrandeten, nun tun? Umkehren, auf die Gefahr hin, der Gestapo in die Hände zu fallen? Ohne Erlaubnis weiterreisen und in einen spanischen Kerker wandern? Hoffen, beten? Keiner von ihnen kann in dem Moment ahnen, dass nur wenige Wochen später die Grenze schon wieder offen sein wird.

Benjamin liegt an diesem extrem heißen Septembertag auf dem Bett, das Hemd geöffnet, die Krawatte gelöst. Er ist erschöpft, niedergeschlagen. Er hat keine Kraft mehr, zu nichts. Draußen, nicht weit entfernt, rauscht das Mittelmeer. Dort die Weite. Und sie hier sind Gefangene.

Eben noch hat Carina Birman, eine Rechtsanwältin aus der österreichischen Botschaft in Paris, die auf dem Weg über die

Weinberge zu ihnen gestoßen ist, zur Tür hereingeschaut. Sie wollte sich nach ihm erkundigen, fragen, welche Pläne er habe. Er aber sagte, dass er auf gar keinen Fall bereit sei umzukehren. Unter keinen Umständen. Lieber wolle er hierbleiben. Benjamin trägt Morphium bei sich, genug, um ein ganzes Pferd umzubringen.

Benjamin starrt auf die goldene Taschenuhr, die aus seinem Revers gefallen ist. Er sieht den Sekundenzeiger kreisen. Die Uhr läuft nicht schneller als sonst. Nicht anders als früher in den Berliner Höfen, als er den Vormittag in der Loggia erwartete. Die Zeit vergeht nicht anders als vor Äonen von Jahren. Aber sie schreitet mit einer Beharrlichkeit voran, gegen die in diesen Stunden nichts mehr auszurichten ist.

Ein rätselhaftes Bild: Paul Klees *Angelus Novus* von 1920 soll nach Walter Benjamin den »Engel der Geschichte« darstellen. Seine Flügel sind bereit zum Schwung.

Wuhan 2020:

Ein Sturm bricht los über der Erde

Die Uhr könnte auch schon abgelaufen sein. Aber einhundert Sekunden wollen die Experten der Menschheit dann doch geben. Einhundert symbolische Sekunden, die der Menschheit nach einem langen Jahrhundert noch bleiben, um die Krisen des Erdballs zu lösen. Es ist ein historischer Tiefstand, den die Forscher vom *Bulletin of the Atomic Scientists* am 23. Januar 2020 in Washington verkünden.

Die *Doomsday Clock*, die Weltuntergangsuhr, ist eine Erfindung aus dem Jahr 1947, als die eine Katastrophe gerade vorbei war und die nächste bereits vor der Tür stand. Ein östlicher und ein westlicher Machtblock waren nach dem Ende des Zweiten Weltkriegs entstanden. Zwei politische Systeme, bis an die Zähne bewaffnet mit Kernwaffen. Sieben vor zwölf, 11.53 Uhr, zeigte die Stunde seinerzeit an. Die Lage war brenzlig.

Und heute? Kein Wissenschaftler rechnete mit einer Uhr, die derart unzuverlässig die Zeit anzeigt. Im Jahr der Kubakrise, 1962, war der Minutenzeiger der Uhr beispielsweise weiter von der Zwölf entfernt als im sehr viel ruhigeren Jahr 2007, allerdings nur, weil der Klimawandel damals noch kein Thema gewesen war. Und als George Bush und Michail Gorbatschow 1991 die START-Verträge unterzeichneten, die die gemeinsame atomare

Abrüstung regeln sollten, war es auf einmal siebzehn Minuten vor zwölf. So großzügig war die Zeit bis zum bevorstehenden Doomsday noch nie bemessen worden. Bestand also doch Hoffnung?

Die Zuversicht war dann jedoch schon bald wieder verflogen. Angesichts von Atomwaffentests in Indien, Pakistan und Nordkorea, der Kriege in Georgien und Syrien, der russischen Annexion der Krim, der Wahl Donald Trumps zum 45. Präsidenten der Vereinigten Staaten, des Brexits und etlicher anderer Ereignisse war dies auch kein Wunder. Seit Anfang der Zehnerjahre war der Minutenzeiger jedenfalls immer näher an die Zwölf-Uhr-Marke herangerückt. Aber je näher die Zeiger der Zwölf kamen, desto unsinniger wurde es, noch weiter auf das Ziffernblatt zu starren. Entweder man ergriff die Chance jetzt – trotz allem. Oder man wartete ab und ließ die restlichen Sekunden verstreichen.

Als am 23. Januar 2020 die Experten des *Bulletin of the Atomic Scientists* vor die Presse treten, um ihre Botschaft zu verkünden, spricht noch keiner der beteiligten Forscher von einem Virus, das seinen Ursprung auf dem Huanan Seafood Market in Wuhan gehabt haben soll. Manche mutmaßen auch, es sei zu einem Unfall in einem Labor gekommen. In der Provinz Hubei stellt die chinesische Regierung noch am selben Tag Millionen Menschen unter Quarantäne. Auch in Europa treten die ersten Infektionsfälle auf. In Venedig laufen derweil die Vorbereitungen für den Karneval auf Hochtouren.

Anmerkungen:

Fragmente, Quellen, Fingerzeige

Krakatau 1883

S. 9 **Overbeck:** Erst dreiunddreißig Jahre später hat der Verwaltungs-
beamte Carl Friedrich Theodor Overbeck seine Erinnerungen an
jenen 26. August 1883 zu Papier gebracht. Seine Schilderung »Ein
Nachtrag zu der Katastrophe von Krakatau in der Sundastraße«
findet sich in Heft 30 der *Naturwissenschaftlichen Wochenschrift* 1916.

S. 10 Geschichten aus Lissabon: Am 1. November 1755 bebte in
Lissabon die Erde – und zwar gewaltig. Die damals viertgrößte Stadt
Europas wurde zum Trümmerfeld. Ein Tsunami zerstörte die Unter-
stadt und tötete Zehntausende Menschen.

S. 10 Gekrache: Heinrich von Kleist (1777–1811) hat wie kein Zweiter
die Katastrophe in seiner Novelle *Das Erdbeben von Chili* von 1807
literarisch verarbeitet.

S. 10 »Hahl-Rauch«: Der Physiker und Naturforscher Georg Christoph Lichtenberg (1742–1799) nimmt damals regen Anteil an den
wissenschaftlichen Diskussionen über den sonderbaren »Hahl-
Rauch«, der sich nach dem Ausbruch des isländischen Laki-Kraters
am 8. Juni 1783 über Europa ausbreitet. Anfang Juli notiert er in
einem Brief: »Der Hahl-Rauch erstreckt sich, sicheren Nachrichten
zufolge, weit über Straßburg hinaus; gegen Norden über Hannover
und gegen Süden über Gotha; ich habe Briefe über Briefe aller
Orten her darüber.« Die Forscher tappen zunächst allerdings im
Dunkeln, als sie zu erklären versuchen, wie der trockene Nebel ent-

standen ist. Während manche an eine »natürliche Erscheinung« glauben, verweisen andere auf die Erdbeben, die Anfang Februar desselben Jahres den Süden Italiens heimgesucht haben.

S. 11 Ausbruch des Krakatau: Neben den zeitgenössischen Quellen über die Eruption des Vulkans gibt es auch spätere literarische Zeugnisse, die hochexplosiv sind. Allen voran den für zwei Sprecher – »verschieden an Tonlage u. Temperament« – zum 75. Jahrestag der »größten aller historisch bekannten Katastrophen« verfassten Text »Krakatau« von Arno Schmidt. Für Schmidt ist und bleibt der Vulkanausbruch – trotz allem, was im zwanzigsten Jahrhundert an Schrecklichem geschieht – die größte globale Katastrophe: »Um 10 Uhr 2 Minuten also, am 27. August 1883, erfolgte jenes Ereignis, jene Katastrofe größten Ausmaßen, von der die von Menschen niedergeschriebene Geschichte weiß – das einzige bisher bekannte, globale Geschehnis, das der gesamte Erdball verspürte. – Immer noch das größte; trotz aller unserer Atombombenversuche.« Zu finden ist der Text in der *Bargfelder Ausgabe, Werkgruppe II, Dialoge,* Frankfurt am Main 1989.

S. 11 Aufsatz: Wer dem Hobby-Biologen Overbeck auf seinen Streifzügen entlang der Niederelbe folgen möchte, dem sei dieser leicht im Netz zu findende Beitrag aus den *Verhandlungen des Vereins für Naturwissenschaftliche Unterhaltung zu Hamburg* aus dem Jahr 1879 ans Herz gelegt: »Über die Pilzflora unseres Gebietes«. Für bereits fortgeschrittene Leser empfiehlt sich sein ebenfalls dort erschienener Artikel über »Die Umgestaltung unserer Gegend durch Wasser und Wind und die Abnahme des Wassers in unserem Gebiete« von 1883.

Rapallo 1883

S. 15 Per Express: Die erste Post dieses langen Jahrhunderts geht nach Chemnitz an Nietzsches Verleger Ernst Schmeitzner. Der erste und zweite Teil des *Zarathustra* erscheinen schließlich noch im selben

Jahr, der dritte 1884, der vierte und letzte 1885 als Privatdruck. Ganz zu trauen ist diesem Schmeitzner aber nicht. Wenn man die *Internationale Monatsschrift* aufschlägt, die ebenfalls in seinem Verlag erscheint, stinkt es gewaltig nach Judenfeindschaft.

S. 16 Karnevalsfieber: Während Richard Wagner (1813–1883) den Karneval in Venedig wohl oder übel ertragen muss, ist auch Friedrich Nietzsche (1844–1900) ein überzeugter Faschingskritiker. In seiner Schrift *Jenseits von Gut und Böse*, die 1886 erscheint, heißt es voller Spott über das »historische Fieber« der Moderne: »[W]ir sind das erste studierte Zeitalter in puncto der ›Kostüme‹, ich meine der Moralen, Glaubensartikel, Kunstgeschmäcker und Religionen, vorbereitet, wie noch keine Zeit es war, zum Karneval großen Stils, zum geistigsten Fasching-Gelächter und Übermut, zur transzendentalen Höhe des höchsten Blödsinns und der aristophanischen Welt-Verspottung.«

S. 18 »Oberkirchenrat«: Wagner sandte am 3. Januar 1878 ein Exemplar der *Parsifal*-Dichtung nach Basel mit der scherzhaften Widmung: »Herzlichsten Gruß und Wunsch seinem teuren Freund Nietzsche Richard Wagner (Oberkirchenrat […])«. Wagner wusste um die leichte Erregbarkeit seines Freundes, den diese christliche Botschaft als ausgebufften Religionskritiker selbstverständlich auf die Palme bringen musste. Es war die letzte briefliche Mitteilung Wagners an Nietzsche. Danach war Stille.

S. 21 Stammlokal: Wenn es die ganze Zeit regnet, geht man doch eigentlich ins Museum, oder? Wagner ist allerdings nicht der Typ für Ausstellungen und ausgedehnte Galeriebesuche. Er liebt gleichwohl die Werke der Alten Meister, die überall in Venedig ihre Spuren hinterlassen haben, Tizian und Tintoretto, Veronese und Bellini. Mit den neueren Malern aus Frankreich, die sich »Impressionisten« schimpfen, kann Wagner hingegen gleich gar nichts anfangen. Die Auflösung der Form in Farbe und Stimmung bereitet ihm beinahe physische Schmerzen. Nichts als »klecksende Malerei«, nichts im Vergleich zum *Zinsgroschen* eines Tizian.

S. 21 Ausschau nach einem Kometen: Es handelt sich um den Großen Septemberkometen C/1882 R1, der im Jahr 1882 auch am Tage mit dem bloßen Auge zu sehen gewesen sein soll.

S. 25 tödliche Beleidigung: Bis heute ist nicht klar, was eigentlich zwischen Nietzsche und Wagner vorgefallen ist. Neben allerlei sachlichen Gründen, die eine Entfremdung der beiden früheren Freunde erklären können, führt der Schweizer Musiker Curt Paul Janz ein pikantes Motiv ins Feld: Demnach habe Wagner als gewiefter Menschenkenner und als subtil empfindender väterlicher Freund Otto Eiser, Nietzsches Arzt, im Jahr 1877 auf die Spur gesetzt, die angeschlagene Gesundheit seines Kompagnons mit dessen ausgeprägtem Hang zur Onanie zu erklären. Nietzsche muss von dieser Indiskretion Wind bekommen haben. Etwa durch die gemeinsame Freundin Malwida von Meysenbug (1816–1903) oder seine geschwätzige Schwester Elisabeth Förster-Nietzsche (1846–1935), die mit Cosima Wagner (1837–1930) in Kontakt stand. Wer sich an der Gerüchteküche beteiligen möchte, der lese Janz' nach wie vor interessanten Aufsatz »Die ›tödliche Beleidigung‹. Ein Beitrag zur Wagner-Entfremdung Nietzsches« aus dem Jahr 1975.

S. 25 das »Lama«: Nietzsche gab seiner Schwester diesen wenig schmeichelhaften Namen. Wie er selbst meinte, weil sie so eine geduldige Lastenträgerin sei, die ihm gern und willig zu Diensten war. Aber Lamas können sich bekanntlich auch wehren und sich eigensinnig verhalten.

S. 27 Sinfonien: Wagner hat in seinem Leben nur eine einzige Sinfonie komponiert: die stark an Beethoven angelehnte Sinfonie in C-Dur von 1832; da ist Wagner neunzehn Jahre alt.

S. 28 Verse Tassos: Bei den hier zu Gehör gebrachten venezianischen Barkarolen handelt es sich um Stanzen aus dem Epos *La Gerusalemme liberata* des italienischen Renaissance-Dichters Torquato Tasso (1544–1595). Auch Johann Wolfgang von Goethe (1749-1832), der Tasso ein ganzes Drama gewidmet hat, berichtet in seiner *Italienischen Reise* am Tag des 6. Oktober 1786 vom »famosen Gesang der

Schiffer«, die »den Tasso und Ariost auf ihren eignen Melodien singen«.

Berlin 1898

S. 29 Journalisten: Bei dem Journalisten, der Hauptmann ins Eulengebirge begleitet, handelt es sich um den Sozialisten Max Baginski (1864–1943), der seine Story »Gerhart Hauptmann unter den schlesischen Webern« für den *Proletarier aus dem Eulengebirge*, eine sozialdemokratische Parteizeitung in Langenbielau, aufschrieb.

S. 37 »Rinnsteinkunst«: Beim Festmahl im Königlichen Schloss aus Anlass der Enthüllung der letzten Denkmalgruppe der Siegesallee hält Wilhelm II. (1859–1941) am 18. Dezember 1901 vor den am Projekt beteiligten Künstlern seine berühmte »Rinnstein-Rede«. Man muss es selbst im Original hören, um es ganz glauben zu können: »Wenn nun die Kunst, wie es jetzt vielfach geschieht, weiter nichts tut, als das Elend noch scheußlicher hinzustellen, wie es schon ist, dann versündigt sie sich damit am deutschen Volke. Die Pflege der Ideale ist zugleich die größte Kulturarbeit, und wenn wir hierin den anderen Völkern ein Muster sein und bleiben wollen, so muß das ganze Volk daran mitarbeiten, und soll die Kultur ihre Aufgabe voll erfüllen, dann muß sie bis in die untersten Schichten des Volkes hindurchgedrungen sein. Das kann sie nur, wenn die Kunst die Hand dazu bietet, wenn sie erhebt, statt daß sie in den Rinnstein niedersteigt.« So der Wortlaut. Käthe Kollwitz (1867–1945) und Gerhart Hauptmann (1862–1946) hätten vermutlich den Kopf geschüttelt.

S. 38 Edvard Munch: Zu sehen ist in der Ausstellung des Vereins Berliner Künstlers 1892 auch Munchs heute wohl berühmtestes Bild *Der Schrei*. Den grellbunten Bildhintergrund aus Rot und Orange führt der Astronom Donald W. Olson auf den Ausbruch des Krakatau zurück.

S. 40 neues Reiterbild: Der Kunsthistoriker Peter Bloch vertritt in seinem Aufsatz »Vom Ende des Denkmals« die These, dass die Inflation der Monumente um 1900 zugleich deren Abschied einläutet. Die Kraft der sittlichen Helden sei vorbei, wenn auf einmal alles und jeder heroisch erscheine könne. Zu finden ist der Beitrag in der *Festschrift Wolfgang Braunfels*, Tübingen 1977.

S. 40 Walter Leistikow: Nach dem Tod von Walter Leistikow 1908 setzt der Maler Lovis Corinth in seiner Biografie über den Freund die Geschichte in die Welt, dessen Gemälde *Grunewaldsee* sei 1898 von der Jury der Großen Berliner Kunstausstellung zurückgewiesen worden. Zweifelsfrei zu bestätigen ist der Fall nicht. Es kann ebenso gut sein, dass Leistikow das Bild erst gar nicht eingereicht hat. Immerhin ist er dem Ausstellungskatalog zufolge mit zwei Bildern – *Abend* und *Sommer* – durchaus in den Hallen am Lehrter Bahnhof vertreten. Besonders angetan scheint Wilhelm II. von Leistikow aber nicht gewesen zu sein. Corinth erwähnt in seinem Buch *Das Leben Walter Leistikows. Ein Stück Berliner Kulturgeschichte* von 1910 auch, der Kaiser habe auf das Landschaftsstück mit der Bemerkung reagiert: »Er hat mir den ganzen Grunewald versaut.«

S. 41 Besprechung für die *Vossische Zeitung*: Theodor Fontane (1819–1898) befindet sich bei der Aufführung der *Weber* im Deutschen Theater unter den Premierengästen. In seiner letzten Theaterkritik, die – ohne Verfasserangabe – abgedruckt wird, ist er 1894 voller Bewunderung für die Dialektik des Stücks. Der Sieg der Weber hätte nichts bedeutet; es wäre ein bloßer Sieg der Rache gewesen: »Dass dadurch etwas entstand, was revolutionär und antirevolutionär zugleich ist, müssen wir hinnehmen und trotz des Gefühls einer darin liegenden Abschwächung doch schließlich auch gutheißen. Es ist am besten so, denn das Stück erhält durch dieses Doppelgesicht auch eine doppelte Mahnung, eine, die sich nach oben, und eine andere, die sich nach unten wendet und beiden Parteien ins Gewissen spricht.«

S. 43 Chicago: Der amerikanische Schriftsteller Mark Twain (1835–

1910) lebte in den Jahren 1891/92 mit seiner Familie in Berlin – und kam in der preußischen Metropole ganz außer Atem. In einem Reisebrief für die Chicagoer *Daily Tribune* vom 3. April 1892 schreibt Twain unter der Überschrift *The Chicago of Europe*:»In Berlin fühle ich mich verloren. Es hat keine Ähnlichkeit mit der Stadt, die ich erwartet hatte. […] Es ist eine neue Stadt; die neueste, die ich je gesehen habe. Chicago würde im Vergleich dazu altehrwürdig aussehen, denn in Chicago gibt es etliche Gegenden, die alt aussehen, aber in Berlin gibt es nicht viele davon« (*Mark Twain in Berlin. Bummel durch das europäische Chicago*, Berlin 2014).

S. 43 hoch hinaus: Schon im kommenden Jahr soll in der Leipziger Straße das Warenhaus Wertheim seine Tore öffnen und alles an Kaufhauskultur überbieten, was es bis dato in Europa gegeben hat. Säle, hoch wie ein Mietshaus, durch fünf, nein, sechs Stockwerke hindurch, und in allen Stockwerken wimmelt es von Menschen, überall blitzt und funkelt es von unzähligen Lampen, die in langen Kettenreihen durch die Räume baumeln. Mit ihrem glasgedeckten Lichthof, ihren verschwenderisch ausgestatteten Räumen und Raumfluchten, den verspiegelten und getäfelten Wänden soll die neue Filiale im Zentrum Berlins das *Harrods* in London und das *Le Bon Marché* in Paris an Eleganz und Luxus sogar noch übertreffen. »Weltstadt«, so tönt es Unter den Linden.

Intermezzo 1900

S. 51 Bilanz ziehen: Die Ergebnisse der Umfrage »Die Bilanz des Jahrhunderts« findet sich in der *Berliner Illustrirten Zeitung* vom 19. Februar 1899. Teil 2 und 3 der Befragung sind in den Ausgaben vom 5. März und 12. März 1899 erschienen.

S. *52 ganz schön kurz*: Kein Grund zur Sorge! Historiker wie Eric Hobsbawm (1917–2012) werden später nämlich trotzdem von ihm als dem »langen« neunzehnten Jahrhundert sprechen – mit der

Französischen Revolution 1789 als Start- und dem Ausbruch des Ersten Weltkriegs 1914 als Endpunkt. Auf ein langes neunzehntes folgt dann – so die Theorie – ein kurzes zwanzigstes Jahrhundert, das 1989 mit dem Fall der Berliner Mauer endet.

S. 53 »Jahrhundert der Erfindungen«: Nach Meinung der Leserinnen und Leser ist der »größte Erfinder« des Jahrhunderts ein Amerikaner: Thomas Edison (1847–1913). Edison verbesserte nicht nur den Telegrafen, er erfand zudem den Phonographen, entwickelte die erste brauchbare Glühlampe und schuf in New York das erste öffentliche Elektrizitätsnetz der Welt.

S. 53 große und kleine Wunderdinge: Die »wohltätigste Erfindung« ist nach Meinung der Leserschaft übrigens – absolut verdient! – die Eisenbahn, gefolgt von der Elektrizität, der Dampfkraft, dem Telegrafen und den Röntgenstrahlen.

S. 53 Welträtsel: Im neunzehnten Jahrhundert entbrennt unter Gelehrten ein Streit darüber, ob sich die Welt mithilfe der Naturwissenschaften vollständig erklären lasse. Der in Jena lehrende Zoologe Ernst Haeckel (1834–1919) sagt: Ja. Er hält die Welträtsel für lösbar. Haeckel vertritt eine monistische Philosophie – die Herkunft aller Dinge aus einem Prinzip. Sein pünktlich zur Jahrhundertwende erschienenes Buch *Die Welträtsel* wird 1899 zum Bestseller.

S. 55 andere Silvesterberichte: Horst Wagner gibt in seinem Beitrag »Berlin vor 100 Jahren«, in: *Berlinische Monatsschrift,* Heft 3/2000, einen Einblick, was an jenem Silvesterabend in Berlin geschah.

München 1903

S. 61 Hyazinthen: Das Gedicht von Theodor Storm (1817–1888) heißt »Hyazinthen«. Schon von dem Dichter Friedrich von Hardenberg (1772–1801), genannt Novalis, werden die Blumen in dessen Kunstmärchen »Die Geschichte von Hyazinth und Rosenblütchen« aus den *Lehrlingen zu Sais* besungen. Sie sind das Symbol der Romantik, der nebligen Sehnsucht nach dem Unendlichen, der unerfüllten Liebe zum Leben.

S. 62 später Kaufansturm: Endlich ist ihm, Thomas Mann (1875–1955), also doch noch der Durchbruch gelungen. Endlich wird er nicht nur von den feineren Gemütern, sondern auch von der breiten Masse bewundert. Als die *Buddenbrooks* 1901 erscheinen, findet das Buch zunächst nur schleppenden Absatz. Tausend Exemplare, das kann nicht alles gewesen sein. Auf den Beruf eines Bankbeamten umzusatteln, dafür war es aber definitiv noch zu früh. Anfang des Jahres 1903 entscheidet Manns Verleger Samuel Fischer, eine zweite Auflage zu drucken: keine kostspielige zweibändige mehr, sondern eine preiswerte einbändige Ausgabe. Statt des Jugendstildekors auf dem Einband gibt es nun eine biedermeierliche Umschlagzeichnung des alten Lübeck mit seinen schmalen Gassen. Und siehe da: Genau das Buch, das der Verlag seines Umfangs wegen einmal um die Hälfte kürzen wollte, findet reißenden Absatz. »Abwärts« sollte das Buch einmal heißen, jetzt geht es für Mann steil hinauf.

S. 62 *Bremer Tageblatt*: Und was schrieb Rainer Maria Rilke (1875–1926) in der Ausgabe vom 16. April 1902 so? Eine Hymne: »Thomas Mann fühlte ganz richtig, daß er, um die Geschichte der Buddenbrooks zu erzählen, Chronist werden müsse, d.h. ruhiger und unerregter Berichterstatter der Begebenheiten, und daß es sich trotzdem darum handeln würde, Dichter zu sein und viele Gestalten mit überzeugendem Leben, mit Wärme und Wesenheit zu erfüllen. Er hat beides in überaus glücklicher Weise vereint, indem er die Rolle des Chronisten modern aufgefaßt hat und sich bemüht hat, nicht einige hervorragende Daten zu verzeichnen, sondern alles scheinbar Unwichtige und Geringe, tausend Einzelheiten und Details gewissenhaft anzuführen, weil schließlich alles Thatsächliche seinen Werth hat und ein winziges Stück von jenem Leben ist, das zu schildern er sich vorgenommen hatte.«

S. 65 verschlafen: Thomas Mann wird ein strenger, penibel geregelter Tagesablauf nachgesagt. Wer in die Tagebücher schaut, bekommt indes einen anderen Eindruck:»zu spät auf, verschlafen« heißt es da, einmal auch»lange geschlafen, mehrfach ins Bett zurückgekehrt«. Die drei nobelpreisträchtigen Stunden, die Mann am Vormittag schrieb, dürften so rasch auf eine Stunde oder anderthalb zusammengeschrumpft sein.

S. 72 nichts vormachen: In der Schwabinger Boheme kann Franziska Gräfin zu Reventlow (1871–1918) niemand das Wasser reichen. Umso kurioser und tragischer ist es, dass sie am 26. Juli 1918 ausgerechnet an den Folgen eines Fahrradsturzes in Locarno stirbt.

S. 72 Keil: Der Philosoph Ludwig Klages (1872–1956) hat es mit kosmischen Dingen. Er glaubt tatsächlich – von Nietzsches Lehre vom Übermenschen inspiriert –, dass der geistige Ausdruck eines Menschen mit der Zusammensetzung seines Blutes zu tun habe, es also höherwertiges»reines« und minderwertiges»vermischtes« Blut gebe. Klages ist damals Antisemit. Seine Ausfälle gegenüber Karl Wolfskehl (1869–1948) führen 1904 schließlich zum»Großen Schwabinger Krach« und zum Zerfall des Kosmiker-Kreises.

S. 72 Roman: Mit *Herrn Dames Aufzeichnungen oder Begebenheiten aus einem merkwürdigen Stadtteil* schreibt Franziska zu Reventlow 1913 tatsächlich diesen Schlüsselroman.

Prag 1913

S. 75 reiflich bedacht: Franz Kafkas (1883–1924) Liebesbriefe an Felice Bauer (1887–1960) sind von quälenden Selbstzweifeln durchzogen. Hier nur ein Beispiel von vielen; aus dem Brief vom 16./17. Februar 1913, gut einen Monat bevor das Treffen in Berlin schließlich zustande kommt:»Daß Du mich lieb hast, Felice, ist ja mein Glück, aber meine Sicherheit ist es nicht, denn Du kannst Dich ja täuschen, vielleicht führe ich da im Schreiben Künste auf, die Dich täuschen, Du hast mich ja kaum gesehen, kaum mich reden gehört, kaum unter meinem Schweigen gelitten, weißt nichts von den zufälligen und notwendigen Häßlichkeiten, die vielleicht meine Nähe für Dich mit sich bringt – meine Sicherheit liegt vielmehr darin, daß *ich* Dich liebe, daß ich Dich an dem kurzen Abend erkannt habe, von Dir mich ergriffen fühlte, daß ich nicht schwächer als diese Liebe war, sondern diese Probe bestanden habe, daß sich diese Liebe meiner Natur eingeordnet hat, als wäre sie mit mir auf die Welt gekommen und nur erst jetzt begriffen worden.«

S. 77 junger Mann: Es ist ein Spiel, das Else Lasker-Schüler (1869–1945) und Gottfried Benn (1886–1956) miteinander spielen. Und wie viel Erotik darin stecken mag, wer wagt das schon zu beurteilen? Als Benn sein Manuskript für seinen *Söhne*-Gedichtband im Juli 1913 an Kurt Wolff schickt, meldet Lasker-Schüler diesem:»Dr. Benn sandte Euch seine Gedichte – ich habe es erfahren von Jemand. Seine Balladen bei Meyer sind so ungeheurig und eigenartig … König, Ihr dürft nicht zögern. … Sprich!! König!! Ich stehe Dr. Benn nicht was Liebe betrifft nahe – tue es Ehrenwort hinterrücks, tue es aus Weltordnung nicht mal aus Cultur. Ich der Prinz!« Else Lasker-Schüler ist der »Prinz«, Benn zuweilen auch ihr »liebsüßer Gieselher«.

S. 77 kein Versteck: Auch so manch anderer kann sich schlecht vor der Wucht einer Else Lasker-Schüler verstecken. Als der junge Walter Benjamin, zu jener Zeit selbst noch Student, einmal Opfer ihrer Darbietungskunst wird, schreibt er in einem Brief an seinen Freund Herbert Blome in der Nacht vom 6. auf den 7. Juli 1914:»Ich war im Café des Westens, um Bekannte zu treffen, und saß dort lange und traf sie nicht. Das macht mir nichts, denn meine Gedanken haben so heimatliche Ziele, daß sie immer allein sein können. (Das heißt aber nicht, es ginge mir bequem und ich denke mollig. Vielmehr bin ich mir der kommenden Wochen mit Strenge bewußt.) Ich las in einer jüdischen Zeitschrift. Dann sah mich Else Lasker-Schüler und bat mich an ihren Tisch; da saß ich ¼ Stunde zwischen zwei jungen Leuten wortlos. Man trieb etwas irrsinnige Späße, die Frau Lasker sehr freuten. Sie kennt mich von einem einstündigen Gespräch, das wir neulich halb aus Zufall führten.«

S. 78 unendlicher Verkehr: Man möchte den letzten Satz von Kafkas Erzählung *Das Urteil* ja nicht vorwegnehmen. Aber er lautet: »In diesem Augenblick ging über die Brücke ein geradezu unendlicher Verkehr.«

S. 82 einzige Nacht: Kafka hielt die Nacht am 23. September 1912 unmittelbar in seinem Tagebuch fest: »Diese Geschichte ›das Urteil‹ habe ich in der Nacht vom 22 zum 23 von 10 Uhr abends bis 6 Uhr früh in einem Zug geschrieben. Die vom Sitzen steif gewordenen Beine konnte ich kaum unter dem Schreibtisch hervorziehn. Die fürchterliche Anstrengung und Freude, wie sich die Geschichte vor mir entwickelte, wie ich in einem Gewässer vorwärtskam. Mehrmals in dieser Nacht trug ich mein Gewicht auf dem Rücken. [...] Nur so kann geschrieben werden, nur in einem solchen Zusammenhang, mit solcher vollständigen Öffnung des Leibes und der Seele.«

S. 84 Ernst Pauly: Der Kaffeehausbesitzer hat seine Erinnerungen an das Café des Westens und seine Bewohner noch rechtzeitig aufgeschrieben, bevor es dann mit neuem Chic am neuen Standort weiterging: *20 Jahre Café des Westens. Erinnerungen vom Kurfürstendamm,* Siegen 1986.

S. 84 Futurismus: In Herwarth Waldens (1878–1941) Zeitschrift *Der Sturm* erschien pünktlich zur ersten Futurismus-Ausstellung in Deutschland im Frühjahr 1912 auch das glühende Manifest Filippo Marinettis (1876–1944), das zuerst am 20. Februar 1909 im Pariser *Figaro* erschienen war. Die ersten beiden Punkte lauten: »1. Wir wollen die Liebe zur Gefahr besingen, die Vertrautheit mit Energie und Verwegenheit. 2. Mut, Kühnheit und Auflehnung werden die Wesenselemente unserer Dichtung sein.«

S. 84 Richard: Es handelt sich um den Zeitungskellner Richard Frankewitz (1888/89–1932), dem der österreichische Schriftsteller Joseph Roth (1894–1939) später sogar ein Feuilleton gewidmet hat: »Richard ohne Königreich«, gedruckt in der *Neuen Berliner Zeitung* vom 9. Januar 1923.

S. 85 altes Ägypten: Else Lasker-Schüler bewohnt Berlin wie eine

antike Totenstadt. In der realen Totenstadt Theben finden seit Mitte des neunzehnten Jahrhunderts Ausgrabungen statt. 1922 entdeckt der britische Archäologe Howard Carter dort das Grab des Pharaos Tutanchamun aus dem vierzehnten Jahrhundert vor Christus.
S. 85 Franz Marc: Unbedingt zu empfehlen ist auch der Brief-, Postkarten- und Bilderwechsel zwischen der Dichterin Else Lasker-Schüler und dem Maler Franz Marc. Zum Beispiel in dieser Ausgabe: *Mein lieber, wundervoller blauer Reiter. Privater Briefwechsel*, Düsseldorf / Zürich 1998.

Krakau 1914

S. 92 Menge aller Mengen: Das Paradox, das Bertrand Russell (1872–1970) in seiner Antinomie beschreibt, lässt sich auch so klären: Wenn man sich, um eine ferne Analogie zu bemühen, einen Barbier vorstellt, sagen wir: in Sevilla, der sich dadurch definiert, dass er alle Männer von Sevilla rasiert, nur nicht die, die sich selbst rasieren, dann ist die entscheidende Frage: Rasiert der Barbier von Sevilla sich dann selbst? Auflösung: Wenn der Barbier sich nicht selbst rasiert, rasiert er sich dennoch selbst, denn er rasiert ja alle, die sich nicht selbst rasieren. Wenn er sich aber selbst rasiert, rasiert er sich wiederum nicht selbst, denn sonst müsste er ja – qua Definition – zu den Männern gehören, die sich nicht selbst rasieren. Es bleibt also ein unauflösbarer Widerspruch.
S. 93 mit Hochdruck: Die erste von Ludwig Wittgenstein (1889–1951) gegengelesene Ausgabe des *Tractatus logico-philosophicus* erscheint 1922 – im selben Jahr wie Joyce' *Ulysses*. Er gilt als Meilenstein des »linguistic turn« in der Philosophie, also jener Wendung, die den Blick auf die Sprache als Medium des Denkens lenkt. 1929 legt Wittgenstein den *Tractatus* als Doktorarbeit am Trinity College in Cambridge vor. Russell und Moore berufen eine mündliche Prüfung ein: Aber wer prüft hier eigentlich wen?

S. 98 »wahrhaft geniale Menschen«: Wittgenstein bedankt sich mit einem Brief vom 28. November bei Ficker für die zugesandten Gedichte. Wochen später bittet Ficker Wittgenstein um eine Identifizierung von Georg Trakls (1887–1914) Grabstätte in Krakau. Die Antwort vom 13. Februar 1915 lautet: »Trakls Grab hat die Exhibit Nummer 3570 und die Bezeichnung: Gruppe XXIII. Reihe 13, Grab Nr. 45.«

Locarno 1917

S. 105 charismatische Herrschaft: Max Weber (1846–1920) unterscheidet insgesamt drei Formen der Herrschaft: die legale, die traditionale und die charismatische Herrschaft. Charisma, so schreibt Weber, soll eine »außeralltäglich geltende Qualität einer Persönlichkeit heißen, um derentwillen sie als mit übernatürlichen oder übermenschlichen oder mindestens spezifisch außeralltäglichen, nicht jedem andern zugänglichen Kräften und Eigenschaften begabt oder als gottgesandt oder als vorbildlich und deshalb als ›Führer‹ gewertet wird«. Eine wahrlich prophetische Vorwegnahme, wenn man an die folgenden Jahre denkt. Nachzulesen sind Webers Analysen in *Gesamtausgabe*, Bd. 23, Abt. I, *Wirtschaft und Gesellschaft*, Tübingen 2013.

S. 108 wöchentliche Treffen: Weber lehrt aufgrund eines früheren Nervenleidens schon länger nicht mehr an der Universität. Aber es wäre Zeit, die Ernte seines wissenschaftlichen Lebens einzubringen. Es ist kaum je ein Buch von ihm erschienen, früher mal etwas über römische Agrargeschichte, eine Broschüre über die Börse, in den letzten Jahren einige Vorträge als Hefte, sonst nichts. Alles andere steht in Zeitschriften, Archiven, Zeitungen. Ebenso wichtig wie Webers Schriften ist deshalb sein Einfluss als Mentor.

S. 108 Georg Simmel: Für den Soziologen Georg Simmel (1858–1918) fällt der Weg in den Süden umso beschwerlicher aus, da nur ein diskriminierendes Gutachten 1908 die Berufung des aus einer jüdischen Familie stammenden Protestanten an die Universität Heidelberg verhindert hat.

S. 109 Marianne: Als Abgeordnete des Badischen Landtags wird Marianne Weber (1870–1954) am 15. Januar 1919 zur ersten Frau, die jemals in einem deutschen Parlament das Wort ergreift. **S. 112 strengstirniger Mann:** Wladimir Iljitsch Lenin (1870–1924) hält sich bereits seit 1914 in der Schweiz auf. Nach der gescheiterten Revolution von 1905 waren er und andere Sozialisten gezwungen gewesen, das Zarenreich zu verlassen. Lenins Rückkehr nach Russland befeuert die Oktoberrevolution 1917, bei der die kommunistischen Bolschewiki endgültig die Macht über Russland übernehmen. **S. 115 Französische Revolution:** Wie tief verbunden sich Ernst Bloch (1885–1977) offenbar dem Erbe der Revolution von 1789 fühlt, lässt sich auch daran erkennen, dass er seinem ehemaligen Redaktionskollegen Johann Wilhelm Muehlon am 11. Dezember 1918, also anderthalb Jahre nach dem Launch der *Freien Zeitung*, ankündigt, er plane, seine publizistischen Beiträge aus der Schweiz, gesammelt und stilistisch überarbeitet, unter dem Titel »1789 für Deutschland« noch einmal zu veröffentlichen. Das Buch erscheint allerdings nicht. **S. 118 Theodor Heuss:** Dass der spätere FDP-Politiker und erste Bundespräsident Theodor Heuss (1884–1963) unter den Tagungsteilnehmern auf Burg Lauenstein ist, mag den ein oder anderen vielleicht überraschen. Nach seinem Studium der Nationalökonomie beginnt Heuss 1905 als Journalist zu arbeiten. Seine Stationen führen ihn von der Zeitschrift *Die Hilfe* über die Heilbronner *Neckar-Zeitung* schließlich 1913 zum *März*, einer politisch-literarischen Wochenzeitschrift, die sich in der liberalen Tradition der bürgerlichen Revolution von 1848 sieht.

Paris 1922

S. 123 Hôtel Majestic: Für eine umfassende Rekonstruktion des Abends mit den großen Avantgardisten der Moderne konsultiere man das ausgezeichnete Buch von Richard Davonport-Hines *A Night at the Majestic. Proust & The Great Modernist Dinner Party of 1922*, London 2006.

S. 125 Dampfer: Im September und November 1922 werden missliebige Intellektuelle auf dem sogenannten Philosophenschiff außer Landes gebracht. Ziel Lenins ist die »langzeitige Säuberung Russlands«. Zu den mehr als zweihundert Zwangsexilierten gehören der Soziologe Pitirim Sorokin, Walentin Bulgakow, der ehemalige Privatsekretär Lew Tolstois, aber auch Quertreiber wie der Philosoph Iwan Iljin, der heute als intellektueller Einflüsterer von Wladimir Putin gilt.

S. 126 mit wenigen Strichen: Wenige Monate nach der Party im Hôtel Majestic versuchen die Schiffs, Pablo Picasso (1881–1973) für ein Porträt Prousts zu gewinnen. Der Vorschlag scheitert nicht zuletzt daran, dass Marcel Proust (1871–1922) am 18. November 1922 in Paris an einer Lungenentzündung stirbt. Er wird einundfünfzig Jahre alt.

S. 126 *Ulysses*: Damit James Joyce (1882–1941) das Buch pünktlich zu seinem vierzigsten Geburtstag am 2. Februar 1922 in den Händen halten konnte, händigte der Drucker ein Tag zuvor zwei Exemplare dem Schaffner des Schnellzugs Dijon–Paris aus. In Paris wartete bereits Sylvia Beach, Joyce' Verlegerin, und nahm das Paket in Empfang. Sie setzte sich in ein Taxi und fuhr zu Joyce' Wohnung, um ihm ein Buch zu überreichen. Das andere stellte sie in ihrem Geschäft aus.

S. 127 fünf Entstellte: Heute aktueller denn je ist das erstmals 1924 erschienene Buch von Ernst Friedrich: *Krieg dem Kriege*, das die Verstümmelungen der Soldaten zeigt. Unter den zahlreichen Abbildungen der Kriegsversehrten sind auch die der fünf Entstellten von Versailles.

S. 128 Anreise der Deutschen: Eine eindringliche Schilderung dieser Fahrt über die Schlachtfelder des Ersten Weltkriegs gibt der Journalist Victor Schiff in seinem Buch *So war es in Versailles*, Berlin

1929. Die deutschen Delegierten konnten das Grauen anscheinend kaum aushalten; es verschlug ihnen die Sprache. So hatte sich keiner von ihnen den Krieg vorgestellt.

S. 129 Badekur: »Der Krieg bekommt mir wie eine Badekur«, ließ der Generalfeldmarschall und spätere Reichspräsident Paul von Hindenburg (1847–1934) verlauten, als der Krieg 1914 losging. Davon konnte schon bald keine Rede mehr sein.

Dresden 1937

S. 135 ein Bild: Es gibt insgesamt drei motivisch verwandte Mondgemälde von Caspar David Friedrich (1774–1840). Das erste von 1819 befindet sich heute in der Dresdner Galerie Neue Meister, das zweite von etwa 1824 in der Alten Nationalgalerie in Berlin und das dritte im New Yorker Metropolitan Museum of Art.

S. 135 Beckett in Deutschland: Eine deutsche Fassung von Samuel Becketts *German Diaries* findet sich in dem Band: *Der unbekannte Beckett. Samuel Beckett und die deutsche Kultur*, Frankfurt am Main 2005.

S. 137 zwei Männer: Wer mehr über die Identität der beiden Männer, die dem Betrachter den Rücken zukehren, erfahren möchte, dem sei aus der unüberschaubaren Fülle der Literatur Werner Busch mit seinem Aufsatz »Caspar David Friedrichs ›Zwei Männer in Betrachtung des Mondes‹ – Ästhetische Transzendenzeröffnung«, in: Christoph Markschies (Hg.): *Atlas der Weltbilder*, Berlin 2011 empfohlen.

S. 137 Theaterszene: Als Samuel Beckett (1906–1989) 1975 am Schiller-Theater in Berlin sein Drama *Warten auf Godot* inszeniert, besucht er auch die Alte Nationalgalerie. Seiner Begleitung, der amerikanischen Theaterwissenschaftlerin Ruby Cohn, erklärt er dort vor Friedrichs Gemälde *Mann und Frau in Betrachtung des Mondes* stehend: »This was the source of ›Waiting for Godot‹, you know.« Wer das Stück liest, wird sogar auf eine Mondszene stoßen, in der

Wladimir Estragon fragt:»Was machst du?«Der antwortet:»Dasselbe wie du, ich gucke in den Mond.«

S. 138 kein Hellseher: Die erste von den Nazis organisierte Ausstellung zur»Entarteten Kunst« wird am 19. Juli 1937 in den Hofgartenarkaden in München eröffnet.

London 1938

S. 143 auf Vermittlung: Salvador Dalí (1904–1989) steht bei Stefan Zweig (1881–1942) im Ruf, das einzige Malergenie seiner Epoche zu sein. Dalí selbst sieht es ganz genauso. Wie schon seine Name Salvador, der»Erlöser«, andeutet, ist er für nichts Geringeres bestimmt, als die Malerei aus der Ideenlosigkeit der modernen Kunst zu retten. Seine Werke, so sieht er es, werden als einzige diese Durststrecke zweitklassiger Katastrophen überdauern.

S. 143 Stefan Zweig: Bereits 1934 entscheidet sich Stefan Zweig aufgrund der dramatischen Entwicklungen in Deutschland, seinen Wohnsitz in Salzburg aufzugeben und nach London zu gehen.

S. 144 Spuren: In seiner»Notiz über den ›Wunderblock‹« von 1924 beschreibt Sigmund Freud (1856–1939) einen Apparat, der genau das tut, was seiner Meinung nach auch das Bewusstsein tut. Der »Wunderblock«, so nennt sich dieses faszinierende Gerät, verbindet eine Wachstafel mit einem darüber gespannten Papier, das selbst aus zwei Lagen besteht. Die obere Schicht ist aus einer durchsichtigen Zelluloidplatte gefertigt, die untere aus einem durchscheinenden Wachspapier. Mit einem Griffel kann man die Oberfläche einritzen, Schrift entsteht. Löst man die beiden Schichten von der Wachstafel, verschwindet das Geschriebene auf wundersame Weise und lässt sich auch dann nicht wieder herstellen, wenn der Kontakt zwischen Wachstafel und Wachspapier wieder zustande kommt. Der Wunderblock ist sauber, schriftfrei und bereit, neue Aufzeichnungen aufzunehmen; doch auf der darunter liegenden Wachstafel sind sehr wohl noch die vorherigen Spuren des Griffels zu finden. Nicht anders funktioniert laut Freud auch der seelische Apparat: Während er einerseits unbegrenzt aufnahmefähig für immer neue Eindrücke ist, erzeugt er andererseits zugleich dauerhafte Erinnerungsspuren.

S. 146 zu unbeweglich: Freud ist krankheitsbedingt stark eingeschränkt. Schon die Feierlichkeiten zu seinem achtzigsten Geburtstag vor zwei Jahren mussten zweimal stattfinden. Einmal öffentlich im Akademischen Verein – ohne ihn. Einmal privat in der Berggasse. Thomas Mann war damals eigens erschienen, um seinen Vortrag »Freud und die Zukunft« zu halten. Mann war, wie immer, wenn er vor Gesellschaft sprach, leidenschaftlich, aufbrausend, seine Stimme wollte sich überschlagen bei den gewichtigen Worten, die er zu sagen hatte. Keime und Elemente eines neuen Menschheitsgefühls, einer kommenden Humanität, lägen in Freuds Lebenswerk beschlossen. Mann träumte die Dichterutopie der Überwindung von Angst und Hass durch einen Humanismus, der zu den Mächten der Unterwelt in einem friedvolleren und wissenden Verhältnis stehen werde. So viel Zukunft also – und der Jubilar war ans Bett gefesselt.

S. 149 »kritische Paranoia«: Dalí entwickelt das surrealistische Verfahren in seinem Buch *Die Eroberung des Irrationalen*, Paris und New York 1935.

S. 150 Morgenland: Von Istanbul geht die Reise mit dem Orient-Express über Sofia, Belgrad, Budapest, Wien, München und Straßburg bis nach Paris. Im Zuge der Ruhrbesetzung 1923 war die Strecke über Triest und Venedig umverlegt worden. Wenig später verkehrte der Orient-Express dann aber wie zuvor, wenn auch nur an drei Tagen in der Woche, dienstags, donnerstags und samstags.

S. 152 Anführer der Surrealisten: Drei Jahre nachdem André Breton (1896–1966) Freud seine Aufwartung in Wien gemacht hatte, verfasste er schließlich das *Manifest des Surrealismus*, in dem es mit voller Entschiedenheit heißt: »Ich definiere es also ein für allemal: SURREALISMUS, Substantiv, m., reiner, psychischer Automatismus, durch welchen man, sei es mündlich, sei es schriftlich, sei es auf jede andere Weise, den wirklichen Ablauf des Denkens auszudrücken sucht. Denk-Diktat ohne jede Vernunft-Kontrolle und außerhalb aller ästhetischen oder ethischen Fragestellungen.«

S. 153 Prinzessin: Marie Bonaparte (1882–1962) ist es auch gewesen, die nach dem Einmarsch der Nazis in Österreich eilig nach Wien gereist war, um Freud von der Notwendigkeit einer sofortigen Emigration zu überzeugen. Außerdem hat sie ihm die Reichsfluchtsteuer ausgelegt, immerhin 20 Prozent des Wertes desjenigen Besitzes, den ein Emigrant ausführen wollte. Freuds eigenes Konto war bereits von den Behörden gesperrt worden.

S. 153 Weltpresseereignis: »Will arrive in London to-day. Freud ransomed to come here«, titelt der *Daily Herald* am 6. Juni 1938 und druckt dazu ein riesiges Foto – Freud bei seiner Ankunft in Paris, die Prinzessin von Griechenland an seiner Seite.

S. 154 ins Französische: Freud muss Chows-Chows geliebt haben. Nicht nur ließ er seine Werke von Marie Bonaparte ins Französische übertragen. Freud seinerseits hatte gerade erst ein Buch über deren an Krebs verstorbene Chow-Chow-Hündin Topsy ins Deutsche übersetzt.

S. 155 Zeichnung: Dalí sollte recht behalten: Sigmund Freud kehrte nicht mehr nach Österreich zurück. Er starb nach einer weiteren Krebsoperation am 23. September 1939 im Exil in London.

Basel 1949

S. 157 wieder hier: Hannah Arendts Bericht »Besuch in Deutschland« erschien zuerst im *Commentary* im Herbst 1950.

S. 157 »Flüchtling«: Hannah Arendts (1906–1975) Essay »Wir Flüchtlinge« ist vor dem Hintergrund der globalen Migrationsströme heute aktueller denn je.

S. 162 »Die geistige Situation in Deutschland«: Karl Jaspers (1883–1969) macht nach dem Krieg genau dort weiter, wo er 1931, kurze

Zeit bevor die Nationalsozialisten schließlich an die Macht kamen, mit seiner philosophischen Schrift *Die geistige Situation der Zeit* aufgehört hat. Das schmale Büchlein wird damals als 1000. Band in der berühmten Sammlung Göschen im Verlag von Walter de Gruyter publiziert und ist ein echter Publikumserfolg. Innerhalb von zwei Jahren werden insgesamt rund 50 000 Exemplare verkauft. Jaspers' neuer Anlauf aus dem Wintersemester 1945/46 erscheint im darauffolgenden Jahr unter dem Titel *Die Schuldfrage*.

S. 168 kommunistischer Kaderdichter: Wer Bertolt Brecht (1898–1956) war und wie er als politischer Dichter zu verorten ist, legt Hannah Arendt in ihrem Aufsatz »Reflexionen über den Dichter Bertolt Brecht und sein Verhältnis zur Politik« dar. Zu finden im Juliheft des *Merkur* 1969.

S. 169 Aktivposten: Am 19. März 1954 feierte das Berliner Ensemble den Einzug ins Theater am Schiffbauerdamm – mit einer Aufführung des *Don Juan* von Molière in der Regie von Benno Besson.

S. 169 berühmte Philosophiehistoriker: Kuno Fischers (1824–1907) achtbändige *Geschichte der neuern Philosophie* ist ein Paradebeispiel für die teleologische Geschichtsauslegung des neunzehnten Jahrhunderts. Der Philosoph preist die »große Wilhelminische Ära in Deutschland« als eine der »tatenvollsten, sieg- und segenreichsten, welche die Welt gesehen«. Es kam dann doch anders.

S. 170 Wiederaufbau: Noch ist nichts beschlossen, aber die Stimmen, die sich für einen originalgetreuen Wiederaufbau des Hauses am Großen Hirschgraben einsetzen, mehren sich. Namhafte Autoren wie Hermann Hesse (1877–1962) und André Gide (1869–1951), immerhin die Literaturnobelpreisträger der Jahre 1946 und 1947, haben ihre Worte in die Waagschale des öffentlichen Diskurses geworfen. In einem Brief von Hesse an den Leiter des Goethe-Museums Ernst Beutler vom 30. März 1947 heißt es: »Ich kann nicht beurteilen, wie weit im jetzigen Augenblick größter materieller Not es möglich und zu verantworten sei, daß man bedeutende Kräfte und Mittel an die von Ihnen entworfene große Aufgabe wende. Aber ich muß Ihre Frage, ob auch ich diese Aufgabe als lebenswichtig, ja heilig anerkenne, rückhaltlos bejahen.«

S. 171 Wie konnte es geschehen? Hannah Arendt hat Unmengen an Material gewälzt, bevor sie sich an die Arbeit gemacht hat. Die deutsche Niederlage hatte Berge von Papier zum Vorschein kommen lassen, ein umfängliches Quellenmaterial zu beinahe jedem Aspekt der Jahre zwischen 1933 und 1945. Die erste umfangreiche Auswahl aus der Fülle dieses Materials, die zwölf Bände von *Nazi Conspiracy and Aggression*, erscheint bereits 1946 in Verbindung mit den Nürnberger Prozessen gegen die Hauptkriegsverbrecher. Arendt hat sich in sie hineingestürzt.

S. 171 *Elemente und Ursprünge totaler Herrschaft*: Die Ursprünge des Totalitarismus liegen nach Arendts Analysen im Zerfall des Nationalstaates einerseits und im Aufstieg der modernen Massengesellschaft andererseits. Die Elemente, die in diesem Zerfallsprozess freigesetzt wurden, sind der Antisemitismus und der Imperialismus, die sich im Zeitalter der Massen weiter verstärken. Totalitäre Herrschaft bedient sich Arendt zufolge der demokratischen Freiheit, um diese abzuschaffen.

West-Berlin 1955

S. 173 Brief: In der *Zeitschrift für Ideengeschichte* (Heft VI/3 Herbst 2012) findet sich ein erhellender Beitrag von Jan Bürger zum angedachten Radiogespräch zwischen Theodor W. Adorno (1903–1969) und Gottfried Benn, inklusive der drei Briefe, die zwischen dem Philosophen und dem Dichter gewechselt wurden.

S. 177 »Probleme der Lyrik«: Benns Vortrag »Probleme der Lyrik« ist auch heute noch lesenswert. Benn räumt mit dem Mythos vom Dichter als genialischem, empfindsamem Poeten auf. Fazit: »Wenn Sie vom Gereimten das Stimmungsmäßige abziehen, was dann übrigbleibt, wenn dann noch etwas übrigbleibt, das ist dann vielleicht ein Gedicht.«

S. 178 Alfred Andersch: Der Rundfunkredakteur Alfred Andersch (1914–1980) gehörte nach dem Zweiten Weltkrieg neben Hans Werner Richter, Günter Eich und anderen Schriftstellern auch zu den Gründern der später legendären Autorenvereinigung »Gruppe 47«.

S. 178 »Antwort an die literarischen Emigranten«: In der Rundfunkrede von 1933 heißt es wortwörtlich: »[I]ch erkläre mich ganz persönlich für den neuen Staat, weil es mein Volk ist, das sich hier seinen Weg bahnt. Wer wäre ich, mich auszuschließen, weiß ich denn etwas Besseres?«

S. 179 Tagebuchauszüge: Der Vorabdruck aus Thomas Manns Tagebüchern erscheint in der Ausgabe der Wochenzeitschrift *Sonntag* vom 31. Dezember 1947.

S. 181 das Leben lebte noch: Adorno erzählt von seiner Rückkehr nach Europa in dem Radiogespräch mit Erika Mann, das am 29. Januar 1958 vom Hessischen Rundfunk gesendet wird. Titel der von Adolf Frisé moderierten Runde: »Europa nach der Emigration. Erfahrungen der Zurückgekehrten«.

S. 182 Rehbraten in Rahmsoßen: Diese kleine Utopie der Wiedergutmachung findet sich in den *Minima Moralia*. Im 29. Aphorismenbündel heißt es: »In der Erinnerung schmeckt jeder deutsche Rehbraten, als wäre er vom Freischütz erlegt worden.«

S. 186 moralische Katastrophe: Als Reaktion auf die moralische Katastrophe von Auschwitz entwickelt Adorno in seiner *Negativen Dialektik* von 1966 in Anlehnung an Kant und dessen universalistische Ethik eine neue Fassung des kategorischen Imperativs: »Hitler hat den Menschen im Stande ihrer Unfreiheit einen neuen kategorischen Imperativ aufgezwungen: Ihr Denken und Handeln so einzurichten, daß Auschwitz nicht sich wiederhole, nichts Ähnliches geschehe.«

S. 186 Reptil: Dass die Geschichte bisweilen doch einen ziemlich gefährlichen Charakter haben kann, lese man in Benns Nachkriegsnovelle *Der Ptolemäer* aus dem Jahr 1949 nach.

S. 189 Zeitgenossen: Wie sich die Zeiten ändern! Benn hat doch soeben noch Pablo de Sarasate auf der Geige gehört und den Tenor

Enrico Caruso in der Metropolitan Opera erlebt; er hat den Chirurgen Ernst von Bergmann in der Charité operieren gesehen und vor dem letzten Kaiser in der Parade gestanden. Er hat im Schein einer Petroleumlampe für die Schule gepaukt und Ernst Haeckels *Welträtsel* als verbotenes Buch gelesen. Man sucht sich seine Mitmenschen nicht aus.

Olympia 1962

S. 193 Ägäis: Die erste Fahrt Martin Heideggers (1889–1976) nach Griechenland führt im Frühjahr 1962 per Schiff von Venedig zur Peloponnes, nach Kreta und Rhodos; dann durch die Ägäis – mit Delos als Mitte – nach Athen, Ägina und Delphi und wieder zurück nach Venedig. Die Aufzeichnungen dieser Reise, inklusive dreier Bilder, die Heideggers Frau Elfride in Griechenland gemalt hat, finden sich in dem Band *Aufenthalte*, Frankfurt am Main 1989.

S. 193 wenig gereist: Dass Heidegger in seinem Leben nur selten gereist ist, lässt sich auch aus seinem Denken erklären, das dem entwurzelten Dasein der Moderne wieder Halt geben möchte. Deshalb muss es Todtnauberg, seine Hütte im Schwarzwald, sein. Nicht Berlin, nicht Rom oder New York. Nur die Hütte, und davor der Ahorn und dahinter die weichen Hänge des Stübenwasen, die Matten und Weideflächen, die sich bis zum Wald hinauf mit seinen alten, hoch aufgeschossenen Tannen ziehen. Mit Landlust hat das Plädoyer für die Sesshaftigkeit aber wenig zu tun. Im Gegenteil: Als Heidegger 1934 einen Ruf nach Berlin erhält, begründet er in dem Aufsatz »Warum bleiben wir in der Provinz?« seine Entscheidung, die Stelle in der Großstadt auszuschlagen, im Sinne der nationalsozialistischen Blut-und-Boden-Ideologie. Tiefes Denken, Treue zu den Gegenständen, ein Gefühl von Heimat, das alles gebe es nur auf der bäuerlichen Scholle, führt Heidegger dort aus.

S. 195 Kästners Zeit in Griechenland: In seinem 1942 erschienenen Essay *Griechenland. Buch aus dem Kriege* verherrlicht Erhart Kästner

(1904–1974) den Sieg der nordischen Deutschen über den europäischen Süden.

S. 196 Bordeaux: Eigentlich hätte Friedrich Hölderlin (1770–1843) gerne Vorlesungen über griechische Literatur in Jena gehalten. Aber dazu kam es nie. Auch deswegen, weil er die Stadt, in der sein Mentor Friedrich Schiller dichtete und lehrte, im Mai 1795 Hals über Kopf verlassen hatte. Warum, wusste niemand. Im Oktober 1801 hatte Hölderlin schließlich das Angebot einer Hofmeisterstelle aus Bordeaux bekommen. Wenn es schon nicht die Saale sein konnte, dann eben der brausende Atlantik. Ganz im Sinne Schillers, der den Marquis Posa in seinem *Don Karlos* den unsterblichen Satz sprechen ließ:»Sagen Sie / ihm, daß er für die Träume seiner Jugend / soll Achtung tragen, wenn er Mann sein wird.« Gemeint war nicht nur der Kronprinz, Don Carlos, auch er, Hölderlin, wollte sich daran halten.

S. 197 Famulus: Erhart Kästner hat nicht nur eine Schwäche für Martin Heidegger. Von 1936 bis 1938 war der Bibliothekar als Sekretär auch die rechte Hand von Gerhart Hauptmann. Und schon damals musste er sich um alles kümmern: Es war im Jahr 1937, als Hauptmann am Ende eines herrlichen Sommers in Agnetendorf entschied, nach Hiddensee umzusiedeln. Zofe, Sekretär, Köchin und Mädchen, alles musste mit, ein ziemlicher Umzug, zumal es im Haus Seedorn in Kloster an allem mangelte, eine doppelte Garnitur Wäsche, Geschirr, Töpfe, Pfannen, Bücher nicht zuletzt. Als sie jedoch ankamen, war es nichts mit dem Inselleben. Bloß Heimweh. Bloß zurück nach Agnetendorf! Also packten die Mädchen wieder eine Nacht durch und heim gings. Im Vergleich dazu sind Heideggers Bedenken, nach Griechenland zu reisen, ein Klacks.

S. 199 Île Saint-Pierre: Jean-Jacques Rousseau (1712–1778) verbrachte im Sommer 1765 sechs Wochen in einem Bauernhaus auf der St. Petersinsel im Bielersee.

S. 206 Niemand weiß: Keiner weiß, ob die Geschichte stimmt, weil niemand mit Sicherheit sagen kann, was zwischen dem 7. Juni und 2. Juli 1802 in Hölderlins Leben vorgefallen ist. Es gibt jedenfalls keinen Brief, keine Spur aus dieser Zeit, nichts. Hölderlin ist in diesen dreieinhalb Wochen wie vom Erdboden verschluckt gewesen, ehe er plötzlich wieder bei seiner Mutter in Nürtingen auftaucht. Verwirrt, tobend, im Zustand des Irrsinns und in einem Aufzug, der eher an einen Bettler, nicht aber an einen der größten deutschen Dichter denken lässt. Der Germanist Dietrich E. Sattler hat in seinem Aufsatz »geodätischer versuch. Hölderlin im Juni 1802«, in: *Text. Kritische Beiträge,* Heft 2 (1996), dennoch versucht, Hölderlins Griechenlandreise zu rekonstruieren.

Weimar 1970

S. 207 Trophäe für den Sozialismus: Noch bevor die Feierlichkeiten zur Europäischen Kulturhauptstadt Weimar im Jahr 1999 so richtig in Fahrt kommen, geht ein Aufschrei durchs Feuilleton, als der Literaturkritiker Thomas Steinfeld am 18. März in der *Süddeutschen Zeitung* die wiederaufgetauchten Akten der Mazeration veröffentlicht und dem DDR-Regime vorwirft, es habe sich seinerzeit eine »Trophäe für den Sozialismus« zurechtbasteln wollen. Der Artikel trägt den Titel »Sonderakte Goethe. Eine Trophäe für den Sozialismus: Wie die DDR die sterblichen Überreste Johann Wolfgang von Goethes unsterblich machen wollte«.

S. 208 natürlich geheim: Wie sehr sich die Zeiten inzwischen geändert haben, zeigte die gentechnische Untersuchung des Schädels von Friedrich Schiller im Vorfeld des Schillerjahres 2009. Weder die Extraktion der Zähne des Toten noch die Exhumierung seiner Familie erregten größeren öffentlichen Widerspruch; stattdessen überwog die Faszination für die modernen Methoden des internationalen Forensikerteams. Die DNA-Analyse konnte eindeutig feststellen, dass keiner der beiden Schädel, die man in Schillers Sarg fand, von Schiller stammte. Seither ist der Sarg in der Fürstengruft leer.

S. 208 deutsch-deutsches Gipfeltreffen: Der Tag von Erfurt steht für die neue Ostpolitik Willy Brandts. Das Treffen ist heute vor allem deshalb in Erinnerung geblieben, weil Tausende DDR-Bürger den Kanzler mit dem Sprechchor »Willy Brandt ans Fenster« ans Fenster des Hotels Erfurter Hof am Hauptbahnhof riefen. Als sich der Politiker zeigte, jubelten ihm die Menschen zu. Zwei Jahre später wurde der Grundlagenvertrag zwischen der BRD und der DDR geschlossen, was vonseiten des Westens eine staatsrechtliche Anerkennung der DDR bedeutete; das Ziel der Wiedervereinigung blieb davon unberührt.

S. 211 Amerikaner: Es war vor allem ein Amerikaner, der sich in den letzten Kriegstagen auf die Suche nach den Särgen von Goethe und Schiller machte – und sie schließlich fand. Es handelt sich um den jüdischen Emigranten Emil Ludwig (1882–1948), der 1940 in die USA flüchtete und im Gefolge der alliierten Streitkräfte als Korrespondent 1945 zurück nach Deutschland kam. Was er dort erlebt hat, hat er in seinem Aufsatz »Wie ich die Särge Goethes und Schillers wiederentdeckte« für die Zeitschrift *Aufbau – Reconstruction* vom 27. Juli 1945 aufgeschrieben.

S. 213 Akten Abgesehen von einigen Silhouetten und Karl Gottlob Weissers (1779–1815) Gipsmaske aus dem Jahr 1807 ist diese Fotografie das einzige Abbild seiner äußeren Erscheinung, das uns nicht die von eigenwilligen Augen gelenkten Hände der Zeichner, Maler, Bildhauer übermittelt haben. Zwar hatte Joseph Nicéphore Niépce (1765–1833) im Heliografie-Verfahren bereits 1826, sechs Jahre vor Goethes Tod, mit dem Blick aus seinem Pariser Arbeitszimmer eine Fotografie hergestellt. Aber es war undenkbar, dass die neue Technik nach so kurzer Zeit schon nach Weimar gelangte.

S 214 Johann Friedrich Röhr: Die umstrittene Totenrede auf den Dichterfürsten ist zusammen mit einem Beitrag aus der Weimarer Lokalchronik nachzulesen in einem auch im Netz leicht zu findenden Aufsatz des Historikers Volker Wahl mit dem Titel »Ein unbekannter Chronikeintrag zu Goethes Bestattung 1832. Aus der Weimarer Lokalchronik von Franz David Gesky«.

S. 214 138 Jahre: Bei dieser Gelegenheit lohnt es sich, vielleicht auch einmal wieder Johann Peter Hebels *Schatzkästlein des rheinischen Hausfreundes* aufzuschlagen und dort die Kalendergeschichte »Unverhofftes Wiedersehen« zu lesen, von der Ernst Bloch sagt, sie sei die »schönste Geschichte der Welt«. Auch in der Erzählung von Hebel gibt die Erde nach etlichen Jahrzehnten ein gut gehütetes Geheimnis wieder preis. Welches, wird hier selbstverständlich nicht verraten.

S. 214 Abschlussbericht: Der offizielle Titel des Protokolls lautet »Bericht über die Besichtigung, Ausbettung, Mazeration und Wiedereinbettung der sterblichen Überreste Johann Wolfgang von Goethes, Weimar, 20. November 1970« – und ist schon für sich genommen fast ein Gedicht.

Intermezzo 1986

S. 219 vier Zeilen: Die Kürze und Sparsamkeit im Umgang mit der Wahrheit sind typisch für die sowjetische Nachrichtenagentur TASS. Die Meldung vom 28. April 1986 lautet: »Im Kernkraftwerk Tschernobyl hat sich eine Havarie ereignet. Dabei wurde einer der Reaktoren beschädigt. Es werden Maßnahmen zur Beseitigung der Folgen der Havarie ergriffen. Den Betroffenen wird Hilfe erwiesen. Eine Regierungskommission wurde eingesetzt.« Das ist alles.

S. 219 Hölle auf Erden: Wie lässt sich die Tschernobyl-Katastrophe in Worte fassen? Die ukrainische Literaturnobelpreisträgerin Swetlana Alexijewitsch hat über Jahre hinweg mit Dorfbewohnern, Zwangsevakuierten, Feuerwehrmännern, illegalen Rückkehrer, Witwen und Müttern aus der Region um das Kernkraftwerk gesprochen und deren Auskünfte als Monologe aufgeschrieben. Ein Buch, das man gelesen haben muss: *Tschernobyl. Eine Chronik der Zukunft*, Berlin 2019.

S. 220 Risiko: Just einen Monat nach dem Reaktorunglück erscheint ein Buch des Soziologen Ulrich Beck, das heute zu den Klassikern der Gesellschaftsanalyse gehört: *Risikogesellschaft. Auf dem Weg in eine andere Moderne*, Frankfurt am Main 1986. Im Vorwort, das den Titel »Aus gegebenem Anlaß« trägt, heißt es über die historische Zäsur in aller Deutlichkeit: »Alles Leid, alle Not, alle Gewalt, die Menschen Menschen zugefügt haben, kannte bisher die Kategorie des ›anderen‹ – Juden, Schwarze, Frauen, Asylanten, Dissidenten, Kommunisten usw. Es gab Zäune, Lager, Stadtteile, Militärblocke einerseits, andererseits die eigenen vier Wände – reale und symbolische Grenzen, hinter die die scheinbar Nichtbetroffenen sich zurückziehen konnten. Dies alles gibt es seit Tschernobyl nicht mehr. Es ist das *Ende der ›anderen‹*, das Ende all unserer hochgezüchteten Distanzierungsmöglichkeiten, das mit der atomaren Verseuchung erfahrbar geworden ist. *Not läßt sich ausgrenzen, die Gefahren des Atomzeitalters nicht mehr.*«

S. 220 Cliff Robinson: Was aus dem 29-jährigen Kernphysiker, der damals die erhöhten Strahlenwerte entdeckte, wurde? Cliff Robinson gab im Herbst 1986 seine Arbeit im Kernkraftwerk Forsmark auf. Er ging zurück an die Universität und widmete sich im Rahmen einer Promotion ein Jahr lang der Erforschung des radioaktiven Regens, der im Frühjahr 1986 über Schweden niedergegangen war, nahm dann aber eine Stelle als Physiklehrer in Uppsala an, wo er bis heute lebt.

Ost-Berlin 1991

S. 221 Reise nach Berlin: Im Archiv der Akademie der Künste befindet sich der von einer Stenografin aufgezeichnete Verlauf des Abends – inklusive der Beiträge der Diskutanten. Christa Wolf (1929–2011) hatte im Vorfeld eigens sichergestellt, dass die Veranstaltung mitgeschrieben oder wenigstens auf Band aufgenommen wird. Notfalls wollte sie dafür auch Geld einsammeln. Alle Zitate in den folgenden

Anmerkungen, auch die Passagen aus den vorangegangenen Brief-
wechseln, stammen aus diesem Konvolut.

S. 221 auf Einladung: Auf das Einladungsschreiben von Wolf antwortet Jürgen Habermas (*1929) am 22. September 1991 aus Starnberg:
»Liebe Frau Wolf, schönen Dank für Ihre Einladung. Zur Diskussion mit meinem Freund Hans-Peter Krüger wäre ich gerne gekommen, aber ich bin am 7./8. Oktober in Spanien. Für die Veranstaltung im November könnte ich nach Berlin kommen, wenn sie nicht
in der ersten Wochenhälfte (Vorlesungen) und nicht am 29. Nov.
stattfinden sollte. Am liebsten würde ich nur zuhören oder im kleinen Kreise oder aus dem Publikum mitdiskutieren, weil ich mich für
Podiumsgespräche nicht eigne. Wenn ich aufs Podium müßte, er-
bäte ich eine Nebenrolle (bitte verstehen Sie das richtig: ich kann
nicht schnell genug reagieren). Einen Novembertermin könnte ich
mit einem Vortrag bei Herrn Irrlitz an der Humboldt-Univ. verbinden. Herzliche Grüße einstweilen von Ihrem Jürgen Habermas.«

S. 221 die Rolle der Intellektuellen: Die Reihe, in der der Vortrag von
Jens Reich stattfindet, heißt »Die Geschichte von Intellektuellen in
der DDR« und besteht aus drei Teilen: Am 8. Oktober 1991 hält der
Ost-Berliner Philosoph Hans-Peter Krüger einen Vortrag mit dem
Titel »Ohne Versöhnung handeln, nur nicht leben. Zur Diskussion
um DDR-Intellektuelle«; ihm folgt am 21. November die Rede von
Jens Reich über die »Rolle der Intelligenz bei der Aufrechterhaltung
und in der Abwicklung des sozialistischen Systems«; der Journalist
Lothar Baier und der Philosoph Dieter Henrich beschließen die
Reihe am 19. Dezember 1991.

S. 222 »Stunde null«: Die Passage verdient es, in Gänze angefügt zu
werden: »Ich kenne«, so sagt Jens Reich dort, »keine Intelligenzia
auf der Welt, auch nicht im Westen, die die Herausforderungen, die
auf uns zukommen, die ich nicht beschreiben muß, die ja die fatale
Eigenschaft haben, daß sie, wenn wir sie beschreiben, sofort in
Schlaf verfallen, also Öko-Krise, Ozonloch, Weltüberbevölkerung,
Hunger, Kriege, Golfkrieg und all diese Dinge, die das Verlangen

des regulierenden Verstandes auch in den industriellen Gesellschaften des Westens als Krise offen machen. Ich sehe also keinen Grund, daß wir, die wir unserer dicken Rucksack losgeworden sind, Tabula rasa haben, nackt anfangen können, das als besonderen Nachteil betrachten sollen, sondern es könnte, wenn man kreativ damit umgeht, der leichtfüßigere Anfang sein. Bei diesem leichtfüßigeren Anfang, was wir da tun sollen, kann ich nur das Menschenrecht auf Ratlosigkeit in Anspruch nehmen. Eine Erfahrung, glaube ich, sollten wir aber nicht vergessen. Das ist die bis ins Prinzip, bis in die moralische Grundlegung korrumpierende Wirkung von politökonomischer Macht der Intelligenz.«

S. 223 These von Reich: Ganz so gefährlich, wie Habermas glaubt, klingt die These allerdings nicht bei Reich. Im Protokoll heißt es: »Zu dem Nullpunkt und dem Anfang will ich nur eine kleine Szene erzählen, die ich dieser Tage im Central Park in New York erlebt habe, da war der große Marathonlauf fünf Kilometer vor dem Ziel. Ohne irgendeinen Anspruch auf Zeit oder sportliche Leistung hat sich eine junge Frau in einem wunderbaren Kostüm, mit einer Birke auf dem Kopf, in die Läufer eingereiht und ist unter dem Jubel und Beifall des Publikums unter den schwitzenden Läufern durch den Park gelaufen, hat einen Bombenerfolg gehabt und ist in allen TV-Shows usw. gezeigt worden. So stelle ich mir den Neuanfang vor. (Allgemeine Heiterkeit).«

S. 224 andere Bedenken: Bei Dieter Henrich heißt es im Wortlaut: »Aber die Grundsituation, in der wir in Deutschland existieren – das ist nun eine andere Frage, aber Frau Wolf bringt mich darauf –, scheint mir so ungleich günstiger als die, die vorher bestand; also die Situation vor der Wende und dem Verschwinden der Teilung war doch eine doppelte Blockade, so habe ich das sehr stark empfunden. Was immer in diesen blockierten Systemen in Bewegung war, es war doch unter Quarantänebedingungen – so gewaltige Anpassungszwänge auf beiden Seiten. Die westliche Anlehnung an Amerika, die sehr viel Produktives hatte, war doch ein Anlehnungszwang, weil sie im Zusammenhang mit der Abwehr des Ostens zustande kam. Solche Zwangslagen beengen das Denken und auch die Erfahrungsmöglichkeiten.«

S. 225 Beitrag für die _ZEIT_: Bei besagtem Beitrag handelt sich um Habermas' Artikel vom 30. März 1990:»Der DM-Nationalismus. Weshalb es richtig ist, die deutsche Einheit nach Artikel 146 zu vollziehen, also einen Volksentscheid über eine neue Verfassung anzustreben«.

S. 225 Vereinigung zweier Berliner Akademien: Zu den Kritikern im Westen gehören auffallend viele Mitglieder mit Ostvergangenheit. Maler wie Georg Baselitz und Gerhard Richter, Dichter wie Reiner Kunze und Zbigniew Herbert, der Komponist György Ligeti, sie alle treten aus Protest gegen eine Fusion beider Häuser aus der West-Akademie aus. Die Vereinigung findet 1993 trotzdem statt, der Tübinger Rhetorikprofessor Walter Jens wird erster Präsident.

S. 226 Verkrümmung der Seele: Im Brief von Jürgen Habermas an Christa Wolf vom 26. November 1991 heißt es wortwörtlich:»Diese Westorientierung hat keine Verkrümmung der deutschen Seele bedeutet, sondern die Einübung in den aufrechten Gang«. Gemeint ist die Westintegration der Bundesrepublik nach 1945.

S. 232 Habermas schreiben: Die Antwort von Christa Wolf auf den Brief von Habermas erfolgt am 7. Dezember 1991.

Frankfurt am Main 2003

S. 238 Charles Laughton: So ein Zufall! Offenbar sahen Susan Sontag (1933–2004) und Hannah Arendt beide _Das Leben des Galilei_, das am 30. Juli 1947 am Coronet Theatre in Los Angeles zur Aufführung kam. Vier Monate später war Premiere am Broadway. Aber da war Brecht schon nicht mehr in Amerika. Am 30. August 1947 musste er vor dem »Komitee für unamerikansiche Umtriebe« aussagen. Noch vor seiner Anhörung kaufte er für sich und seine Familie eine

Überfahrt nach Europa. Für Brecht war klar, sein Exil in den Vereinigten Staaten war beendet.

S. 239 noch vier weitere Jahre: Igor Strawinsky bekam noch sehr viele Lebensjahre geschenkt. Der Ausnahmekomponist starb erst 1971 im Alter von 89 Jahren.

S. 241 Schnapsidee: Es soll – anders als Sontag es in ihrer »Wallfahrt« schließlich schreibt – noch eine dritte Person an dem Treffen beteiligt gewesen sein: Gene Marum, der beste Freund von Merrill Rodin. In der Forschung wird spekuliert, dass gerade er es war, der den Kontakt zu den Manns herstellte, weil Genes Freundin ausgerechnet Nuria Schönberg war, die Tochter des Komponisten, und Gene, wie der Zufall es wollte, eine Tante Olga hatte, die als Studentin in München mit einem jüdischen Mädchen namens Katia Pringsheim zusammenwohnte, ebenjener Mrs. Mann, die am San Remo Drive den Hörer abgenommen und an ihre Tochter Erika übergeben hat.

S. 241 um vier zum Tee: Susan Sontag berichtet von ihrem Besuch im Hause Mann erst über vierzig Jahre später in ihrem Text »Wallfahrt«, der 1988 in der Literaturzeitschrift *Akzente* (Heft 6) erscheint. Wer mehr über das Verhältnis der beiden literarischen Ausnahmegestalten erfahren möchte, lese gerne Kai Sinas Studie *Susan Sontag und Thomas Mann,* Göttingen 2017.

S. 241 28. Dezember 1949: Dass Sontag Thomas Mann besucht hat, stimmt. In ihrem Erinnerungsbericht »Wallfahrt« pflegt die Schriftstellerin allerdings einen eher losen Umgang mit den Fakten. Sie datiert das Treffen auf »Dezember 1947« vor, eventuell um sich noch jünger und dadurch noch naiver und verletzlicher zu zeigen, eventuell aber auch, um eine Parallele zur unerfüllten Liebe des vierzehnjährigen Tonio Kröger herzustellen, auf den sie in ihrem Bericht zu sprechen kommt; im Dezember 1949 war Sontag bereits sechzehn Jahre alt. Über all diese Eventualitäten gibt die glänzende Sontag-Biografie von Benjamin Moser (München 2019) Aufschluss.

S. 243 signiertes Foto von F.D.R: Thomas Mann verehrte den amerikanischen Präsidenten Franklin Delano Roosevelt (1882–1945) rückhaltlos. Nachdem er 1935 erstmals mit Roosevelt zusammengetroffen war, logierte er im Januar 1941 in Begleitung seiner Frau Katia und seiner Tochter Erika sogar im Weißen Haus. Zehn Jahre nach seinem ersten Besuch kam Thomas Mann in einer Tischrede anlässlich der Feier zu seinem siebzigsten Geburtstag, die die Wochenzeitung *The Nation* im New Yorker Waldorf Astoria Hotel für ihn ausrichtete, auch auf die Begegnung mit Roosevelt zu sprechen: »Als ich, meine Damen und Herren, zum ersten Mal das Weiße Haus verließ, wußte ich, daß Hitler verloren sei.«

S. 243 wieder an seine Arbeit: Bei Thomas Mann ging das Treffen mit Sontag offenbar komplett im Alltagsgeschäft unter: »Viel Post, Bücher, Manuskripte«, so berichtet das Tagebuch im Anschluss an die Erwähnung des studentischen Besuches.

Graz 2011

S. 245 letzte Gelegenheit: Stéphane Hessel (1917–2013) hat mit seinem Leben selbst beinahe ein ganzes Jahrhundert durchmessen. Davon erzählt er sehr anschaulich in seiner Autobiografie: *Tanz mit dem Jahrhundert. Erinnerungen*, Berlin 2011.

S. 248 junger Journalist: Der Fluchthelfer Varian Fry (1907–1967) hat später selbst über seine Arbeit in Marseille und seine Begegnungen mit den Emigranten das Buch *Auslieferung auf Verlangen. Die Rettung deutscher Emigranten in Marseille 1940/41* geschrieben. Nach seiner Rückkehr in die Vereinigten Staaten im September 1941 geriet Fry bedauerlicherweise rasch in Vergessenheit.

S. 248 Haschischrausch: Walter Benjamin (1892–1940) experimentierte im Laufe der Jahre ausführlich mit Drogen und fertigte zahlreiche Protokolle und Berichte über seine Rauscherfahrungen an. Im Rausch sei noch etwas von der auratischen Erfahrung zu finden, die im ansonsten eher spröden Geist der Moderne verloren gegangen sei. Unbedingt lesenswert ist sein Text »Haschisch in Marseille«.

S. 249 Ledertasche: In der schwarzen Ledertasche, die Benjamin bei sich trug, muss sich mindestens noch ein weiteres Manuskript befunden haben. In ihren Erinnerungen an die Flucht berichtet Lisa Fittko, wie Benjamin zu ihr gesagt habe:»Wissen Sie, diese Aktentasche ist mir das Allerwichtigste. Ich darf sie nicht verlieren. Das Manuskript muss gerettet werden. Es ist wichtiger als meine eigene Person.« Nach dem Tod von Benjamin in Portbou fand man die Aktentasche. Ein Manuskript war nicht darin. Bis heute ist diese Leerstelle ein großes Rätsel.

S. 251 über die Berge: Die österreichische Widerstandskämpferin und Fluchthelferin Lisa Fittko hat in ihrem Buch *Mein Weg über die Pyrenäen. Erinnerungen 1940/41* ihre Begegnung mit Walter Benjamin aufgeschrieben.

S. 251 Nachlassverwalter: Auch wenn Arendt befürchtete, dass die »Schweinebande« um Adorno und das nach Los Angeles ausgewanderte Frankfurter Institut für Sozialforschung das Manuskript unterschlagen werde, hielt sie ihr Wort, als die Katastrophe eintrat, und übergab Adorno eine Abschrift des Papiers. Das Original behielt sie lieber für sich. Das Institut veröffentlichte die Thesen 1942 zunächst in geringer Auflage. Erst die Publikation in der Literaturzeitschrift *Die Neue Rundschau* verschaffte Benjamin eine sagenhafte Renaissance.

S. 253 *Deutsche Menschen*: Benjamin hat sich in der Auswahl der Briefe für den Zeitraum von 1783 bis 1883 entschieden. Die große humanistische Epoche. Mit Goethes Tod 1832 als Zenit. Beginnend bei Georg Christoph Lichtenberg, beschreibt Benjamin die Bewegung einer Epoche, in der das Bürgertum aus dem Schatten der Aristokratie heraustritt und seine Position bezieht, eine bürgerliche Intelligenz, von der aber – nach Goethes Tod – nur noch die Position übrig bleibt und nichts von dem Geist, der sie ursprünglich errungen hat. »Von Ehre ohne Ruhm, von Größe ohne Glanz, von Würde ohne Sold«, so ist das Buch untertitelt. Den ganzen Text in seinen unterschiedlichen Fassungen gibt es hier: *Werke und Nachlaß. Kritische Gesamtausgabe. Band 10*, Frankfurt am Main 2008.

S. 253 »Arche«: Das Widmungsexemplar für Siegfried Kracauer erhält die handschriftliche Eintragung: »für S Kracauer / diese Arche / die ich gebaut habe / als die faschistische Sintflut / zu steigen begann«.

S. 256 goldene Taschenuhr: Zu der kleinen Gruppe, mit der Walter Benjamin die Flucht über die Pyrenäen antrat, gehörte auch die Fotografin Henny Gurland, die spätere Frau des Frankfurter Philosophen Erich Fromm. Ihr übergab Walter Benjamin im Moment, als er seine Zeit abgelaufen sah, einen Abschiedsbrief mit der Bitte, seinem Freund Theodor W. Adorno die Umstände seiner Handlungsweise zu erklären. Aus Angst, den deutschen Behörden in die Hände zu fallen, vernichtete Gurland den Brief und schrieb ihn später wieder aus dem Gedächtnis auf. Die exakte Formulierung ist damit zumindest fraglich. Der Text lautet: »In dieser ausweglosen Situation habe ich keine andere Möglichkeit, als sie zu beenden. Mein Leben wird ein Ende finden in einem kleinen Dorf in den Pyrenäen, wo mich niemand kennt. Ich bitte Sie, meine Gedanken meinem Freund Adorno zu übermitteln und ihm die Situation zu erklären, in der ich mich gesehen habe. Es bleibt mir nicht genügend Zeit, all die Briefe zu schreiben, die ich gerne geschrieben hätte.«

Wuhan 2020

S. 259 *Bulletin of the Atomic Science*: Dem Board der Zeitschrift, die sich mit globalen Sicherheitsrisiken auseinandersetzt, gehörten nach eigenen Angaben 2020 insgesamt dreizehn Nobelpreisträger an.

S. 260 restliche Sekunden: Auch im Jahr 2021 und 2022 blieb die Uhr bei einhundert Sekunden stehen.

S. 260 auf Hochtouren: Am 23. Februar 2020, einen Tag vor Rosenmontag, dem Höhepunkt der Faschingszeit, wird der Karneval in Venedig schließlich abgesagt.

Bildnachweis

8 ullstein bild/Granger, NYC
17 Friedrich Hartmann [Public domain], via Wikimedia Commons
20 Getty Images/Hulton Archive
31 ullstein bild/Emil Otto Hoppe
35 akg-images
50 akg-images/Voller Ernst
59 Münchner Stadtmuseum, Sammlung Fotografie, Archiv Kester (CC BY-SA 4.0)
64 Münchner Stadtmuseum, Sammlung Fotografie, Archiv Kester (CC BY-SA 4.0)
74 ullstein bild
76 akg-images/Archiv K. Wagenbach
89 akg-images
91 akg-images
105 Getty Images/Fred Stein Archive
107 Getty Images/Hulton Archive
125 Getty Images/Berenice Abbott
131 picture alliance/Everett Collection
136 Getty Images/AFP
145 Getty Images/New York Times Co.
147 Getty Images/Corbis/Hulton Archive
159 Getty Images/Fred Stein Archive
163 Getty Images/Bettmann Archive
174 picture alliance/brandstaetter images

177 akg-images
194 akg-images/Fritz Eschen
196 Bridgeman Images
209 akg-images
216 Adobe Stock/Unkas Photo
223 SZ Photo/Regina Schmeken
228 Helga Paris
235 Bridgeman Images/Sophie Bassouls
247 Getty Images/AFP
250 bpk/IMEC, Fonds MCC/Gisèle Freund
258 picture alliance/Fine Art Images

Personenregister

Adorno, Theodor W. 173–188, 251, 282 f., 295 f.
Agogué, Henri 133
Altenberg, Peter 98
Andersch, Alfred 178, 188, 283
Andreas-Salomé, Lou 104
Arendt, Hannah 157–161, 164 f., 167 f., 171 f., 239, 247 f., 250 f., 281–283
Ažbe, Anton 58

Baginski, Max 265
Baier, Lothar 221, 232, 290
Ball, Hugo 111
Baselitz, Georg 292
Bauer, Felice 75 f., 83, 270
Bäumler, Alfred 179
Beach, Sylvia 276
Beck, Ulrich 289 f.
Beckett, Samuel 135–141, 233 f., 277
Beethoven, Ludwig van 27
Begas, Reinhold 32
Bell, Johannes 133
Bender, Peter 221

Benjamin, Walter 246–251, 253–256, 271 f., 294-296
Benn, Gottfried 77, 173–175, 177–180, 182–184, 187–189, 271, 282 f.
Bermann-Fischer, Gottfried 184 f.
Beutler, Ernst 282
Bindig, Rudolf 179
Birman, Carina 255
Bismarck, Otto von 34, 53
Bloch, Ernst 103–106, 109–111, 115, 119 f., 275, 288
Blücher, Heinrich 247, 250
Boccioni, Umberto 84
Böcklin, Arnold 45
Böll, Heinrich 175
Bonaparte, Marie 153 f., 280 f.
Brahm, Otto 43
Brandt, Willy 208, 287
Braun, Volker 226
Brecht, Bertolt 141, 168 f., 238, 281
Breton, André 152, 279
Brod, Max 75, 82
Bulgakow, Walentin 276

Carter, Howard 273
Cassirer, Bruno 45
Cassirer, Paul 45
Cavalier, André 127, 133
Chirico, Giorgio de 138
Clemenceau, Georges 132
Corinth, Lovis 45, 138, 266

Dalí, Salvador 143, 145–152, 154f., 278f.
Darwin, Charles 53
Dehmel, Richard 118
Diaghilew, Sergei 124
Diederichs, Eugen 118
Döblin, Alfred 79, 179

Edison, Thomas 268
Ehrenstein, Albert 74, 78
Ehrenstein, Carl 74, 78
Eiser, Otto 264
Ende, Hermann 45
Engel, Fritz 56
Enzensberger, Hans Magnus 178, 234

Feininger, Lionel 138
Ferdinand I., röm.-dt. Kaiser 22
Feuchtwanger, Lion 141
Fichtl, Paula 150
Ficker, Ludwig von 87, 95 f., 98, 274
Fischbeck, Hans-Jürgen 221

Fischer, Kuno 169 f., 281
Fischer, Samuel 269 f.
Fittko, Lisa 295
Fontane, Emilie 44
Fontane, Theodor 41–44, 266
Förster-Nietzsche, Elisabeth 25, 264
Frankewitz, Richard 84, 272
Freud, Anna 148, 150
Freud, Martha 150
Freud, Sigmund 143–155, 278–280
Friedrich, Caspar David 135, 137, 277 f.
Fry, Varian 248, 294
Fukuyama, Francis 222 f.

George, Stefan 60 f., 72
Gide, André 281
Goethe, Johann Wolfgang von 43, 207–215, 264, 287
Goethe, Ottilie von 209, 212
Goll, Claire 111
Goll, Yvan 111
Gontard, Susette 206
Gräser, Gusto 106
Grass, Günter 234
Greiner, Ulrich 229
Grimm, Jacob 140 f.
Grimm, Wilhelm 140 f.
Günther, Johann Christian 95
Gurland, Henny 296

Habermas, Judith 227 f.
Habermas, Jürgen 221–232,
　290 f., 292
Haeckel, Ernst 115, 268
Hanns Eisler 238
Hardenberg, Friedrich von *siehe*
　Novalis
Hauptmann, Gerhart 30 f., 34,
　41–44, 48, 115, 118, 265 f., 285
Hebel, Johann Peter 288
Hébèrt, Eugène 127, 133
Hegel, Georg Wilhelm Fried-
　rich 187, 223, 246
Heidegger, Elfriede 194, 285
Heidegger, Martin 164 f., 193 f.,
　197, 200–202, 204–206, 284 f.
Hein, Christoph 226
Hemingway, Ernest 234
Hennings, Emmy 111
Henrich, Dieter 221, 224 f.,
　290 f.
Herbert, Zbigniew 292
Hermlin, Stephan 226
Hesse, Hermann 103, 111, 282
Hessel, Stéphane 245 f., 252–
　254, 294
Heuss, Theodor 118, 276
Hindenburg, Paul von 129, 277
Hirschfeld, Georg 43
Hitler, Adolf 139, 214
Hobsbawm, Eric 267
Hoff, Hein ten 183 f.
Hölderlin, Friedrich 193,

195–197, 199 f., 200, 202–206,
　285 f.
Holz, Arno 30
Horkheimer, Max 185
Hussein, Saddam 236, 238

Iljin, Iwan 276

Jaspers, Gertrud 161
Jaspers, Karl 104, 108, 161–166,
　169 f., 280 f.
Jawlensky, Alexej von 111
Jens, Walter 292
Johst, Hanns 179
Joyce, James 123–127, 129,
　131 f., 134, 276
Jugon, Albert 127, 133

Kafka, Franz 74–78, 82 f., 270,
　272
Kandinsky, Wassily 111
Kant, Immanuel 53, 93, 116
Kantorowicz, Alfred 234
Karl V., röm.-dt. Kaiser 22
Kästner, Erhart 195, 197 f., 201,
　284 f.
Kierkegaard, Søren 119
Klages, Ludwig 58, 72, 270
Klee, Paul 258
Kleinschmidt, Sebastian 226
Kleist, Heinrich von 261
Klinger, Max 32
Knye, Werner 211

Kokoschka, Oskar 138
Kollwitz, Karl 32, 47
Kollwitz, Käthe 29–33, 39 f.,
    45–48, 138
Köselitz, Heinrich von 18
Köster, Pastor 9
Kraus, Karl 98
Kröger, Hans 118
Krüger, Hans-Peter 290
Kruse, Max 39
Kunze, Reiner 292

Lang, Fritz 238
Lasker-Schüler, Else 73 f., 76–86,
    271–273
Laughton, Charles 168, 238
Laugier, Henri 254
Lederer, Emil 104
Leibl, Wilhelm 45
Leistikow, Walter 39 f., 45,
    266
Lenin, Wladimir Iljitsch 112 f.,
    125, 275 f.
Leppin, Paul 81
Lichtenberg, Georg Christoph
    261
Liebermann, Max 32 f., 39 f., 45,
    47 f.
Ligeti, György 292
Liszt, Franz 27
Lloyd George, David 132
Loos Adolf 98
Loos, Elisabeth 98

Louis, Joe 183
Ludwig, Emil 287

Malraux, André 234
Mann, Erika 241
Mann, Golo 169
Mann, Heinrich 64 f., 67–70, 141
Mann, Thomas 61–71, 140 f.,
    178 f., 184 f., 240–243, 269 f.,
    279 f., 283, 293 f.
Marc, Franz 273
Marcuse, Herbert 238
Marinetti, Filippo 84, 272
Marum, Gene 293
Maurenbrecher, Max 120 f.
Meinecke, Friedrich 118
Menzel, Adolph 45 f.
Merleau-Ponty, Maurice 246
Meyer, Daniel Christoph 196
Meysenbug, Malwida von 264
Modigliani, Amedeo 138
Moltke, Helmuth von 53
Moore, George Edward 92 f.
Müller, Friedrich von 209 f., 212
Müller, Heiner 226
Müller, Hermann 133
Munch, Edvard 38 f., 265

Napoleon Bonaparte 50, 108, 154
Niépce, Joseph Nicéphore 287
Nietzsche, Friedrich 15–19,
    23–26, 263 f.
Nikolaus II., russ. Zar 120

Nolde, Emil 139
Novalis (d.i. Friedrich von
    Hardenberg) 268

Orlando, Vittorio 132
Orwell, George 234
Ossietzky, Carl von 111
Overbeck, Carl Friedrich Theo-
    dor 9, 11 f., 261 f.

Pauly, Ernst 84, 272
Picasso, Pablo 124, 126, 276
Pick, Otto 74, 78
Planck, Max 115
Powell, Colin 236
Proust, Marcel 127, 129–132,
    134, 276 f.

Regler, Gustav 234
Reich, Jens 222, 290
Reventlow, Franziska zu 57–60,
    65–67, 71 f., 103, 270
Richard, Pierre 127, 133
Richter, Gerhard 292
Rilke, Rainer Maria 62, 71, 87,
    269
Robinson, Cliff 217–220, 289
Rodin, Merrill 239, 241 f.
Röhr, Johann Friedrich 214, 287
Rolland, Romain 111
Roosevelt, Franklin Delano 294
Roth, Joseph 272
Roth, Mathias 96

Rousseau, Jean-Jacques 199, 285
Russell, Bertrand 92 f., 273 f.

Schiff, Sidney 123, 134, 276
Schiff, Victor 276
Schiff, Violet 123, 134
Schiller, Friedrich 211 f., 285–287
Schmidt, Arno 262
Schmidt, Hugo Ernst 30
Schneider, Reinhold 175
Schönberg, Arnold 238
Schönberg, Nuria 293
Schopenhauer, Arthur 53
Schorlemmer, Friedrich 221
Schustehrus, Kurt Louis Wil-
    helm 45
Seume, Johann Gottfried 206
Simmel, Georg 108 f., 274
Sintenis, Renée 138
Slevogt, Max 45
Sombart, Werner 104, 118
Sontag, Susan 233–244, 292 f.
Sorokin, Pitirim 276
Spranger, Eduard 179
Steinfeld, Thomas 286
Stoph, Willi 208
Storm, Theodor 61, 268
Strawinsky, Igor 124–126, 131,
    238 f., 293
Stritzky, Elsa von 103 f., 110
Stross, Josefine 150
Suchocki, Bohdan von 58

Tasso, Torquato 264
Thierse, Wolfgang 221
Tillich, Ernst 172
Tillich, Paul 239
Toller, Ernst 118
Tolstoi, Leo 94
Trakl, Georg 87–91, 95–100, 274
Tschaikowsky, Pjotr Iljitsch 125
Twain, Mark 266 f.

Unger, Max 40
Ury, Lesser 39

Wachowiak, Jutta 21
Wagner, Cosima 264
Wagner, Richard 18–28, 263 f.
Wagner, Siegfried 115
Walcott Jersey Joe 183
Walden, Herwarth 74, 85
Weber, Marianne 109, 275
Weber, Max 104–109, 113–115,
    117, 120–122, 274 f.
Wedekind, Frank 58
Weigel, Helene 169
Werefkin, Marianne von 111

Werfel, Franz 76
Wilder, Billy 238
Wilhelm I., dt. Kaiser 53
Wilhelm II., dt. Kaiser 32 f.,
    35–37, 39–41, 51, 53, 56,
    116 f., 122, 265 f.
Wilhelm Ernst, Großherzog von
    Sachsen-Weimar-Eise-
    nach 214
Wilson, Woodrow 116, 132
Winckelmann, Johann Joachim
    197
Wittgenstein, Ludwig 87–89,
    91–98, 273 f.
Wolf, Christa 221, 225–232, 289,
    292
Wolff, Kurt 78
Wolfskehl, Karl 58, 60, 72, 270
Woolf, Leonard 150

Zech, Paul 74, 78
Zelter, Carl Friedrich 43
Zola, Émile 30
Zweig, Stefan 141, 143, 148, 152,
    278 f.